나의사랑, 중국 어법

이병관 지음

중국 어법이요?

우리말을 잘하면 되요

신아사

들 어 가 기

이 책을 쓰기에 앞서 "학생 여러분, '어법' 이러면 무슨 생각부터 떠오르나요?" 하고 100사람에게 물어보았습니다. 그랬더니, "무조건 싫다"(85명) "어렵다"(73명), "머리 아프다"(58명), "외울게 많다"(32명), "규칙"(11명)(중복 대답) 등과 같은 순서였어요. 그러니까 "어법"이라는 것은 말만 들어도 머리가 지끈지끈하고 식욕도 없어지는 불치병 괴물인 셈이죠.

오호통재라! 오호애재라! 어찌하여 어법 네가 이런 지경에 이르렀단 말이냐? 중국어를 공부한지 어언 30년, 어법을 전공한지는 약 25년, 집사람을 만난 년 수와 같은데, 얘가 이런 취급을 받다니…

그렇다고 해서 "그렇담 내 이 병을 단기간에 '학실히' 함 고쳐주마" 하는 마음으로 이 책을 쓰는 것은 아닙니다. 다만 어법 이 아이가 이런 대접을 받고 사는 것이 안타까워서 이 책을 쓰기로 결심했답니다. 이름하야 "나의 사랑, 중국어법". 부제는 "중국 어법이요? 우리말을 잘하면 돼요"랍니다.

"어법을 사랑하는 넘이 있어? 어느 정신없는… 하긴 세상에 사람은 많으니까…"

이렇게 생각하실 수도 있을 겁니다. 더군다나,

"중국어법을 이야기 한다면서 우리말을 잘하면 된다니? 이건 또 무신 김밥 옆구리 터지는 소리인가?"

이러시는 것도 무리가 아닐 겁니다. 우리말하고 중국말은 상식적으로 생각해도 완전히 다른 말 아닙니까? 맞습니다, 맞고요… 그래서 이 책을 쓰는 것이니까, 쪼끔만 참으시고 제 얘기를 들어보세요.

나의 사랑 중국어법

중국어법이요? 우리말을 잘하면 돼요

차 례

나의 사랑 중국어법

중국어법이요? 우리말을 잘하면 돼요

차례

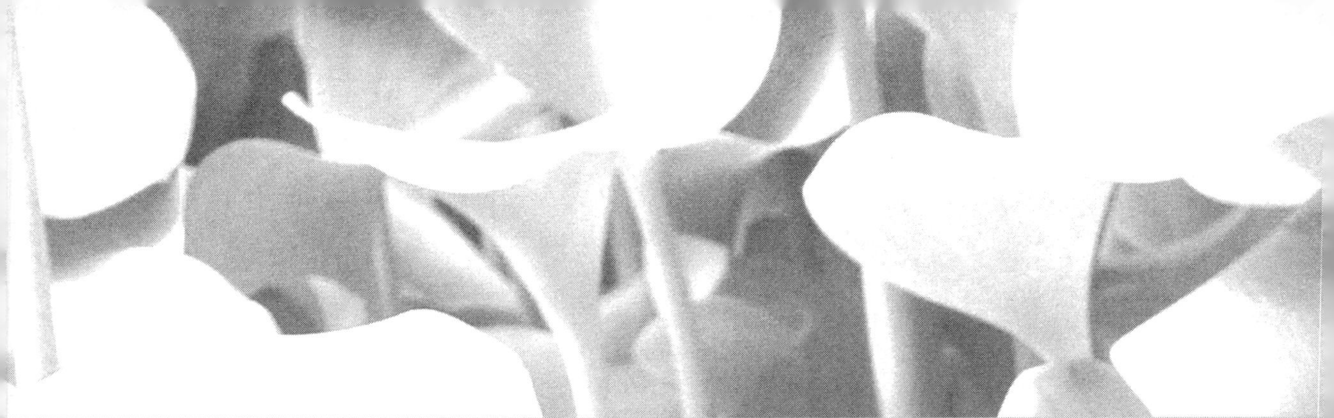

나의 사랑, 중국어법

중국어란?

시중에 나와 있는 일반 언어학개론서를 보면 어느 책이나 사람이 쓰고 사는 말의 종류를 보통 교착어(胶着语), 굴절어(屈折语) 그리고 고립어(孤立语) 등 크게 세 가지로 나눕니다.(벌써부터 말이 어려워지지요?)

교착어는 이름에도 '아교'라고 할 때의 '胶(아교 교)'자와 '着(붙을 착)'자가 있다시피 무엇인가가 달라붙는 말을 가리킵니다. 즉 우리말처럼 '은/는', '이/가', '을/를' 등과 같은 조사들이 다른 낱말에 붙어서 쓰이는 말이지요. 따라서 이런 말에서는 **조사의 활용**이 뜻의 전달에 결정적인 역할을 합니다. 한국어, 일본어, 몽골어 등이 이에 속합니다.

굴절어는 '구부러졌다'는 의미의 '굴절'이라는 말이 들어가니까, 짐작에 "아, 글씨를 꾸불텅 꾸불텅 쓰는 말인가 보다. 그러면 영어 같은 말이겠네"라고 생각하실 수도 있을 겁니다. 하긴 그래서 이런 이름을 붙였는지도 모르겠네요. 여기에 속하는 말들은 낱말이 여러 요인에 의해서 변화를 일으킵니다.

여기에서 말하는 '여러 요인'이란 단수냐 복수냐, 주격이냐 소유격이냐, 현재냐 과거냐 하는 것들입니다. 영어에서 방금 말한 요인들에 의해 낱말이 자기 몸을 바꾼다는 건 다 아시지요? 그래도 영어는 라틴계 언어 중에서 낱말의 변신이 제일 덜 한 말이랍니다. 독일어를 배워보신 분이라면 잘 아실 거예요. 예를 들면요, 영어는 부정관사면 'a'를 쓰면 되고, 정관사면 'the'를 쓰면 되지만, 독일어에서는 그 낱말이 무슨 격이냐에 따라서 다 다른 관사를 쓰거든요. 또 영어에서는 인칭대명사 정도가 격에 따라 I · my · me · mine으로 바뀌지만, 독일어에서는 대명사는 물론이고 관사도 격에 따라 다 다르답니다. 후후후…. 생각만 해도 끔찍하지요? ^^;

고립어는 위에서 말한 거 하고는 전혀 상관이 없는 말입니다. 다시 말해서 격조사도 없고, 뭐가 달라붙지도 않습니다. 영어에서 중요하게 생각하는 시제, 단수 · 복수, 태

등 이런 것도 취급 안합니다. 그러니까 '고립'이라는 말을 쓰는 거지요. 그럼 이런 말은 뭐가 중요하냐? 딱 한 가지, 그것이 무엇이냐?

그것은 **"낱말의 순서"**입니다. 어떻게 낱말을 배열하느냐? 그것이 '키'라는 거지요.

이렇게 말하면 "치~, 그런 말이 어딨나? 아, 어법이라는 게 본시 낱말을 어떻게 배열하느냐 하는 것인디, 낱말의 순서가 제일 중요하다? 그런 말을 누군 못하나? 순 엉터리네…."라고 하실 독자분들이 계실 겁니다. 요렇게만 얘기하고 설명을 더 안 하면 이런 말을 들어도 싸지요.

그러면 "중국어는 어떻게 낱말을 배열해서 쓸까?"

뜸들이지 않고 한 마디로 딱 잘라서 말을 하면, 중국어는 형식적으로는 대략 **"명사(성 낱말)+동사(성 낱말)+명사(성 낱말)+동사(성 낱말)"**요 순서대로 쓰면 됩니다. "그렇게 간단해?" 하고 생각하시겠지만, 중국어는 그렇게 복잡한 어법을 갖는 말이 아닙니다.

그럼 위와 같이 쓰면 중국어법은 끝이냐? 거의 그렇기는 하지만 말이라는 게 형식만 있는 게 아니라 뜻도 전달해야 하는 것이기 때문에, 내용적으로는 어떤 순서를 따라야 할까? 사실 이게 더 중요하지요. 이것도 길게 설명 안하고 한 마디로 잘라 이야기 하면 그건 "중국말을 잘하시고 싶으면 우리말을 잘하면 된다"입니다. 이러면 "어떤 언어든 모국어가 기본이 되어야 하는 법"이라는 상식적인 말을 하는 갑다 하시겠지만, 제가 말하고 싶은 것은 그런 상투적이고 고전적인 말을 하려는 것이 아니라 단순히 **"중국어를 말하려면 우리말 하는 순서대로 낱말을 배열하시라"**는 겁니다. 다만 여기에서 주의해야 할 단 한 가지는 "동사술어 다음에 목적어가 온다"는 겁니다. 우리말은 목적어가 앞에 오니까요. 놀라셨나요? 그럼 본인의 말에 약간의 신빙성을 높이기 위해서 한 가지 간단한 예를 들어 보겠습니다.

너 오늘 몇 시에 일어났니? 나 오늘 여덟시에 일어났어.

위의 말을 중국어로 옮겨 봅시다.

你 今天 几 点 起床的? 我 今天 八点 起床的。

문장 끝에 있는 '的(de)'라는 조사를 빼놓고는 낱말이 거의 대응이 되지요? 서로 유형이 다른 언어가 이렇게 딱딱 대응이 되는 경우는 극히 드문 일입니다. 그럼 위의 우리말을 영어로 옮기면 어떻게 될까요?

When(What time) did you get up this morning?
I got up at 8 o'clock this morning.

어떠세요? 낱말의 위치가 서로 대응이 되나요? 상당히 다르지요? 많은 분들이 중국어는 영어와 가깝다고 생각하지만, 사실은 그렇지 않답니다.

아마도 이런 오해는 영어는 굴절어 가운데서도 가장 형태 변화가 없는 언어라서, 본래부터 형태 변화라는 요소가 없는 중국어와 성격이 흡사하고, 게다가 단어 배열도 "명사성 낱말+동사성 낱말+명사성 낱말+동사성 낱말"로 이어지는 구조이다 보니 이러한 인식이 생겨난 것으로 생각됩니다.

사실 시중에 어떤 어법책을 보시더라도 이런 말은 들어보신 적이 없을 겁니다. 그러니까 혹시 "이거 지만 아는 이론을 억지로 주장하는 거 아녀?"라고 걱정도 되시겠지만, 걱정은 잠시 뒀다가 하시고, 이 책은 이 전제를 바탕으로 초지일관(初志一贯), 일이관지(一以贯之), 용두용미(龙头龙尾) 할 테니 지켜보시기 바랍니다.

나의 사랑, 중국어법

낱말

낱말에 관하여

우리말 어법이나 영문법 책들은 대개 책장을 한 장 넘기면 '제1장 명사' 또는 '1. 동사' 이렇게 시작합니다. 이게 잘못되었다는 말이 아니라 중국어는 여기에 앞서서 한 가지를 짚고 넘어가야 할 게 있다는 거지요. 그게 뭐냐? 바로 '낱말'이라는 겁니다.

"낱말? 아니 그것도 공부하남? 그건 걍 사전 찾으면 되는 거 아녀?"

만약 이렇게 생각하신다면, 그건 반만 맞추신 겁니다. 여기에서 말하는 '낱말'이란 낱말의 '뜻'이 아니라 '구조'입니다.

"구조? 낱말도 무슨 구조를 이루나? 그러게 말이야…. 뭔 말을 하는 건지…."

아닙니다. 낱말도 그 안을 들여다보면 규칙이 있습니다. 그리고 중국어에서는 그 구조를 이해하는 것이 무척 중요하답니다. 그럼 잠깐 옛날이야기를 해볼까요?

중국은 꽤 긴 역사를 가진 나라입니다. 하(夏, B.C.2100~B.C.1600)나라는 아직 '전설의 고향의 나라'라고 쳐도, 상(商, B.C.1600~B.C.1027)과 은(殷, B.C.1300~B.C.1027)나라는 분명히 역사 속의 나라니까 대충 3500년 쯤 되는 역사를 가진 걸 알 수 있습니다. 이런 긴 역사 속에서 중국어는 대체로 한(汉, B.C.206~220)나라 때까지는 단음절(单音节)의 언어를 쓰면서 살아왔다고 할 수 있습니다.

그럼 '단음절의 언어'란 뭐냐? 낱말이 한 글자로 되어 있는 언어라는 뜻입니다. 우리말은 낱말이 한 글자로 되어 있는 것도 있고, 두 글자 세 글자 다양하지요? 영어는 한 글자로 되어 있는 낱말은 잘 없는 편이고요. 중국어는 한 글자가 하나의 음절 단위로 구성되어 있기 때문에, '음절문자'라고도 부릅니다. 이에 대한 설명은 길게 하지 않을 겁니다. 왜냐하면 여기서는 어법에 관한 것을 중점적으로 다룰 텐데, 괜히 다른 걸 건드리면 이야기가 다른 일로 해서 이리 빠지고 저리 가고 하면, 저도 헷갈리고 독자 여러분도 제가 뭔 소리를 하는지 모르실 테니까요.

여러분, 삼국지 아시죠? 위(魏, 220~265), 촉(蜀, 221~263), 오(吳, 222~280) 이 세 나라가 서로 싸우던 시절, 영화 적벽대전이라는 것도 있고, 소설로도 유명한 그 시대 말입니다. 이런 삼국 시대를 평정한 것은 진(晋, 265~317)나라입니다.(최초로 중국을 통일한 진(秦, B.C.221~B.C.206)나라 하고는 우리말 발음은 같지만 완전히 다른 나라입니다.) 이 진나라는 통일한 다음 내부의 권력 다툼으로 중원을 버리고 따뜻한 남쪽 지방인 강남으로 근거지를 옮기게 됩니다. 이를 중국 역사에서는 남조(南朝) 시대라고 하는데, 중국 언어의 역사로 볼 때 이 시기는 큰 전환점 역할을 한답니다. 그 이유는 중국 역사상 처음으로 북방의 언어와 남방의 언어가 섞여서 살게 되었기 때문입니다.

이 시기는 문학사에서나 언어학사에서나 꽤 비중 있는 시기로 다루어지는데, 언어학사에서는 더욱 중요한 시기로 여겨집니다. 어법만을 놓고 보자면, 이 시기의 가장 큰 특징은 중국에 두 음절 시대가 시작되었다는 것입니다. 방금 말한 대로 낱말이 단음절에서 두 음절로 즉 한 글자에서 두 글자로 되었다는 것이지요. 이게 뭐 그리 중요할까? 이런 생각이 드시겠지만, 여기서 이 문제를 자세히 다루지는 않을 겁니다. 다만 한 가지, 이 이전에는 자전(字典)이 사전(辭典)이고 사전이 곧 자전이었지만, 이제부터는 자전은 특별히 글자를 공부하는 사람이 사고, 일반 사람들은 사전을 사게 되었다고 할 수 있습니다. 자전과 사전이 수록하는 내용이 다르게 되었으니까요. 아무튼 중국어는 이 시기 이후부터 지금까지 줄곧 두 음절의 언어로 정착하게 됩니다.

이 뿐만이 아니라 이 시기에는 전 시대와는 다른 여러 가지 어법상의 변화가 일어나는데, 이건 차츰 차츰 그것을 설명을 할 때가 오면 그 때 그 때 이야기를 할게요. 지금 다 하면 김도 빠지고, 나중에 기억도 다 못하실 테니까요.

자 그러면 중국어가 한 음절에서 두 음절로 어떻게 변했는지 그 속을 들여다보도록 하겠습니다.

어소

낱말은 우리가 쓰는 말을 할 때 가장 기본이 되는 단위입니다. 그럼 먼저 발음을 할 때 가장 기본이 되는 단위는 뭐라 하는지 아세요? 그건 '음절'이라고 합니다, 다 아시죠? 가・나・다・라 이런 것이 음절이고, 이래야 발음이 되니까요. '가'는 'ㄱ'하고 'ㅏ'하고 합쳐져서 '가'라는 발음을 만드는데, 'ㄱ'・'ㅏ' 요런 것들은 '음절을 이루는 요소(要素)'라고 해서 '음소(音素)'라고 부릅니다.

아까 앞에서 중국어 낱말은 대부분 두 음절이라고 했지요? 그러면 그 중 한 음절은 뭐라고 부르느냐 하면 '낱말을 이루는 요소'니까 '낱말소'이러면 될 것 같은데, 학자들은 이런 말로는 부르지 않아요. 중국에서는 낱말을 '사(词)'라고 하니까 처음에는 '사소(词素)'라고 하다가 요즘에는 '어소(语素)'라고 부릅니다. '말을 하는데 가장 기본이 되는 요소'라는 의미지요. 하긴 우리말로도 낱말을 '단어(单语)'라고도 부르니까 약간 관련은 있어 보입니다.

그런데 우리 학계에서는 이것을 '형태소(形态素)'라고 부릅니다. 이 용어는 중국어 아니 한자로 볼 때 좀 어색해 보입니다. 오해를 불러일으키기 딱 좋다는 거지요. 예를 들면 '家(집 가)'자는 '宀(집 면)'하고 '豕(돼지 시)'로 이루어진 글자니까, '宀'하고 '豕'가 '家'의 형태소 같다는 생각이 들거든요.(내 생각인가?)

하긴 책가방 멋있다고 공부 잘하나요? 유니폼 색깔이 유치하면 어때요, 축구만 잘하면 되지…. 여기서는 한 글자라도 적은 말인 '어소'로 부르기로 하겠습니다.

계속 같은 얘그의 반복이지만, 중국어는 한 음절의 말에서 두 음절의 말로 발전해 왔다고 했지요? 이것은 낱말이 한 글자에서 두 글자로 변화했다는 말이라고도 했지요? 그런데 현대중국어에도 한 음절로 된 낱말이 여전히 있답니다. 예를 들면, '我(wǒ)', '你(nǐ)', '人(rén)', '吃(chī)' 이런 말들은 여전히 한 글자에 한 음절을 유지하고 있습니다. 여기서 주의해야 할 점은, 글자 수가 어소 수와 언제나 같지는 않다는 겁니다.

"아니 이건 또 뭔 말인고?
중국어는 한 글자에 한 발음이라고 해 놓고, 글자 수하고 어소 수가 언제나 같지는 않다?

**어소는 글자 아닌가?
무신 말을 하는 건지….”**

사실 강의실에서 이걸 가르칠 때도 대부분 학생들은 이런 생각을 했을 거 같아요. 말을 안 했을 뿐이지요. 자 그럼 예를 들어 볼게요.

‘国家’ 이러면 ‘国(guó)’하고 ‘家(jiā)’라는 두 개의 어소로 이루어져 있고, ‘图书馆’이라는 낱말은 ‘图(tú)’와 ‘书(shū)’ 그리고 ‘馆(guǎn)’이라는 세 개의 어소로 이루어져 있습니다. 간단하지요? 요기 다섯 글자들은 자전을 찾아도 다 자기 뜻이 있어요.

그런데요, ‘徘徊(páihuí)’ · ‘逍遥(xiāoyáo)’ · ‘彷彿(fǎngfú)’ 이런 애들은요, 자전을 찾으면 자기 뜻이 없어요. 사전을 찾으면 ‘徘徊’ · ‘逍遥’ · ‘彷彿’ 등의 낱말의 뜻은 나오지만, ‘徘’ · ‘徊’ · ‘逍’ · ‘遥’ · ‘彷’ · ‘彿’ 이 낱개 글자들은 자전이든 사전이든 어디를 찾아도 뜻이 안 나옵니다. 못 믿으시겠으면 함 찾아보세요. 그런 다음 뜻이 안 나온다고 사전을 욕하거나 버리시면 안 됩니다. 얘네들은 옛날 한 음절 시대부터 쭈욱 이렇게 쓰여 왔어요. 언제나 두 글자로만요. 이런 걸 공식 용어로는 연면사(连绵词)라고 합니다.

“나 혼자서는 아무런 뜻이 없고 둘이 합해져야 비로소 하나의 의미가 되는 결합”, 아~ 이 얼마나 멋진 짝입니까!

그래서 언제나 이 대목에서 학생들에게 혹시 앞으로 궁합을 볼 때 “연면사 궁합이다”라는 말을 들으면 반드시 결혼하라고 가르칩니다. 물론 학생들은 아무도 안 웃습니다. 썰렁하다는 거지요. 하긴 늘 3월 초에 어법을 가르치니 좀 춥기도 하겠지요….

이런 애들이 한 둘 더 있어요. 하나는 ‘轰隆(hōnglóng)’(=꽈르릉 · 쿵쿵), ‘哗啦(huālā)’(=줄줄 · 좍좍 · 와르르) 등과 같이 소리나 모습을 나타내는 흉내말[의성어 · 의태어]이고, 또 하나는 ‘模特儿(mótèr)’(=model), ‘巧克力(qiǎokèlì)’(=chocolate), ‘奥林匹克(àolínpǐkè)’(=Olympic) 등과 같이 외래어를 중국어로 표기할 때 그 소리만을 본떠 만든 낱말들입니다. 이건 순전히 소리를 듣고 그와 비슷한 발음을 가진 글자를 선택해서 만든 낱말이어서, 글자의 뜻하고는 아무 상관이 없답니다. 다시 말해서 모델은 ‘모양이 특별한 아이’여서 ‘模特儿’이 아니고, 초콜릿이 ‘교묘하게 극복하도록 하는 힘을 가진 것’이란 뜻에서 ‘巧克力’라는 글자를 쓴 것이 아니라는 말입니다.

그렇지만 현대 중국어의 낱말은 대부분 두 글자 두 음절로 이루어져 있습니다. 어법적인 말로 하자면 '두 개의 어소로 이루어져 있다'라는 겁니다. 그러면 이 어소들은 어떻게 결합할까요? 요게 지금부터 할 일입니다.

낱말의 속사정

두 개 또는 그 이상의 어소로 이루어진 낱말을 **합성사**라고 부릅니다. 벌써부터 딱딱해지지요? 그렇지만 공부란 게 본래부터 딱딱한 것이니까 그러려니 해야 합니다. 무슨 "재미있게 공부하기"라던가 "잼있게 시작해서 즐겁게 끝내는 공부", 이런 게 있다면 이건 광고요, 좀 더 지나치게 표현하자면 이런 건 인류 역사에 한 번도 있어 본 적이 없는 거랍니다.

합성사는 각 어소의 결합 방식에 따라 조합하기, 덧붙이기, 겹쳐 쓰기 그리고 줄여 쓰기 등 네 가지로 나뉩니다. 이제 그 속을 하나씩 들여다보도록 하겠습니다.

조합하기

조합하기란 각각의 어소가 모두 자기의 뜻을 가지고 결합하는 방식을 말합니다. 여기에는 또 일정한 규칙도 있어요. 그러니까 중국어를 배우고자 하는 사람들에게는 요 내부 구조를 알아두면 도움이 많이 됩니다. 왜냐하면, 이 방식이 중국어에서 낱말을 만드는데 가장 많이 사용될 뿐 만 아니라 구나 문장도 대부분 이러한 방식으로 이루어지기 때문입니다.

"아니? 낱말을 이루는 형식이 구나 문장하고 같아? 그럴 수가 있나?"

이렇게 생각하실 수도 있습니다. 그렇지만 중국어는 "그럴 수가 있습니다." 그러니까 이 결합 방식의 구조를 '학실히' 알아두는 것이 중국어의 어법 구조를 파악하는 중요한 열쇠라고 할 수 있습니다.

이 방식은 병렬, 수식, 술목(述目), 보충 그리고 주술(主述)구조 등과 같은 5가지 구조를 가집니다.

(1) 병렬구조

병렬구조는 말마따나 "늘어놓는" 방식입니다. 둘 사이는 평등해서 누가 누구에게 속하거나 한 쪽을 꾸며주지 않지요. 형식상으로는 같은 품사끼리 결합하는 게 많고요, 내용상으로는 대부분 각 어소의 뜻이 같거나 비슷한 것으로 이루어지는데 때로는 상대적이거나 정반대인 것으로 이루어지기도 해요.

예를 들면요, '语言', '道路', '图书', '斗争', '学习', '光明' 등 요런 애들은 탁 봐서도 아시겠지만 같거나 비슷한 의미를 갖는 어소의 결합이고요, '矛盾', '远近', '轻重', '长短', '买卖', '反正' 등 요런 애들은 상대적이거나 반대의 의미를 갖는 어소의 결합이에요. 쉽지요?

(2) 수식구조

수식구조는 "꾸며준다"는 것이니까 앞의 어소가 뒤의 어소를 꾸며 주는 방식입니다. 예를 들면 '祖国', '英语', '欢迎', '热爱', '轻视' 등이 있습니다.

그런데 수식구조의 낱말 가운데는요, 앞의 어소가 명사적인 성격을 갖고 뒤의 어소가 동사적인 성격을 가짐으로 해서 마치 주어와 술어의 결합처럼 보이는 경우가 있어요.

예를 들면요, 우리말에 "무엇을 잠식하다"라는 말이 있지요? 여기에서 '잠식'이라는 말은, 누에 '蚕' 먹을 '食', 즉 '蚕食' 요렇게 씁니다. 우리말사전에 따르면 '조금씩 차차 점령하거나 차지해가다'라는 뜻이랍니다. 요걸 조금 더 글자의 뜻을 살려보자면 '누에가 뽕잎을 먹는 것처럼 조금씩 조금씩 먹어 들어가다'라는 뜻이 되겠지요. 이렇게 되면 '蚕'이 명사가 아니라 '食'을 꾸며주는 역할을 하는 걸 아실 겁니다.

중국어에서는 이런 식으로 명사가 동사를 꾸며주기도 해요. 우리말은 '……처럼'이나 '……로써'라는 말을 붙여서 그 성분을 바꾸지만 중국어는 뭐가 달라붙지 않고 그냥 쓰는 말이라고 했지요? 그러니까 이렇게 걍 동사 앞에다 명사를 놓고도 "꾸며준다"고 하는 거예요.

"그럼 얘네들 결합은 주어와 술어가 아니라는 무슨 표시가 있나요?"
"없습니다."(그런 표시를 한다면 그건 중국어가 아닙니다.)
"그러면 어떻게 구별합니까?"
"그때 그때 알아서 판단해야지요."
"치~, 무슨 이런 말이 다 있누?"
"그러게 말이예요. 저도 답답합니다."

그러나 중국어를 조금만 공부하시면 이건 아주 아주 작은 문제이고요, 또 자신도 모르게 자연스럽게 구별하게 된답니다. 그러니까 전혀 걱정하실 일이 아니랍니다. 절 믿으세요. 이런 예들은 몇 개 더 있어요.

蛋黄(달걀 노른자), 笔尖(붓끝, 펜촉),
冰凉(얼음처럼 차다), 雪白(눈처럼 희다) 등
---- 사물의 특성을 표시.

笔谈(글로 써서 이야기를 나누다), 油炸(기름에 튀기다),
电视(전기를 통해 보는 것 즉 TV), 火葬(불을 써서 장사지내다), 口试(구두시험) 등
---- 사용 방식을 표시.

위의 예에서 사물의 특성을 표시하는 결합은 우리말로 '…처럼 …하다(/한 것)'에 해당하고, 사용 방식을 표시하는 결합은 '…로써(을/를 가지고) …하다(/하는 것)'에 해당한다고 생각하시면 됩니다.

(3) 술목구조

술목구조는 '술어와 목적어'의 방식이니까, 형식적으로는 앞의 어소는 동사성 어소이고 뒤의 어소는 명사성 어소가 오고요, 내용상으로는 행위와 행위의 대상이라는 관계가 있습니다. 얘네들은 구조상 동사로 많이 쓰일 것 같지만, 실제로는 명사, 동사, 형용사

그리고 부사 등 다양하게 쓰입니다.

우선 명사로 쓰이는 것으로는 '理事', '行政', '干事' 등이 있어요. 우리말에도 자주 쓰이는 말들입니다.

그리고 동사로 쓰이는 것이 있는데, 이 구조로 된 낱말들 대부분은 이미 자신의 구조 안에 목적어를 가지고 있기 때문에 다시 목적어를 가지지 않아요. 예를 들면 '开刀'(칼을 열다→수술하다), '照相'(모양을 비추다→사진 찍다), '得意'(뜻을 얻다), '结婚'(혼인을 맺다), '开玩笑'(즐겁게 웃음을 열다→농담하다), '毕业'(업을 마치다→졸업하다), '帮忙'(바쁨을 돕다→도와주다), '出席'(자리에 나오다), '失望'(희망을 잃음), '生气'(기를 낳다→화내다) 등이 있어요.

그런데 이런 동사들이 목적어를 가지려면 어떻게 할까요? 예를 들어 "그와 결혼하고 싶다"라고 하려면 어떻게 할까요? "我要结婚他." 이러면 될까요? 안됩니다. 왜냐?

앞에서도 말했지만 중국어는 "명사+동사+명사+동사" 이렇게 써야 한다고 말했었지요? 그런데 "我要结婚他." 이러면 '婚'하고 '他'하고가 '명사+명사'잖아요. 그래서 이렇게는 쓰지 않는 거랍니다. 그러면 어떻게 쓸까요? 여기에는 세 가지 방식이 있어요. 우리 한국 사람들이 잘 틀리는 것 중에 하나니까요, 요건 잘 알아두어야 합니다. 물론 각종 시험에도 단골손님으로 나오곤 하지요.

우선, 술목구조 사이에 구조조사 '的(de)'를 넣는 겁니다. 예를 들면 이렇습니다.

> 我开他的玩笑。(나는 그를 놀린다.)
> 我开玩笑他。(×)
>
> 我帮他的忙。(나는 그를 도와주었다.)
> 我帮忙他。(×)
>
> 他还生我的气。(그는 나 때문에 아직도 화가 나 있다.)
> 他还生气我。(×)

여기에서 그냥 지나가면 "외우세요!" 하는 거 밖에 안 되니까 약간의 설명을 할게요.

위의 두 번째 예에서 '帮忙'은 '도와주다'라는 뜻이라는 건 다 아시죠? '帮(bāng)'은 '돕다'라는 뜻이고, '忙(máng)'은 '바쁘다'라는 뜻입니다. 그러니까 '(다른 사람의) 바쁨을 도와 준다' 그래서 '도와주다'라는 뜻이 된 거지요. 그런데 누구의 바쁨을 도와주느냐? '나의 바쁨'이면 '我的忙'이 되고, '너의 바쁨'이면 '你的忙'이 되는 겁니다. 그러니까 '나를 도와주다'는 '帮我的忙'이고, '너를 도와주다'는 '帮你的忙'이라고 하는 겁니다. 이러면 '帮忙他'에서처럼 명사하고 명사가 부딪치지 않고, '帮'은 동사이고 '我的忙'은 한꺼번에 명사로 취급하니까 '동사+명사' 구조가 되는 거지요. 이 방식이 제일 많아요.

지나가다 생각나서 곁다리로 한 마디만… '돕다'라는 뜻으로는 '帮助'라는 말도 있어요. 얘는 뒤에 바로 목적어가 옵니다. 이름하여 타동사라는 거지요. 왜냐? '帮助'는요, '帮'도 동사고 '助(zhù)'도 동사예요. 그러니까 앞에 나온 병렬식 구조라서, '帮忙'과는 그 족보가 다르기 때문입니다.

자 그럼 두 번째 방식은요, 개사 '跟(gēn)'을 술목구조 앞에 쓰는 겁니다. 대표적인 예가 앞에서 말한 "그와 결혼하고 싶다"라는 표현이에요. 이 말을 "我要结婚他."라고 하면 안 된다고 했지요? 이 표현은 "我要跟他结婚." 요렇게 말합니다. 이건 '跟他'(그와, with him)라는 부사어를 '结婚'이라는 동사 앞에 써서 수식하게 만드는 거지요. 이렇게 보면 중국어는 명사끼리 부딪치게 하지 않으려고 애를 많이 쓰는 거 같아요. 이런 예는 많지 않아서 요것만 알아두어도 되지만, 한 가지 알아두어야 할 낱말이 있어요. 바로 '见面'입니다.

'见面'은 '얼굴을 보다'→'만나다'라는 뜻인데, '그를 만나다'라고 하면 앞에 설명한 대로 '的'를 써서 '见他的面'이라고 해도 되고, 지금 경우처럼 '跟他见面'이라고 해도 됩니다. 그런데 둘 사이에 의미상 약간 차이가 있어요.

그냥 '만나다'라고 할 때는 '见他的面'이라고 해도 되고 '跟他见面'이라고 해도 되지만, 우리말에 "나 그 넘 얼굴을 좀 봐야겠어"라고 할 때처럼 말하는 사람의 의지가 담겨 있거나, 약속을 하고 만나는 경우처럼 무슨 제약이 있으면 '见他的面' 요걸 쓴다는 겁니다. 예를 들어 "나 밤 10시에 일이 있어서 그를 만나러 가려고 해."라는 말을 중국어로 옮겨보면, "나 我 + 밤 晚上 + 10시에 十点 + 일이 있어서 有事情 + 만나러 가려고 해 要去见 + 그를 他的面." 즉 "我晚上十点有事情要去见他的面." 이렇게 됩니다.(우리말 순서하고 비슷하지요? 동사 다음에 목적어가 오는 것만 빼고는요…)

이제 남은 하나인데, 이건 '毕业'라는 낱말이 대표합니다. 얘는 혼자서 튀는 아이니까, "왜 그럴까?" "누가 그랬을까?"라고 생각하지 마시고 그냥 용법을 외워두세요.

그러니까 "나 고구려대학 졸업했어." 요 말을 중국어로 옮기면 "나 我 + 고구려대학 高句丽大学 + 졸업 毕业 +했어 了." 즉 "我高句丽大学毕业了." 이렇게 쓰면 됩니다. 한국말 순서 그대로지요? 그런데요, '高句丽大学'을 '毕业' 뒤에 쓰기도 해요. 이럴 때는 '毕业' 뒤에 '于(yú)'를 써야 합니다. 즉 "我毕业于高句丽大学了."라고 한다는 겁니다.

앞에서 이 구조로 된 낱말들 **대부분은** 이미 자신의 구조 안에 목적어를 가지고 있기 때문에 다시 목적어를 가지지 않는다고 말했었지요? 세상사 다 그렇듯이 예외 없는 법칙은 없어요. 사람이 쓰고 사는 것 중에서 '절대'라는 건 '절대' 없다는 거지요. 어법은 특히 더 그렇답니다. 그래서 어법학자들은 '대부분' 또는 '일반적으로'라는 말을 많이 써요. 워낙 예외가 많기 때문이지요.

다음의 동사들은 목적어를 바로 가질 수 있어요.

**"목적어를 가지지 못한다고 했다가,
가지려면 또 어떻게 써야 한다고 일장 연설을 늘어놓더니만,
이제는 또 걍 가진다? 거 되게 사람 헷갈리게 만드네…"**

그렇지만 이런 낱말들은 몇 개 안되거든요, 그러니까 그냥 외워두세요. 시험에 나올까 봐 걱정되시면 아래 요 몇 개만 외워두시면 될 거예요. 이 밖에도 몇 개 더 있지만, 독자 여러분이 치시는 시험 수준에는 잘 안 나오는 말들이니까, 안심하셔도 됩니다.

- 关心 怀疑 出版 提议 得罪 动员 注意 등

董事长很关心这项计划。
(회장님은 이번 사업에 대하여 매우 관심을 가지고 있다.)

我得罪了他。(나는 그에게 잘못을 저질렀다.)

为了这个欢迎会，主办单位又动员了许多学生。
(이 환영회 때문에 주최측은 또 많은 학생을 동원하였다.)

그리고 형용사로 쓰이는 것에는 '进步'(발걸음을 내딛다→발전하다), '吃力'(힘을 먹다→힘들다), '露骨'(뼈를 드러내다→노골적이다), '开心'(마음을 열다→기쁘다) 등이 있고요, 부사로 쓰이는 것으로는 '当时'(때를 당하다→당시, 그때), '照样'(모양을 비추다→그 모양대로, 예전대로), '转眼'(눈을 돌리다→눈 깜짝할 새), '到底'(바닥에 다다르다→마침내, 도대체, 역시) 등과 같은 낱말들이 있습니다.

(4) 보충구조

보충구조는 뒤의 어소가 앞의 어소의 뜻을 보충해서 설명하는 방식입니다. 여기에는 '车辆', '事件', '物件' 등과 같이 명사하고 그와 어울리는 양사(또는 단위사라고도 부릅니다)하고 결합하는 방식이 있고요, 다른 하나는 "동사+동사" 또는 "동사+형용사"의 꼴로, 내용상 먼저 동사의 행위가 있고 그 다음에 어떻게 되었다는 것을 말해 주는 결합입니다. 설명은 무척 딱딱하게 느끼시겠지만 예를 보시면 "아~, 쉽네. 우리말에도 다 있네~~!"이러실 거예요. 자 보세요.

削减(깎아서 줄임), 促进(재촉하여 나아가게 함),
说服(말해서 복종시킴), 救活(구해서 살려 냄) 등;
이상 "동사+동사"

扩大(넓혀서 크게 함), 缩小(줄여서 작게 함),
提高(들어서 높임), 说明(말해서 분명하게 함),
改正(고쳐서 바르게 함) 등
이상 "동사+형용사"

(5) 주술구조

주술구조는 앞의 어소가 주어가 되고 뒤의 어소는 술어가 되는 결합을 말합니다. "뭐? 하나는 주어고 하나는 술어? 그러면 문장 아냐?" 이러시겠지만 사실 우리가 쓰는 낱말 중에는 이런 낱말들 많아요. 예를 들어볼게요.

• 日食 地震 国营 市立 体重 头痛 自然 民主 胆大 등

어떠세요? 모르시는 낱말 있나요?

자, 보세요. 이들처럼 둘 다 뜻이 있는 어소끼리의 결합은요, 병렬 · 수식 · 술목 · 보충 · 주술 이렇게 결합 구조를 가지잖아요? 이런 결합 방식은 구나 문장에서나 그대로 쓰입니다. 그래서 요 결합방식을 익혀 두는 게 중요하다고 말했던 거예요.

자 그러면 이제 다른 결합으로 넘어가지요. 위의 결합 방식을 알고 나면 나머지는 별 거 아니에요.

덧붙이기

그럼, 이제 덧붙이기를 알아보지요. 덧붙이기 방식은 하나는 뜻이 있고 다른 하나는 뜻이 없어요. 그러니까 뜻이 없는 애는 뜻이 있는 애한테 덧붙어서 살아요. 그러면 어떻게 덧붙어 사냐? 어떤 애들은 앞에 붙고 어떤 애들은 뒤에 붙죠. 굳이 한자 용어를 쓰자면 앞에 붙는 애는 접두사(接头词)라고 하고, 뒤에 붙는 애들은 접미사(接尾词)라고 부릅니다. 한자를 조금 알면 그 말이 그 말인 걸 아실 거예요.

먼저 앞에 붙는 애들로는, 老(lǎo) · 阿(ā) · 小(xiǎo) 등이 있고요, 뒤에 붙는 애들로는 子(zi) · 儿(ér) · 头(tóu) · 巴(bā) 등이 있어요. 예 없이 그냥 지나가면 섭섭하니까 몇 개만 들게요.

• 老师 老鼠 阿姨 小姐 女子 箱子 鸟儿 画儿 木头 馒头 尾巴 嘴巴 哑巴

그런데요, 어떤 낱말들은 같은 말에 '子'를 덧붙일 수도 있고 '儿'을 덧붙일 수도 있어요. 요럴 때는요, '子'를 더했을 때에는 보통 커다란 사물 또는 싫어하는 감정을 나타내며, '儿'은 일반적으로 작고 귀여운 사물이나 좋아하는 감정을 나타낸다고 하네요. 중국 사람들이 하는 말이니까 그냥 알아두세요.

棍子--棍儿, 管子--管儿, 盖子--盖儿, 根子--根儿,

兔子--兔儿, 老头子--老头儿, 小孩子--小孩儿,

面条子--面条儿 등

겹쳐쓰기와 줄여쓰기

거의 다 왔네요. 겹쳐 쓰기는 말 그대로 겹쳐 쓰는 거고요, 줄여 쓰기는 줄여서 쓰는 거예요. 먼저 겹쳐 쓰기에는 가족 사이의 호칭이 많아요. '爸爸', '妈妈', '姐姐', '妹妹', '哥哥', '弟弟' 등이 있고요, 우리말에도 있는 "**점점** 더 한다"라고 할 때의 '渐渐'이라든가, "흥미**진진**하다"에서의 '津津' 역시 중국말이예요.

중국 사람들은 말할 때 종종 줄여서 말해요. 예를 들면 北京大学은 北大, 南京大学은 南大, 이런 식이지요. 그런데 요즘 젊은이들은 하도 줄여 쓰기를 잘해서, 나이 든 사람들은 그 말을 해독하기 어려울 때도 많아요. 그렇다고 줄여 쓸 때 무슨 법칙이 있는 것도 아니잖아요? 그래서 더욱 알아듣기가 어렵지요. 그러니까요, 줄여 쓰더라도 다른 사람이 알아들을 수 있게 줄여야 한다는 것, 중국어도 똑같습니다.

나의 사랑, 중국어법

품사

자, 이제 낱말 이야기는 대충 요정도로 하고요, 이런 "낱말들의 집합", (벌써부터 말이 어렵지요?) 비슷한 성질을 가진 낱말들을 묶어서, 그 집단이 가지는 성질을 알아보는 순서가 되었습니다. 이름하여 "품사(品词)"라는 거지요.

'品'은 명사로 쓰면 품질 · 품종 · 인품 · 품격 등으로 쓰이지만, 이걸 동사로 쓰면 '물건의 값을 매기다'라는 뜻이 되거든요. 그러니까 '품사' 이러면 "낱말을 성질에 따라 분류함"이라는 의미가 됩니다. 중국어에서는 '词类(사류)'라고 불러요. '낱말의 종류'라는 뜻이지요. 말은 달라도 뜻은 같습니다.

중국어의 품사를 몇으로 나누느냐 하는 것에 대해서는 아직 정해진 규칙이 없습니다.

"뭐? 중국어는 품사가 몇 개인지 정해지지도 않았단 말이야?
어떻게 그럴 수 있지?"

그럴 수 있답니다. 중국어잖아요. 사실 품사를 몇 개로 나누느냐? 이건 나라마다 언어마다 다를 수 있어요. 많이 쓰는 말을 하나의 품사로 독립시키다보면 딱히 몇 개다 하는 구분이 그다지 중요한 것은 아니거든요.

영어는 명사, 대명사, 동사, 형용사, 부사, 전치사, 접속사 그리고 감탄사 등 8가지로 나누지요? 중국어는 대체로 이 8품사 외에 중국어 특유의 조사(助词)와 사용 빈도가 많은 수사(数词)와 양사(量词)를 형용사로부터 독립시켜 모두 11개의 품사로 나눕니다.

중국어의 11개 품사는 그 어법적인 역할에 따라 크게 실사(实词)와 허사(虚词) 둘로 나누기도 합니다. 예전에는 이 구분법 하나 가지고 수 천 명의 학자가 몇 년을 싸우기도 했지만, 지금 돌이켜 생각해보면 "낭비였다"고 해요. 저도 그 주장들을 읽어보기도 했지만, 뭘 그런 걸 가지고 그렇게 싸웠나 싶더라고요. 아무튼 실사와 허사의 구별법은 여러 가지가 있지만, 여기에서는요, 실사는 "홀로 주어나 술어 같은 문장의 구성 요소가 될 수 있는 낱말"이고요, 허사는 "안 되는 아이들"이라고 생각하면 됩니다.

중국어의 실사에는 명사 · 대사(代词, 대명사) · 수사 · 양사 · 동사 · 형용사 그리고 부사 등 7가지 품사가 속합니다. 그리고 실사는 다시 명사적인 성격을 갖는 체사(体词)와 동사적인 성격을 갖는 용사(用词) 두 가지로 나눌 수 있어요. 요게 중요하답니다.

그래서 "낭비였다"고 했지만 이 책에서 실사와 허사를 구별하는 이유는 여기에 있어요.

체사에는 명사 · 대사의 대부분 · 수사 그리고 양사 가운데 명량사(名量词) 등이 속하고, 용사에는 동사 · 형용사 · 부사 · 대사의 일부분('这么' · '这么样' · '那么' · '那么样' · '怎么' · '怎么样' 등) 그리고 양사 가운데 동량사(动量词) 등이 이에 속합니다.[1)]

한편 허사는 홀로 문장의 구성 요소가 되지 못하고 실사와 함께 쓰여야만 문장 안에서 자신의 어법 역할을 할 수 있는 낱말을 말하는데, 이에 해당하는 품사로는 개사(전치사), 접속사, 조사 그리고 감탄사 등 4가지가 있습니다. 여기에서 감탄사는 문장 안에서 독립적으로 쓰이기도 해요. 얘는 좀 특별난 아이라고 생각하면 됩니다. 이상을 정리해서 표로 그려보면 아래와 같습니다.

중국어의 품사분류

- 실사(实词) (홀로 문장의 구성 요소가 될 수 있는 낱말)
  - 체사(体词) (명사성 낱말)
    - 명사
    - 대사
    - 수사
    - 명량사
  - 용사(用词) (동사성 낱말)
    - 동사
    - 형용사
    - 부사
    - 대사의 일부분
    - 동량사
- 허사(虚词) (홀로 문장의 구성 요소가 될 수 없는 낱말)
  - 개사
  - 접속사
  - 조사
  - 감탄사

1) 체사와 용사를 구별하는 가장 간단한 방법은 '不(bù)'로 부정을 할 수 있느냐 없느냐 하는 겁니다. '不'로 부정을 할 수 있으면 용사이고, 그렇지 못하면 체사라고 보면 됩니다.

명사

그럼 먼저 명사부터 이야기를 해 볼까요?

명사는 다 아시는 것처럼 사람 또는 사물의 이름을 나타내는 말입니다. 영어에서는 '명사' 이러면, 보통명사 · 고유명사 · 집합명사 · 물질명사 그리고 추상명사 등으로 나누고, 또 셀 수 있는 명사와 셀 수 없는 명사로도 구분하지요?

그런데 중국어에서는 이런 분류는 별 의미가 없어요. 우리말에서도 보통명사나 고유명사 등과 같은 의미상의 구별이 일상생활에서 별다른 역할을 하는 게 없지요? 중국어도 똑같아요. 그리고 셀 수 있거나 셀 수 없거나 하는 것은 영어에서야 '수(数)'라는 것을 중요하게 생각하지만, 중국어에서는 수를 그다지 엄격하게 구별하지 않아요. 그러니까 이런 영문법적 명사 분류는 별 도움이 안 되고요, 중국어의 명사는 일반명사와 특별명사 두 가지로 나뉜다고 생각하는 것이 좋겠더라고요.

일반명사는 우리가 보통 생각하는 명사예요. 영어에서의 보통명사 · 고유명사 등이 이에 속해요. 특별명사는 방위 · 시간 · 장소 등을 나타내는 말이 여기에 속합니다. 얘들을 각각 방위사 · 시간사 · 장소사라고 부르는데, 얘들을 특별명사라고 하는 이유는 얘들의 쓰임새가 일반명사와는 좀 다르기 때문이예요.

그럼 명사는 어떤 특징을 갖는지 알아보죠. 우리 대한민국에서 사는 사람들이라면 누구나 빠르면 초등학교, 늦어도 중학교에서는 영문법을 배웠기 때문에 이런 것쯤은 길게 설명하지 않아도 잘 아실 테니까, 간단하게 얘기하고 넘어가겠습니다.

중국어의 명사는 다음과 같은 어법적 특징을 갖습니다.

① 수량구(数量句)의 수식을 받을 수 있어요.

보통 "수사+양사+명사"의 꼴로 나타납니다. 예를 들면 '三本书', '一个学生', '十位老师' 등과 같아요. 우리말은 '책 세 권', '학생 한 사람', '선생님 열 분' 이렇게 나타내는데, 반대지요? 그렇지만 중국도 한(汉)나라 때까지는 우리말처럼 수량을 나타내는 말이 명사 뒤에 왔답니다. 그 후로 지금처럼 굳어졌어요.

② 일반적으로 부사의 수식을 받지 못해요.

부사는 '동사나 형용사 그리고 부사를 수식하는 말'이라고 배운 적 있지요? 이건 우리말이나 영어나 똑 같아요. 그런데 왜 '일반적'이라는 말이 들어갔을까요? 그건 특별명사는 부사의 수식을 받을 수 있기 때문입니다. 예를 들면 '才星期二'(이제야 화요일), '最前面'(맨 앞) 등처럼 부사 '才'나 '最'가 뒤의 '星期二' · '前面'을 꾸며줄 수 있습니다.

③ 명사는 일반적으로 겹쳐서 쓰지 않습니다.

예를 들어 '学校学校', '国家国家'라고 하지 않는다는 거죠. 그런데 여기서도 '일반적'이라는 말이 들어갔죠? 그 이유는 몇몇 단음절 명사는 겹쳐서 쓰기도 하기 때문입니다. 우리말에도 '가가호호(家家户户)'라는 말 있잖아요? '집집마다'라는 뜻인 건 누구나 알고요. 중국어에도 이 경우는 '하나하나씩' · '…마다'라는 뜻을 나타냅니다. 예를 들면 위에서 예로 든 '家家', '户户'도 있고요, '人人', '村村' 등과 같은 말도 있습니다.

④ 중국어에서 명사는 복수를 어떻게 나타낼까요?

우리말처럼 중국어에서도 명사는 단수나 복수가 형태상으로는 똑같아요. 우리말은 복수를 나타낼 때 '학생 한 명'이나 '학생 열 명'이나 '학생'에 대해서 무슨 표시를 하지 않잖아요? 중국어도 그래요. '一本书'나 '十本书' 또는 '一个学生'이나 '十个学生' 등과 같이 수에 의한 형태상의 변화는 없어요. 단지 '사람을 뜻하는 명사'의 경우에는 뒤에 복수를 나타내는 조사 ''们(men)''을 써서 복수를 표시합니다.

예를 들어 '学生们', '朋友们', '孩子们' 등과 같은 경우입니다. '们'은 우리말의 '들'과 비슷한데, 우리말은 사람만을 가리키지 않고 동물 · 식물 · 무생물 뒤에도 붙여 쓸 수 있는 게 다르다면 다른 점입니다.

그리고 사람을 뜻하는 명사 앞에 수량구나 많은 수를 나타내는 낱말이 있는 경우, 또는 문장 가운데에 많은 수를 나타내는 말이 있을 경우에는 '们'을 사용하지 못합니다. 예를 들어 '十个学生们', '许多学生们', '参加这次运动会的学生们很多' 등과 같이 말하지는 않아요. 왜냐하면 '十个'·'许多'·'很多' 등이 이미 많은 수를 나타내고 있으므로 다시 '们'을 써서 복수를 표시할 필요가 없기 때문인 거죠.

명사는 문장 안에서 어떻게 쓰이느냐? 어떤 역할을 하느냐 하는 건 다 아실 겁니다. 하긴 영문법을 배운지 어언 몇 해인데, 이정도 쯤이야….

명사는 주어와 목적어(개사의 목적어 포함)로 쓰이고, 관형어나 술어로도 쓰입니다. 일반명사는 부사어로 쓰이는 경우가 드물지만, 특별명사는 부사어로 쓰이는 것은 물론 보어로도 쓰입니다.(주어, 목적어, 관형어, 술어, 부사어, 보어 등에 관한 문제는 나중에 다시 다룰 겁니다.)

春天到了，天气暖和了。(봄이 되어 날씨가 따뜻해졌다.)
(주어로 쓰임)

昨天我们访问了我们的老师。(어제 우리는 우리 선생님을 방문했다.)
(목적어로 쓰임)

电话铃响了，屋里的人们立刻静了下来。
(전화벨이 울리자 방안에 있는 사람들이 바로 조용해 졌다.)
(관형어로 쓰임)

今天星期六。(오늘은 토요일이다.)
(술어로 쓰임)

특별명사

앞에서도 말했지만, 특별명사를 '특별'하다고 부르는 이유는, 특별명사는 명사이긴 하지만 동사성도 풍부하기 때문입니다. '동사성이 풍부'하다는 말은 무엇이냐 하면요, 부사의 수식을 받을 수 있다든가, 문장에서 부사어나 보어로 쓰일 수 있다는 겁니다.

특별명사에는 방향과 위치를 나타내는 방위사, 시간을 나타내는 시간사 그리고 장소를 나타내는 장소사 등이 포함됩니다.

먼저 방위사는 방향(方向)과 위치(位置)를 나타내는 명사예요. 그래서 방향의 '방'하고 위치의 '위'자를 따서 방위사라고 불러요. 방위사는 그 구성상의 특징에 따라 단순방위사와 합성방위사로 나뉩니다.

이렇게 애기하면 좀 어려운 느낌이 들겠지만, 별 거 아닙니다. 단순방위사는 한 글자로 된 것들이고요, 합성방위사는 두 글자로 된 것들이예요. 쉽죠? 중국 사람들은 뭘 나누기를 좋아할 뿐만 아니라 말도 거창하게 하거든요. 여기에 말리면 꼼짝없이 당하니까 정신 잘 차려서 그 때 그 때마다 쉽게 이해하려고 노력해야 합니다.

단순방위사에 속하는 낱말을 예로 들면 다음과 같아요.

上, 下, 前, 后, 左, 右, 东, 西, 南, 北, 里, 外, 中, 内, 间, 旁

이렇게 써 놓으면 어려운 듯하지만, 사실 상하, 전후좌우, 동서남북, 내외, 중간, 사이, 옆 이런 말들이예요.

합성방위사는 두 글자로 된 것들이라고 했지요? 얘들은 단순방위사 앞에 '以' 또는 '之'를 붙여 쓰거나 뒤에 '边', '面', '头' 등을 붙여 쓰는 거예요. 이 때 '边', '面', '头' 등은 모두 경성으로 읽어야 하고요. 그럼 애네들의 결합 상황을 표로 정리하면 아래와 같습니다. 한 번만 보시면 다 아는 것들이예요. 우리말에서 쓰이는 것들도 많고요. 그러니까 한 번 쓰윽 보시면 됩니다. 가끔 보면 이런 것도 외우라고 하는 분들이 있던데….

단 순 방위사	합성 방위사					
	以__	之__	__边	__面	__头	대 칭
上	以上	之上	上边	上面	上头	上 下
下	以下	之下	下边	下面	下头	
前	以前	之前	前边	前面	前头	前 后
后	以后	之后	后边	后面	后头	
东	以东	之东	东边	东面		
西	以西	之西	西边	西面		
南	以南	之南	南边	南面		
北	以北	之北	北边	北面		
左			左边	左面		左 右
右			右边	右面		
里			里边	里面	里头	里 外
外	以外	之外	外边	外面	外头	
中		之中				
内	以内	之内				
间		之间				
旁			旁边			

시간사는 당연히 시간을 나타내는 명사입니다. 시간사에는 '今天', '现在', '1993年', '昨天晚上' 등과 같이 어떤 시점(time point)을 나타내는 것과 '十年', '两个钟头', '一个晚上' 등과 같이 일정한 시간(time duration) 또는 기간을 나타내는 것이 있습니다.

장소사는 역시 장소를 나타내는 명사인데, 장소사에는 다음과 같은 것들이 포함됩니다. '前面', '外边', '里头' 등과 같이 때로는 장소를 뜻하는 방위사, '中国', '北京', '天安门广场' 등과 같은 지명, 그리고 '这里', '那儿', '图书馆', '学校', '银行' 등과 같이 장소를 나타내는 대사와 일정한 공간을 차지하는 일반명사도 이에 속합니다.

장소사 가운데 장소를 나타내는 일반명사는 그 이름의 사물성보다는 그것이 차지하는 공간에 더 비중을 두는 경우입니다. 여기에 '(在)…里'를 덧붙이면 공간성이 더욱 분명해지지요. 예를 들면 '(在)图书馆里', '(在)学校里' 등 이렇게 말입니다.

그러면 특별명사는 어떤 어법적 특징이 있을까요? 앞에서도 말했지만 특별명사는 명사적인 성질과 동사적인 성질을 함께 가지고 있습니다. 이 책에서는 명사적인 성질을 가지는 낱말은 체사라고 부르고 동사적인 성질을 가지는 낱말은 용사라고 부른다고 했었지요? 기억나시나요?

먼저 체사적인 특징이라면 앞에서 말한 명사의 특징과 같아요.

우선

① '两个小时', '三个月' 등처럼 수량구의 수식을 받을 수 있고요,

② 겹쳐 쓰지 않아요. 만약 겹쳐서 쓰면 '…마다'의 뜻이 됩니다.

> 张同学把刚刚发生的事前前后后又想了一遍。
> (장(张) 학우는 방금 일어난 일의 전말을 다시 한 번 생각했다.)
> ('모두 다'의 뜻)

③ 문장 안에서 주어, 목적어, 관형어 등으로 쓰입니다.

특별명사가 주어로 쓰일 때는 그 특별명사가 어떠한지를 설명하는 내용이어야 합니다. 그렇지 않은 경우는 부사어로 간주합니다. 아래의 예를 참고하세요.

> 外边冷，请到屋里坐。(밖이 추우니 안으로 들어와 앉으세요.)
>
> 新年快要到了。(새해가 곧 다가온다.)

台中是有名的文化城市。(타이중은 유명한 문화도시이다.)
(이상 주어로 쓰임)

他们的婚期推迟到明年三月份了。
(그들의 결혼날짜가 내년 3월로 미뤄졌다.)

中文杂志都在这儿，外文的都在那儿。
(중국어 잡지는 모두 여기에 있고, 외국어 잡지는 모두 저기에 있다.)
(이상 목적어로 쓰임)

특별명사가 관형어로 쓰일 때는 특별명사와 중심어 사이에 일반적으로 '的'를 씁니다.

前边的大楼都是新建的。(앞에 있는 빌딩은 모두 새로 지은 것이다.)
四年的大学生活就要结束了。(4년간의 대학생활이 곧 끝나게 된다.)
北京的春天很暖和。(북경의 봄은 따뜻하다.)

그 다음 용사적인 특징이라면,
① 부사의 수식을 받을 수 있어요.

우리말에도 극우파(极右派), 극좌파(极左派), 최첨단(最尖端), 최전방(最前方) 등과 같은 하는 말이 있잖아요? 중국어도 비슷해요. 아래의 예를 보세요.

极右　稍后　最前面　紧里头　顶后边儿　再下边儿

그리고 ②문장 안에서는 보어, 부사어 등으로 쓰입니다.

보어는 대체로 형용사가 담당하고요, 부사어는 부사가 담당하지만 특별명사는 보어나 부사어의 역할도 한답니다.

我要在中国学习三个月。（나는 중국에서 3개월간 공부하려고 한다.）

（보어로 쓰임）

我下个星期日有事。（나는 다음 주 일요일에 일이 있다.）

（부사어로 쓰임）

그럼 이제 대사로 넘어가 볼까요?

대사

대사는 무엇인가를 대신하는 낱말입니다. 다 아는 얘기죠? 어법적으로 말하자면 각종 낱말, 구 그리고 문장 등을 대신하지요. 영어에서는 체사, 즉 명사성 낱말을 대신하거나 또는 어떤 것을 대신하였을 경우 그것이 명사성을 가지게 되기 때문에 대명사(pronoun)라고 부르지만, 중국어에서는 이와 달리 체사와 용사 모두를 대신할 수 있을 뿐만 아니라, 어떤 것을 대신한 다음 그것이 반드시 명사성을 갖는 것도 아니예요. 그래서 중국어에서는 이를 대명사라고 하지 않고 대사(代词, substitute)라고 부릅니다. 중국 사람들이 이름을 지을 때는 나름대로 다 이유가 있어요. 우리야 대명사면 어떻고 대사면 어떻겠어요. 그렇지만 중국어 어법을 얘기 하는 자리니까 티를 좀 내는 의미에서 '대사'라고 부르기로 하겠습니다.

그리고 참, 영어에서는 'how'나 'why'는 의문부사로 분류하고, 'this book'에서의 'this'를 지시형용사로 보지요? 그런데 중국어에서는 그렇지 않아요. 중국어에서 '怎么'나 '为什么'의 품사는 언제나 의문대사이고요, 다만 문장 안에서는 보어나 부사어의 역할을 한다고 봅니다. 또 '这本书'의 경우 역시 '这'의 품사는 지시대사로서 여기에서는 관형어로 쓰인 것으로 봅니다.

이 둘의 차이는요, 영어는 낱말의 역할을 품사로 해결하려 하는 것이고, 중국어에서는 품사는 품사이고 문장에서의 역할은 또 다른 범주로 여기는 겁니다. 이렇게 결론짓기까지 중국 사람들은 많은 세월과 정력을 소비했어요. 지금 생각해보면 별 거 아닌 것 같은데 말이죠. 하긴 남이 하는 일은 뭐든지 쉬워 보이잖아요?

대사는 뜻과 하는 역할에 따라 인칭대사, 지시대사 그리고 의문대사 등 세 종류로 나뉩니다. 영문법하고 똑 같죠? 하긴 중국어 어법의 상당 부분은 영문법에서 배운 겁니다. 영문법의 역사나 이론이 독보적으로 앞서 있는데다가, 영어하고 중국어는 구조가 비슷하니까 배우기가 쉬웠던 탓도 있죠.

인칭대사는 우선 '我', '你', '他', '我们', '你们', '他们' 등과 같은 1·2·3인칭대사하고요, 기타 '自己', '人家', '别人', '大家' 등과 같은 낱말이 있어요. 1·2·3인칭대사와 그 복수는 굳이 설명할 게 없을 것 같구요, 기타에 속하는 대사를 설명하자면, '自己(zìjǐ)'는 자기 자신을 가리키고, '人家(rénjiā)'·'别人(biérén)'은 자기 이외의 '다른 사람'을 가리키며, '大家(dàjiā)'는 '모든 사람'이라는 총괄적인 뜻을 나타냅니다.

지시대사는 좀 복잡해서 다음 6종류로 나눌 수 있어요.

(1) 사람 또는 사물을 가리키는 것
　　这: 이것;　那: 저것
(2) 장소를 가리키는 것
　　这儿·这里: 여기;　那儿·那里: 저기
(3) 시간을 가리키는 것
　　这会儿: 이 때;　那会儿: 저 때
(4) 성질, 상태, 행동, 방식, 정도 등을 가리키는 것
　　这么·这样·这么样: 이렇게;　那么·那样·那么样: 저렇게
(5) 수량을 가리키는 것
　　这么些: 이만큼;　那么些: 저만큼
(6) 기 타
　　每: …마다;　各: 각각;　某: 어느;　其他: 기타

의문대사는 5종류로 나뉘어요. 지시대사 보다 하나 적지요? 비교해보시면 금방 알겠지만 '(6)기타'만 빼고 나머지는 똑같아요. 지시대사는 뭘 가리키는 것이고, 의문대사는 그것을 묻는 것이니까요.

(1) 사람 또는 사물을 묻는 것
　　谁: 누구,　什么: 무엇,　哪(+양사): 어느 것
(2) 장소를 묻는 것
　　哪儿·哪里·什么地方: 어디

(3) 시간을 묻는 것

多会儿 · 几时 · 什么时候: 언제

(4) 성질, 상태, 방식, 정도 등을 묻는 것

怎么 · 怎样 · 怎么样: 어떻게

(5) 수량을 묻는 것

几 · 多少: 몇, 얼마

자 그럼 위에서 말한 내용을 하나의 그림으로 나타내면 다음과 같습니다.

		의문대사	지시대사			인칭대사			
			가까운 것	먼 것	기타				
체사를 대신	사람 또는 사물	谁 什么 哪	这	那	每 各 某 其他	1인칭	我 我们 咱 咱们	자칭	自己
	장소	哪儿 哪里 什么 (地方)	这儿 这里	那儿 那里		2인칭	你 你们 您	타칭	别人 旁人 人家
	시간	多会儿 几时 什么 (时候)	这会儿 这 (时候)	那会儿 那 (时候)		3인칭	他 他们 她 她们 它 它们	총칭	大家
용사를 대신	성질 상태 방식 정도 등	怎么 怎样 怎么样	这么 这样 这么样	那么 那样 那么样					
수량을 대신	수량	几 多少	这么些	那么些					

대사는 다음과 같은 어법적 특징을 가집니다.

① 다른 품사의 수식을 받지 않는다.

红我(×), 非常你(×)

② 겹쳐서 쓰지 않는다.

我我(×), 他们他们(×), 怎样怎样(×)

③ 대사의 문장 안에서의 역할은 그 대사가 어떠한 것을 대신하고 있는가 하는 데에 달려 있다.

즉 체사를 대신하는 대사들은 그 체사가 문장 안에서 하는 역할, 즉 주어・목적어 등의 역할을 하고, 용사를 대신하는 대사들은 용사가 문장 안에서 하는 역할, 즉 술어・보어・부사어 등의 역할을 한다는 말입니다. 예를 들면 아래와 같습니다.

别理<u>他</u>, <u>他</u>经常<u>这样</u>。(그 사람에게 신경 꺼! 그는 늘 이래.)
('他'는 주어와 목적어로 쓰였고, '这样'은 술어로 쓰임)

这个问题你觉得<u>怎么样</u>? (이 문제 너 어떻게 생각하니?)
(보어로 쓰임)

那白云的顶部<u>那么</u>齐平, 好像用一支划线尺划过似的。
(저 흰 구름 꼭대기가 저렇게 반듯하니, 마치 자로 그어놓은 것 같아.)
(부사어로 쓰임)

그럼 이제부터는 알아두면 도움되는 몇몇 대사들의 쓰임새를 설명해 볼까 합니다.

(1) '我们(wǒmen)'과 '咱们(zánmen)'

'咱们'은 '우리'라는 뜻의 대사로 북방에서 쓰는 말이라고 하는데, 요즘은 교통과 통신이 발달해서 그런지 남방에서도 잘 쓰이데요. 그런데 '우리'라고 하면 대표적으로 '我们'이라는 말이 있잖아요? 그럼 이 둘은 어떻게 다를까요?

일반적으로 '我们'이라고 할 때는 듣는 사람을 뺀 나머지 사람을 가리키고, '咱们'이라고 할 때는 듣는 사람까지도 포함한다는 것이 통설이고, 사전에도 이렇게 설명하고 있는데요, 그렇지만 이러한 구분이 엄격한 것은 아니예요. 중국에 직접 가서 확인하지 않더라도 영화나 드라마를 보면 이 둘을 섞어 쓰는 경우를 많이 볼 수 있을 거예요. 그러니까 '我们'과 '咱们'은 "我们≤咱们"과 같은 관계라고 보면 됩니다.

(2) '您(nín)'

'您'은 '你'의 존칭형이예요. 중국어에서 낱말로 표현하는 몇 개 안되는 존칭어 중의 하나지요. 말이 나왔으니까 중국어의 존칭에 관한 한 가지 오해를 풀어볼까 해요.

어떤 분들은 중국어에는 영어와 비슷하게 존칭이 별로 없다고 하더군요. 글쎄요, 왜 이런 말이 나왔는지 잘 모르겠어요. 중국은 오랜 역사를 가지고 있는 나라이고, 예의범절이라고 하면 우리 못지않게 중시하는데, 상식적으로 대충 말을 트고 지낼 수 있을까요?

아마 이런 말은 중국어에서 존칭을 직접적으로 표시하는 낱말이 많지 않다는 뜻이지, 존대법이 없다는 뜻은 아닐 거예요. 중국어의 존대법 또는 예의 있는 말로 표현하는 법은 꽤 다양할 뿐만 아니라 배우기도 쉽지 않습니다. 이건 말하는 사람의 교양과 학문적 소양에 많이 달려 있거든요. 그러니 일상생활에 쓰는 말을 위주로 소개하는 일반 회화책에서는 이런 걸 다룰 수가 없지요.

하긴 중국 학생들은 선생님하고 얘기할 때 주어를 종종 '你'로 시작하는 경우가 있습니다. '您'이 아니고요. 우리 학생들은 상상도 못할 일이지요. 또 선배 이름도 이름 석 자 또박또박 부르기도 합니다. 이것 역시 우리로서는 감히…. 만약 대한민국에서 이랬다가는 생명을 오래 유지하기가 어렵지 않겠어요? 그렇지만 중국 사람들이 다 그런 건 아니고요, 또 정중한 자리나 격식을 갖추어야 하는 자리에서는 전혀 다른 말을 쓴답니다. 그래서 이런 저런 이유로 "중국어에는 존칭이 없다"라는 말이 나오게 된 게 아닐까 생각합니다.

자 그러면 다시 본론으로 들어와서, '您'은 복수로 쓸 경우에는 '您们'이라고 하지 않고 '您…位'라고 말합니다. 즉 두 사람이면 '您两位', 열 사람이면 '您十位'라고 합니다. 우리말로 '두 분', '열 분'에 해당합니다. 그런데 여기에서 주의할 점은 '您两个', '您十个'라고 하면 안 된다는 겁니다. 왜냐하면 '您'이 존칭인데 '个(gè)'라는 존칭의 뜻이 없는 일반적 양사와 함께 쓰면 앞 뒤 말이 어울리지 않기 때문이라는 거지요. 나름 논리적이라고 할 수 있습니다.

(3) '他(tā)' · '她' · '它'

3인칭대사 '他'는 영문법의 영향으로 남성은 '他', 여성은 '她' 그리고 그 밖의 것은 '它'로 쓰기도 합니다. 따라서 복수형도 '他们', '她们', '它们'이라고 쓰기도 하는데,

‘它们’은 잘 쓰이지 않고 ‘他们’으로 많이 씁니다. 남녀가 섞여 있을 경우에는 ‘他们’으로 쓰면 됩니다.

그리고 ‘他’에 대한 존칭으로 ‘您(tān)’자를 쓰기도 하니까 참고로 알아두세요. ‘你’에 대한 존칭이 ‘您’인 것처럼 ‘他’에 대한 존칭도 존경하는 마음을 담아 ‘心’을 더했다고 보면 됩니다.

또 신(神)을 대사로 표현할 경우에는 특별히 ‘祂(tā)’로 쓰는 경우도 있습니다. 중국어판 성경을 보면 대부분 이렇게 되어 있어요.

(4) ‘这’와 ‘那’ 그리고 ‘it’

‘这’는 가까운 것을 가리키고, ‘那’는 먼 것을 가리키는 대사로서, 영어의 ‘this’ · ‘that’과 같습니다.

그런데 중국어에서는 ‘그것’에 해당하는 말이 없어요. 저 자신도 중국어 배울 때 이게 참 궁금했어요. 만약 ‘그 사람’, ‘그 곳’, ‘그렇게’, ‘그만큼’ 등과 같은 표현을 하고자 할 경우는 뭐를 써야 할까? 중국 사람들한테도 많이 물어봤지요, 당신들은 어떻게 쓰는지. 그 사람들의 답이 뭐냐?

“그건 당신이 생각해서 그것이 가깝게 느껴지면 ‘这’를 쓰고, 멀게 느껴지면 ‘那’를 쓰라”고 하네요.

황당하죠? 사실 중국어는요, 어떨 때는 꼭 집어서 “이거다”라고 할 수 없는 경우가 많아요. 그 때 그 때 상황을 봐서 적당히 맞추어 써야 할 때가 비일비재 합니다. 앞으로 이런 얘기 많이 할 거예요.

(5) ‘每(měi)’와 ‘各(gè)’

‘每’와 ‘各’는 모두 하나 하나의 개별적인 것을 표현하는 대사인데, ‘每’는 가리키고자 하는 사물의 전체적인 공통점을 강조하고, ‘各’는 ‘하나 하나 각각이 어떠하다’는 개별적인 차이점을 강조하는 것이 다릅니다. 아래의 예를 보시면 알 수 있을 거예요.

他说的每一句话我都听到了。
(그가 말한 한 마디 한 마디 나는 모두 알아들었다.)

我们主张各国的环境保护问题不应当由各国自己来管。
(우리는 각국의 환경 보호 문제를 각국 스스로에게 맡겨 처리하도록 해서는 안 된다고 주장한다.)

(6) '什么'와 '哪(nǎ)'

'什么'와 '哪'는 모두 의문대사지만요, '什么'는 '무엇'이라는 뜻이고, '哪(+양사)'는 '어느 것'이라는 선택적인 물음을 나타내는 것이 다릅니다. 영어로 말하자면 'what'과 'of which'에 해당한다고 생각하면 됩니다.

这是什么? (이거 뭐예요?)

你看这三件衣服, 哪一件好?
(당신이 보기에 이 세 옷 중 어느 것이 좋은가요?)

这两本书, 你要看哪(一)本? (이 두 책 가운데 어느 것을 보고 싶으세요?)

(7) '几(jǐ)'와 '多少(duōshao)'

'几'와 '多少'는 수량을 물을 때 쓰이는 대사입니다. 일반적으로 '几'는 10 미만의 수량에 대하여 쓰이고, '多少'는 수량에 대해 전혀 예측을 못하거나 10이 넘을 때 쓰입니다.

一个星期有几天? (일주일은 며칠인가요?)

世界上有几大洋? (세계에는 몇 개의 대양이 있나요?)

一个小时有多少分钟? (한 시간은 몇 분인가요?)

天上有多少星星? (하늘에는 얼마나 많은 별들이 있나요?)

수사

자 이제부터는 중국어에서 숫자 세는 법을 말해볼까 해요. 사실 숫자 세는 법은요, 배울 때는 복잡하고 시험을 봐도 잘 틀리지만, 이게 돈 하고 관계가 되면 틀리게 계산하는 사람은 없더라고요. 아이들도 산수는 잘 못해도 돈 계산은 잘하잖아요? 그 이치하고 똑같아요. 그러니까 이제부터 하는 얘기를 굳이 외우려고 하지 말고, 언제나 돈 계산을 하듯이 익히면 됩니다.

먼저 중국어는 네 자리를 한 단위로 합니다. 본래 동양의 단위수는 전통적으로 네 자리를 기본으로 하거든요. 예를 들어서 100×100은 만이고, 만×만은 억, 억×만은 조, 이렇게 올라갑니다.

한편 우리가 요즘 쓰고 있는 세 자리 단위수는 서양에서 온 거예요. 예를 들면 ten thousand 즉 10×천이 만이고, 천×천은 million(100만)이며, million×천은 billion(10억) 이렇게 되는 거지요.

두 번째로, 숫자 읽는 법은 대체로 우리말하고 같은데, 다만 한 가지, 우리는 '1,1100원'이면 그냥 '만 천 백 원' 이렇게 읽잖아요? 그런데 중국어에서는 반드시 '一'자를 넣어서 읽어야 해요. 예를 들어 1,1100은 '一万一千一百'로 읽습니다.

세 번째, 요건 우리하고 읽는 법이 다르니까 쪼끔 주의하셔야 합니다. 틀리면 돈 계산 할 때 큰 일 나니까요.

① 어떤 수의 중간에 '0'이 있을 경우 몇 자리가 비어 있더라도 '零'은 하나만 씁니다.

예를 들어 3003(삼천 삼)이면 '三千零三', 50,0012(오십만 십 이)는 '五十万零十二', 좀 어려운 걸로 해 볼까요? 6050,0033(육천 오십만 삼십 삼)은 '六千零五十万零三十三'으로 읽습니다.

② 어떤 수가 '0'으로 끝나는 경우는 '0'의 숫자에 상관없이 모두 줄여서 읽습니다.

360(삼백 육십)은 '三百六(十)', 3600(삼천 육백)은 '三千六(百)'이라고 합니다. 괄호 안에 있는 '十'이나 '百'은 발음 안하는 경우가 많아요.

- 응용문제. 3,0600,0000(삼억 육백만)은?
  답: '三亿零六百万'.

넷째, 분수는 일반적으로 '몇 분의 몇[几分之几]'으로 읽습니다. 우리말하고 같죠? 2/3는 三分之二, 7/10은 十分之七, 3과 4/25는 三又二十五分之四로 읽고요, 백분율(%)의 경우도 '백분의 몇[百分之几]'으로 읽으면 됩니다. 80%는 百分之八十, 201%는 百分之二百零一로 읽습니다.

끝으로 순서를 표시하는 방법입니다. 우리말에 '몇 번째'에 해당하는 말인데, 이건 숫자 앞에 '第(dì)'자를 더하면 됩니다. 우리말에 '第一', '第二', '第三' 하듯이요. 그런데 연월일이나, 항렬(行列), 건물의 층수, 물품의 등급 등과 같은 것에는 습관상 '第'자를 붙이지 않습니다. 아래의 예들처럼요.

1985年 5月 22号　大哥　二弟　三叔　四层　五等

자 그럼 앞의 대사의 경우처럼 알아두면 좋은 할 몇 몇 수사들의 쓰임새를 살펴보죠.

(1) '一'.

'一'은요, 숫자 '1'이라는 뜻 외에도 다음과 같은 뜻으로도 활용됩니다.

① '每'(…마다)의 뜻으로 쓰입니다.

영어의 'per'와 비슷합니다. 영어에도 이런 용법이 있잖아요. 이때는 반드시 수량구의 형태로 써요. 예를 들면 一个人三本书(한 사람 당 책 세 권), 一天去一次(하루에 한 번 가다) 이렇게 말이죠.

② '전체', '모두'라는 뜻으로도 쓰입니다.

他弄了一身土。(그는 온 몸이 흙투성이가 되었다.)

我们一学期没有见面。(우리는 한 학기 내내 만나지 못하였다.)

③ 동사나 형용사 앞에서 쓰여 동작이나 변화가 빠르게 진행되는 것을 표시합니다.

뒤에 '就'자가 와서 "一 … 就 …"의 꼴로 나타나는 경우가 많지요. "… 하면 곧 … 하다"의 뜻이죠. 초급회화 책에 많이 나오는 문구입니다.

他把门一关就走了。(그는 문을 잠그자마자 곧 떠났다.)

阿芳听了脸一红, 不再说什么了。

(아팡(阿芳)은 듣자마자 금새 얼굴이 빨개져서는 더 이상 아무 말도 하지 않았다.)

(2) '二(èr)'과 '两(liǎng)'

'二'과 '两'은 둘 다 '2'를 뜻하지만 쓰임새는 약간 달라요.

① 숫자를 셀 때는 '一, 二, 三, 四, ……'로 셉니다.
② '十'자 앞에서는 '二'만 쓰고, '百' · '千' · '万' · '亿' 등 앞에서는 둘 다 쓰는데, '千' 이상부터는 보통 '两'을 더 많이 씁니다.

그리고 숫자 중간의 단위 앞에서는 일반적으로 '二'를 씁니다.

二百二十(=两百二十)　两千二百　两万二千　两亿二千万

③ 도량형단위를 나타내는 양사 앞에서는 '二'와 '两'을 모두 쓸 수 있는데, 다만 '10돈'에 해당하는 양사 '两'자 앞에서는 혼동을 피하기 위하여 '两两'이라고 하지 않고 '二两'으로 씁니다. 상식적으로 생각해도 '两两'이라고 하면 좀 어색하잖아요? 그리고 '两件衣服', '两本书', '两个人' 등과 같이 일반적인 양사 앞에서는 '两'을 사용합니다.

자 그럼 이제 대략적인 수를 나타내는 방법을 알아볼까요? 우리말은 대략적인 수를 어떻게 나타내나요?

우선 첫째로 숫자를 연이어서 쓰지요? '한둘', '두셋', '서넛' 등과 같이요. 중국어도 이와 비슷해요. 그런데 중국어에서는 이 경우 '한둘'은 '一二'이라고 하지 않고 '一两', '두셋' 역시 '二三'이라고 하지 않고 '两三'이라고 하고요, '서넛'은 '三四'라고 안 하고 '三五'라고 합니다. 물론 '삼사백'이나 '삼사천'은 그대로 '三四百', 三四千'이라고 합니다.

两三个　三五个　七八岁　十五六个　三四百斤

그리고 두 번째 방법으로 우리말에서는 '馀(남을 여)'자를 붙이거나 '남짓'이라는 말을 쓰지요? 중국어도 이렇게 숫자 뒤에 붙이는 말이 있어요. 주로 '来', '多', '把', '左右', '上下', '前后' 등이 많이 쓰입니다. 북방에서는 '来'를, 남방에서는 '把'를 많이 씁니다.

- '来': 十来个(10개 남짓, 8~9개에서 11~12개 정도를 표시)
- '把': 百把人=一百来人　块把钱=一块来钱
  个把人=一两个人(사람이 매우 적은 것을 나타냄)
  个把月=一个来月(길지 않은 시간을 나타냄)
- '左右': 十五个左右, 三天左右, 十二点左右, 五岁左右
  ('左右'는 대체로 양사와 함께 쓰임.)

- '上下': 二十(岁)上下(20세 전후)

  ('上下'는 나이·고도(高度) 등에 많이 쓰임.)
- '前后': 二十前后, 春节前后, 天亮前后

  ('前后'는 시간을 나타낼 때 많이 쓰임.)
- '多': 二十多个(人)(이십 여명), 三百多本(书)(삼백 여권)

양사

자 이제부터는 수사와 단짝인 양사(量词)이야기를 해보도록 하겠습니다. 양사는 사물의 수량 또는 행동의 횟수를 세는 단위를 나타내는 낱말입니다. 그래서 단위사라고도 부릅니다.

양사는 중국어에서 옛날부터 잘 쓰인 낱말이예요. 그 이유는 중국어의 특성과도 밀접한 관계가 있습니다. 이에 관한 이야기는 부록에 실린 <중국현대어법 교육에 대한 몇 가지 제안>이라는 논문 가운데 “2.1.1 양사의 발달”에 몇 줄 적어 놓은 게 있으니까요, 그걸 보시면 참고가 될 거예요.

양사에는 사물을 세는 데 쓰이는 명량사(名量词)와 행동을 세는 데 쓰이는 동량사(动量词) 두 종류가 있습니다. 그리고 명량사는 체사에 속하고, 동량사는 용사에 속합니다. 찬스는 기회라고 틈만 나면 명사성 낱말이냐 동사성 낱말이냐를 언급해서 지겨우시겠지만, 제가 중국어법을 설명하는 몇 안 되는 “키”니까 독자 여러분의 이해를 바랍니다.

명량사에는 본래부터 양사로 쓰이는 애들하고, 임시로 양사 역할을 하는 애들이 있어요. 분류하기 좋아하고 이름 붙이기 좋아하는 중국 사람들의 분류법에 따르면, 앞의 애는 고유명량사, 뒤의 애는 임시명량사라고 부릅니다. 뻔하지요?

참, 혹시 뒤의 부록 읽으셨어요? 아직 안 읽으셨다면 시간 드릴테니까 빨리 읽고 오세요, 기다릴게요…

고유명량사는 본래 자신의 뜻을 가지고 있는 명사들이 대부분이예요. 거기에서 출발해서 양사로 굳어졌지요. 그래서 먼저 해당 양사의 낱말의 뜻을 보면 그 다음 어떤 명사하고 결합할 지 어느 정도는 짐작을 할 수 있습니다.

우선 명량사에는 도량형량사를 빼놓을 수 없습니다. 100미터 달리기, 체중 60킬로그램, 우유 1리터, 삼겹살 한 근, 세 치 혀 등등 이런 말들이지요.

그러면 왜 이름이 도량형(度量衡)이냐? '度'는 장도(长度) 즉 길이를 뜻하고, '量'은 용량(容量) 그리고 '衡(형)'은 무게를 뜻합니다. 참고로 '衡'은 본래 저울대를 뜻하는 말이었습니다. 저울대가 어디로 기울지 않고 평형(平衡)을 이룬 걸 균형(均衡)이라고 하잖아요? 다 여기에서 나온 말입니다. 그러니까 무게하고 관련이 있는 거지요.

그러면 현대 중국에서 쓰이는 도량형 단위를 소개해 보겠습니다. 이런 건 외우시라는 게 아니고 걍 '소개'니까요, 그저 한 번 쓰윽 훑으시면 됩니다.

① 길이: 公厘 · 毫米(mm), 公分 · 厘米(cm), 公寸 · 分米(dm), 公尺(m), 米(m), 公里 · 千米(km), 吋(inch), 海里 등
② 용량: 毫升(ml), 分升(dl), 公升(liter), 千升(kl) 등
③ 무게: 毫克(mg), 克(g), 公斤(kg), 吨(t), 磅(pound) 등
④ 넓이: 平方厘米(㎠), 平方米(㎡), 公亩(are, 100㎡), 公顷(hectare, 1㎢) 등
⑤ 부피: 立方厘米(㎤), 立方米(㎥) 등

그 다음 우리나라 사람들이 약간 골치 아파하는 개체별로 쓰이는 양사로 넘어가 보겠습니다.

일반적으로 어떤 개체를 나타내는 명사 앞에는 그 명사와 의미상으로 어느 정도 관련이 있는 양사가 쓰입니다. 이것은 중국어가 갖는 독특한 특징이라고 할 수 있어요. 중국어에는 많은 개체량사가 있는데 그 가운데서 자주 쓰이는 것을 예로 들면 아래와 같습니다.

(1) '个(gè)' (個)

'個'는 원래 대나무 '竹(죽)'자의 반쪽인 '个'로 썼어요. 그래서 처음 양사로 쓰였을 때는 대나무를 세는 단위로 쓰였어요. 여기에서 한 걸음 나아가 화살을 세는 단위로도 쓰였습니다. 화살은 대나무로 만들잖아요.

그 후 '个'는 붙임성이 좋았는지 각종 사물을 세는 양사로 쓰임새가 넓어졌습니다. 그러던 중 중국 사람들 사이에서 글자를 형성자로 만드는 붐이 일어났습니다. 말도 유행을 타거든요. 그래서 '竹'에다가 발음부분인 '固(gù)'를 더해가지고 '箇(gè)'로 썼습

니다. 그런데 '箇'가 근래에 들어 사람을 세는 단위로 많이 쓰이게 되자, 사람들은 다시 '箇'에서 의미부분인 '竹'을 없애고 그 대신 '人(사람 인)'을 넣어서 현재 사용되는 '個' 자로 만들었어요. 오늘날 중국에서 사용되는 간체자에서는 '個'를 '个'로 쓰는데, 이것은 원래의 모습으로 되돌아 간 꼴이라고 하겠습니다.

'个'는 현대 중국어에서 가장 많이 쓰이는 개체량사입니다. 그러니까 혹시 양사를 쓸 때 어떤 걸 쓸 지 잘 모르면 대충 '个'를 쓰세요. 문구점에서 "연필 한 자루 주세요" 해도 되고, "연필 한 개 주세요" 해도 되듯이 말이예요. 더구나 우리는 외국인이니까 중국 사람들처럼 양사를 완벽하게 구사하지 않아도 됩니다. 틀리게 쓰면 중국 사람들이 다 고쳐줘요. 그럴 때마다 하나씩 익혀 가면 됩니다.

그럼에도 불구하고 여기에서 몇 가지 양사의 예를 들어주는 것은 "상식적으로 알아두시라" 하는 정도지 이걸 "외우라" 하는 얘기는 결코 아닙니다. 그 많은 양사를 어떻게 다 외웁니까? 심지어는 양사와 명사의 결합만을 다룬 전문서적도 있어요. 그런 책은 절대 사지 마세요. 박사논문을 쓰려는 게 아니라면 말이죠.

여기까지 말하면 학생들의 반응은 어떠냐? 예외 없이 꼭 이렇게 말합니다.

"그런데 시험에 나오면 어떻게 해요?"

그렇습니다, 우리는 뭘 배우든지 간에 언제나 시험하고 관련이 있으니까요… 무리가 아니죠. 그러나 걱정하지 마세요, 양사는요, 시험에 잘 못 냅니다. 설사 나온다고 해도 걱정할 바가 없습니다. 왜냐구요? 그 이유는 이렇습니다.

양사와 명사의 결합 상태는 어떤 건 아주 단순 무식하고 또 어떤 건 복잡 다양합니다. 전자는 너무 쉬워서 시험 문제로서 가치가 없고요, 후자는 잘못 냈다가는 말썽이 나기 십상입니다. 정답이 여러 개일 수가 있거든요. 물론 고등학교 교내 중국어시험이라면 낼 수도 있지요. 그건 교과서 안에 있는 그대로 내면 되니까 별 탈이 없으니까요. 그렇지만 국가나 공공기관에서 주관하는 시험에서는 웬만한 강심장을 가진 출제자가 아니면 양사는 잘 안 건드립니다. 그러니까 걱정하지 마시고 양사는 상식선에서 공부하면 됩니다.

그럼 다시 '个'로 돌아와서, '个'는요, '一个' 또는 '个'자 한 글자만 쓰였을 때, 때로는 강조 또는 과장의 어감을 나타내기도 합니다.

等到放了假，我们决定到台湾去玩(一)个痛快。
(방학이 되면 우리는 대만에 가서 한 번 잘 놀기로 했다.)

他一个不答应，别人还能答应吗?
(그가 승낙하지 않았는데 다른 사람이 승낙하겠어?)

出门有(一)个不累的吗?
(집 나서면 고생 아니야?)

위와 같은 경우에 '(一)个'가 강조 또는 과장의 어감을 갖는다고 하는데, 그러면 '个'에 강조 또는 과장의 뜻이 있느냐? 그런 건 아닙니다.

중국어에서는 어떤 낱말이 자기 본래의 뜻 말고 여러 가지 다른 의미로 쓰이는 경우는 매우 드뭅니다. 여러 가지 다른 뜻으로 쓰이는 것처럼 보여도 사실은 본래의 뜻에서 한 치 건너거나 두 치 건너서 쓰이는 것이지, 자기 본래의 뜻에서 완전히 벗어나서 쓰이는 예는 잘 없습니다. 여기에 관해서는 다시 말하게 되는데, 뒤에 있는 <중국현대어법 교육에 대한 몇 가지 제안> 중에서 "제3. 나무를 쫓지 말고 숲을 보라"에서 예로 든 '有'동사의 용법을 보면 참고가 될 거예요.

다시 본론으로 돌아와서, 위의 예문에서 '(一)个'가 강조 또는 과장의 어감을 갖는데 그 이유는 '一'에 있습니다. 앞 장 「수사」에서 '一'의 용법을 말하는 가운데 '一'에는 '모두' 또는 '전부'라는 뜻이 있다고 했지요? 기억나시나요? 바로 이게 강조 또는 과장의 어감을 나타내는 것인데, 때때로 '一'자가 생략되기도 하기 때문에 강조 또는 과장의 어감이 '个'로 옮겨 진 거예요.

자 그럼 이 다음부터는 자주 쓰이는 양사를 연상법을 이용해서 공부해 보도록 하겠습니다.

(2) '条(tiáo)' (條)

'條'는 본래 '작은 나뭇가지'라는 뜻의 명사였습니다. 글자 구조를 보면 '攸(유)'자 아래에 '木(나무 목)'이 있잖아요. 그래서 처음 양사로 쓰였을 때는 나무를 세는 단위로 쓰였는데, 후에 가늘고 긴 모양의 사물을 셀 때 쓰이는 양사로 발전하였답니다.

예를 들면 '一条路', '一条鱼', '一条命', '一条河', '一条绳子', '一条蛇' 등과 같아요. 이 중에서 '一条命'처럼 사람 목숨을 세는 양사로 '条'를 쓰는 걸 보면, 중국 사람들 생각에 사람 목숨은 가늘고 긴 것인가 봅니다.

(3) '颗(kē)'

'颗'는 본래 '작은 머리[小头(소두)]'라는 뜻의 명사였습니다. 그래서 양사로 쓰일 때는 작고 동그란 모양의 사물을 셀 때 쓰입니다. 예를 들면 '一颗心', '一颗星', '一颗珍珠' 등이 있습니다.

(4) '只(zhī)' (隻)

'隻'는 본래 손[又(우)]으로 새 한 마리[隹(추)]를 잡고 있는 구조의 글자입니다. 그래서 '隻'는 '새 한 마리'라는 훈을 가집니다.

여기서 잠시 퀴즈 한 문제. "손으로 새 두 마리를 잡고 있는 글자는?"

"네, 맞습니다. '雙(쌍)'자입니다." 썰렁하지요? 제 아들 딸들이 제게 늘 하는 말입니다.

'只'는 처음 양사로 쓰였을 때는 새를 세는 단위로 쓰였는데, 얘도 붙임성이 좋았는지 점점 다른 동물에게도 쓰이다가, 더 나아가서는 아예 무생물을 세는 단위로까지 사용 범위가 넓어졌어요. 현재 간체자로는 발음이 같다고 '只(지)'자를 쓰는데, 이렇게 되어서는 원래의 뜻을 전혀 상상할 수가 없게 되었지요. 간편하다고 다 좋은 건 아닌 거 같네요. '只'('隻')는 '一只羊', '一只狗' 등과 같이 동물에도 쓰이고요, '一只船', '一只鼻子' 등과 같이도 쓰입니다.

(5) '块(kuài)'

'块'는 본래 '흙덩이'라는 뜻의 명사였습니다. 그래서 의미부분으로 '土(흙 토)'가 쓰인 거고요. 따라서 '块'는 덩어리 져 있는 물건, 네모나고 부피가 있는 물건을 셀 때 쓰이는 양사로 쓰입니다. '얼음'이라든가 '두부' 같은 거 말이죠. 예를 들면 '一块冰', '一块豆腐', '一块饼干'(과자), '一块点心'(간식) 등이 그렇습니다. 그리고 '块'는 돈을 셀 때도 쓰입니다. '一块钱', '两块钱'처럼 말이죠. 요즘은 돈이 종이로 되어있지만, 옛날 돈은 엽전이어서 한 뭉텅이였잖아요. 그 습관이 남아 있는 겁니다.

(6) '张(zhāng)'

'张'은 '弓(활 궁)'과 '长(긴 장)'자가 합해진 글자입니다. 그래서 본래 '활을 잡아당기다'라는 뜻의 동사였습니다. 그런데 활시위를 당기면 그 사이에 면적이 생기잖아요? 그래서 후에 펼칠 수 있는 사물 또는 넓고 평평한 것을 셀 때 쓰이는 양사로 발전하였습니다. 예를 들면 '一张嘴'(입), '一张弓', '一张纸'(종이), '一张床'(침대) 등이 있습니다.

(7) '封(fēng)'

'封'은 본래 '닫다' 또는 '막다'라는 뜻의 동사입니다. '봉쇄(封锁)'라든가 '완봉승(完封胜)'이라고 할 때 쓰는 것처럼요. 그래서 양사로 쓰일 때는 무엇인가 닫거나 막는 물건을 셀 때 쓰입니다. '一封信'(편지)이 그러한 예입니다.

(8) '把(bǎ)'

'把'는 본래 '손에 쥐다' 또는 '잡다'라는 뜻의 동사입니다. 그래서 양사로 쓰일 때는 '칼', '빗', '우산', '부채' 등처럼 손에 쥘 수 있는 물건을 셀 때 쓰입니다. 예를 들면 '一把刀', '一把梳子', '一把雨伞', '一把扇子' 등이 있습니다.

이 밖에도 개체량사에는 일정한 자리를 차지하는 사물을 셀 때 쓰이는 '座(zuò)', 일이나 의복을 셀 때 쓰이는 '件(jiàn)', 얇고 작은 사물을 셀 때 쓰이는 '片(piàn)', 식물류를 셀 때 쓰이는 '根(gēn)', 기계류를 셀 때 쓰이는 '台(tái)' 등 여러 종류가 있습니다.

그런데 어떤 양사는요 이러한 의미적 상관관계에 상관없이 습관적으로 오래 쓰면서 굳어진 것들도 있어요. 예를 들어 '말(马)'에는 '匹(pǐ)'를 쓰고, '소(牛)'에는 '头(tóu)'를 쓰며, '양(羊)'에는 '只(zhī)'를 쓰는 것처럼요. 하긴 우리도 말을 셀 때는 '한 필' '두 필' 그러고, 소를 셀 때는 한 마리 두 마리라고도 하고 '한 두' '두 두'라고도 하잖아요.

위에서는 낱개의 명사를 세는 양사를 말했는데, 이제부터는 두 개 또는 그 이상의 집합체를 셀 때는 어떤 양사가 쓰이는지 알아보도록 하죠.

먼저 두 개로 이루어진 사물을 셀 때 쓰이는 양사에는 '副(fù)', '双(shuāng)', '对(duì)' 등이 있고, 그 이상의 집합체에 쓰이는 양사에는 '套(tào)', '班(bān)', '群(qún)', '批(pī)', '帮(bāng)', '打(dá)' 등이 있습니다.

그런데 시중에 나와 있는 책들을 보면 두 개로 이루어진 사물을 셀 때 쓰이는 양사에서 '副'는 둘은 둘이되 하나는 '正'이고 다른 하나는 그에 버금가는 '副'로 이루어진 걸 대상으로 하고요, '双'은 '눈(眼睛)'·'손(手)'·'신발(鞋子)'처럼 완전히 같은 두 개, 그리고 '对'는 '부부'·'남녀'처럼 상대적이면서 짝을 이루는 경우에 쓰인다고 설명하는데, 이게 맞기도 하고 그렇지 않기도 합니다.

예를 들어 어느 교수님 연구실에 가면 족자를 두 개 나란히 걸어 놓고 있는 걸 보신 적이 있을 겁니다. 그 걸 '对联'이라고 부르는데, '副'는 이 걸 세는 대표적인 양사입니다. 또 '副'는 '젓가락(筷子)'이나 '장갑(手套)'을 셀 때도 쓰이거든요? '젓가락'이나 '장갑'에 어느 쪽이 '正'이고 어느 쪽이 '副'인지…

'双'은요, '눈'·'손'·'신발'을 셀 때 쓰이는 건 맞습니다. 특히 신체 기관일 경우에는 '双'을 많이 써요. 그런데 '완전히 같다'는 설명 보다는 '좌우 대칭'이 좀 더 어울리지 않나 생각합니다. 그런데 '젓가락'을 셀 때도 쓰여요. 헷갈리시죠? 그러니까 양사는 시험에 잘 못 낸다니깐요…

끝으로 '对'는 '상대적인 한 쌍'일 때 쓰이는 경우가 많습니다. 그런데 '귀걸이(耳环)',

'눈', '날개(翅膀)' 등에는 '双'도 쓰고 '对'도 써도 돼요. 후후후… 복잡하죠?

그런데 다음 것들은 알아두셔야 해요. 요런 건 시험에 낸다면 낼 수 있는 거예요. 뭐냐 하면, 두 개가 하나로 연결되어 있는 물건 있죠? 뭘까요?

'안경(眼镜)', '바지(裤子)', '가위(剪刀)' 이런 것들이예요. 이런 애들은 낱개 사물로 취급합니다. 그래서 안경을 셀 때는 '副'를 쓰고(이것도 헷갈리죠?), 바지에는 가늘고 긴 모양 때문에 '条'를 쓰고, 가위에는 손으로 잡고 사용하니까 '把'를 씁니다. 어휴~, 한 숨이 절로 나오죠? 이 걸 어떻게 다 외웁니까? 그러니까 잘 모르면 그냥 '个'를 쓰세요. 그 다음 일은 중국 사람들에게 맡기고요.

그리고 다음은 여러 개를 세는 양사입니다. '套'는 우리말의 한 세트 두 세트 하는 set에 해당한다고 생각하면 됩니다. '班'은 1학년 1반, 3학년 2반 하는 그런 정도의 무리하고 보면 되고요, '群'은 '무리'라는 뜻에서 온 거고, '批'는 물품에 많이 쓰여요. '帮'은 사람의 집단에 많이 쓰이는데, 때로는 좋지 않은 뜻으로도 쓰입니다. 그러니까 좀 조심해서 써야 합니다. '打(dá)'(제2성으로 읽습니다)는 영어의 dozen에서 온 말입니다. 열 둘을 한 묶음으로 하는 단위죠. 우리가 연필 한 타스 두 타스 할 때 쓰는 말과 같습니다.

그러면 우리말의 '약간' · '조금'과 같이 수량이 정해져 있지 않은 사물은 어떻게 세느냐? 하는 문제를 생각해보죠.

중국어에는 이런 말로는 '些(xiē)'와 '点儿(diǎnr)' 두 가지가 있는데, 수사와 함께 쓰일 경우에는 언제나 '一'와 함께 쓰입니다. 일반적으로 '一些'는 '一点儿'보다 표시하는 수량이 많다고 할 수 있습니다.

그런데 여기서 잠깐.

가끔 '一点儿'하고 '有点儿'이 어떻게 다르냐고 묻는 학생들이 있습니다. '有点儿'은 '有一点儿'에서 '一'이 생략된 겁니다. 이걸 묻는 학생은 그냥 이 정도로 그치는 수준이 아닙니다. '一点儿'은 그냥 '약간'이고, '有点儿'은 약간은 약간이지만 약간 안 좋은 경우에 쓰지 않느냐? 하는 거지요. 이 정도면 중국어를 어느 정도 공부한 학생이라고 할 수 있습니다. 이 말이 맞기는 맞습니다. 그런데 문제는 이게 또 다가 아니라는 거지요. 그런 경우도 있고 또 아닌 경우도 있어요. 그래서 남의 말 배우기가 어려운 겁니다. 남의 말 배우기가 그렇게 쉬우면 교수고 선생이고 학원 강사고 다들 어떻게 먹고 삽니까?

요 문제는요, 뒤의 부록에 논문을 하나 써 놨으니까, 관심이 있는 분만 읽어 보시고요, 관심이 없으신 분은 그냥 대충 쓰세요. 어떻게 대충 쓰냐고요? 그냥 '약간'이라고 할 때는 '一些'하고 '一点儿'을 쓰는데, '一些'가 '一点儿'보다 좀 더 많은 느낌을 주고요, '有点儿'은 좀 안 좋을 때 쓴다. 이런 정도로요…

아까 임시로 쓰이는 양사도 있다고 했죠? 얘네들은 대부분 그릇들이 많아요. 영어에서 'a cup of coffee'나 'a bottle of wine'이라고 할 때 'cup'이나 'bottle'에 해당한다고 보면 됩니다. 예를 들면 '三碗饭', '一杯水', '两瓶酒', '一盆花', '三车货' 등에서 '碗(wǎn)', '杯(bēi)', '瓶(píng)', '盆(pén)', '车(chē)' 등이 잠시 명량사의 역할을 하고 있는 것들입니다. 위에서 명사를 세는 것들을 말했으니까, 이제는 동작이나 시간의 흐름을 세는 양사를 알아봅시다.

동량사의 수는 그다지 많지 않아요. 그저 한 10개 정도 되니까, 가벼운 마음으로 읽으세요. 그 중에서 주요한 것으로는 '次(cì)', '回(huí)', '趟(tàng)', '遍(biàn)', '下(xià)', '顿(dùn)', '阵(zhèn)', '场(cháng)', 등이 있습니다. 일반적으로 '次', '回', '趟', '遍' 등은 행동의 횟수를 세는 단위로 쓰이고, '下', '顿', '阵', '场' 등은 시간의 길고 짧음을 나타냅니다.

(1) '次(cì)'

'次'는 행동의 횟수를 세는 단위로서, 동량사 가운데 가장 널리 쓰입니다. 명량사의 '个'와 비슷하죠. 그러니까 동작을 세는 데 잘 모르면 '次'를 쓰면 됩니다. 우리말의 '번'에 해당합니다.

这个问题我们讨论了三次。
(이 문제를 우리는 세 번 토론했다.)

这个电影我看了两次, 都没看完。
(이 영화를 나는 두 번 봤는데, 모두 끝까지 보질 못했다.)

(2) '回(huí)'

'回'는 본래 연못의 물이 빙글빙글 도는 것 즉 소용돌이를 그린 상형자입니다. 그래서 가고 오는 일에 많이 쓰입니다. 또 반복해서 일어나는 일에 사용되기도 하는데, '次'에 비해 보다 구어적인 느낌을 줍니다.

我去过北京三回。(나는 북경에 세 번 가봤다.)

一回生, 两回熟。(처음에는 낯설지만, 두 번째는 익숙해진다.)

그런데 '回'는 '事'와 함께 쓰일 때는 명량사의 역할도 합니다.

这是怎么(一)回事? (이거 어떻게 된 일이야?)

他们说的是一回事, 做的也是一回事。

(그들은 말하는 것도 한 가지 일이고, 행동하는 것도 한 가지 일이다.
→그들은 말하는 것과 행동하는 것이 각각 따로 따로다.)

(3) '趟(tàng)'

'趟' 역시 행동의 횟수를 세는 단위인데, 쓰임새는 '回'와 같습니다.

我去过北京两趟。(나는 북경에 두 번 가봤다.)

我找了你三趟都没找到你。(나는 너를 세 번 찾았는데 다 찾지를 못했어.)

(4) '遍(biàn)'

'遍'은 한 동작이 시작해서 끝날 때까지의 전체 과정을 나타냅니다. 이것은 '遍'이 본래 '모두' 또는 '두루'라는 뜻이 있기 때문입니다.

这本书我读了三遍。(이 책을 나는 세 번 읽었다.)

我把课文从头到尾念了一遍。(나는 본문을 처음부터 끝까지 한번 읽었다.)

(5) '下(xià)'

'下'는 일반적으로 짧은 시간의 동작에 사용되며, 그 동작의 횟수를 세기도 합니다.

老李拍了小刘一下。(이씨는 유씨를 툭 쳤다.)
他摇了几下旗子。(그는 깃발을 몇 차례 흔들었다.)

'一下(yíxià)'는 어감을 부드럽게 하는 작용도 합니다.

예를 들어 "你过来一下!"(잠깐 좀 와 볼래), "你详细说明一下这件事情的经过."(이 일의 진행을 좀 자세히 말해줘)는 "你过来!"(이리 와), "你详细说明这件事情的经过."에 비해 어감이 부드럽습니다. 누구에게 무슨 일을 부탁할 때 많은 시간이 걸리더라도 '좀'·'잠깐' 이런 말을 쓰면 예의상 좀 낫잖아요? 그런 느낌이라고 생각하면 됩니다.

(6) '顿(dùn)'

'顿'은 행동의 횟수를 세는 단위인 동시에 그 행동이 어느 정도의 시간을 가지고 진행되었음을 나타냅니다. '顿'은 본래 '머리를 조아리다'라는 뜻이거든요. 요즘은 인사할 때 머리만 까딱 하지만 옛날에는 한참 걸렸잖아요? 그래서 그 정도의 시간 걸림을 고려해서 양사로 쓰인다고 생각하면 됩니다. '顿'은 대체로 밥 먹는 일, 욕 할 때, 남 때릴 때 쓰입니다.

大家都每天吃三顿饭。(다들 매일 세 끼를 먹는다.)
阿芳被主人骂了一顿。(아팡(阿芳)은 주인한테 한바탕 욕을 얻어먹었다.)

(7) '阵(zhèn)'

'阵'은 '진을 친다'는 뜻이예요, 옛날에 군대가 진을 치려면 일정 시간이 걸리니까, 여기에서 시간이 걸리는 양사로 발전하게 되었답니다. '阵'은 일반적으로 어떤 일이 갑자기 일어나거나 지속된 시간이 그다지 길지 않은 경우에 쓰입니다.

下了一阵雨。(한바탕 비가 내렸다.)

台下爆发出了一阵热烈的掌声。

(무대 아래서 한바탕 뜨거운 박수갈채가 쏟아졌다.)

(8) '场(cháng)'

'场'의 쓰임새는 '阵'과 비슷한데, '阵'보다는 시간이 약간 더 긴 경우에 쓰입니다. 중국 사람들은 아마 진영을 갖추는 시간보다 운동장에서 한 게임 뛰는 게 시간이 더 걸린다고 생각하는 모양입니다.

上午我们打了一场球。(오전에 우리는 한 게임을 했다.)

他大哭了一场。(그는 한바탕 실컷 울었다.)

(9) '个(gè)'

명량사의 대명사 '个'는 가끔씩 동량사로도 쓰입니다. 이 때는 '一'와 함께 쓰이는데, '一'는 생략하는 경우도 많아요.

洗了(一)个澡(목욕하다), 打了(一)个电话(전화하다),

递了(一)个眼色(눈짓하다)

중국 사람들은 대칭을 좋아해서요, 임시명량사가 있으면 임시동량사가 있기 마련입니다. 안 그러면 그 사람들은 왠지 무척 허전해한답니다.

임시명량사에 그릇이 많다면 임시동량사에는 어떤 행동을 하는데 필요한 도구 또는 사람의 신체 기관과 관련된 명사가 많이 쓰입니다. 예를 들어 '放了一枪'(한 방 쏘다), '踢了一脚'(한 번 차다), '咬了一口'(한 번 물다), '看了一眼'(한 번 보다), '打了一拳'(한 대 때리다) 등에서 '枪(qiāng)', '脚(jiǎo)', '口(kǒu)', '眼(yǎn)', '拳(quán)' 등이 그러한 것들입니다.

양사는 문장에서 혼자서 쓰이지는 않고 대개 수사나 지시대사와 함께 쓰여 관형어의 형태로 사용됩니다. 예를 들면 '三个人', '这本事' 등과 같이요.

또 단음절 양사는 겹쳐서 쓸 수 있는데, 이 때는 '하나하나가 모두 포함된 전부'라는 뜻을 갖게 됩니다.

条条大路通罗马。(모든 길은 로마로 통한다.)

他说的句句都是实话。(그의 말은 구구절절이 모두 실화이다.)

한편 양사는 언어의 표현 기법 면에서 추상적인 사물을 구체적으로 형상화시키는 작용도 합니다. 예를 들어 '一线希望'(한 가닥 희망), '一片汪洋'(끝없이 넓은 바다) , '一缕青烟'(한 줄기 푸른 연기) 등 이렇게 말이죠.

위에서 양사는 문장에서 혼자서 쓰이지는 않고 대개 수사나 지시대사와 함께 쓰여 관형어의 형태로 사용된다고 했지요? 요건 명량사의 경우이고요, 동량사의 경우는 보어나 부사어로도 쓰입니다. 그래서 명량사는 체사라고 했고, 동량사는 용사하고 했던 겁니다. 예를 몇 개 들어 볼게요.

참, 독자 여러분, 제가 예를 든다고 할 때 "음~, 요건 이제 건너뛰어도 되겠구만…" 하지 마시고요, 어법은 무슨 이론 설명을 외우기보다는 그 사용례를 잘 보아두시는 것이 훨씬 효과적입니다. 연애 할 때 연애 잘 하는 법에 관한 책 10권 읽고 다른 사람의 경험 백 번 들어도, 직접 함 해 보세요? 그런 거 다 소용없다는 걸 아실 겁니다. 이미 아시는 분도 있겠고요. 바로 그겁니다. 장황한 설명보다도 예문을 한 번 더 살피는 게 중요합니다. 그럼 딱딱하겠지만 한 번 쓰윽 읽어보세요.

(1) 명량사를 중심어로 하는 수량구의 쓰임새

① 명사를 꾸며 주는 관형어로 쓰인다.

一个人(한 사람)　一件衣服(옷 한 벌)　一家饭馆(한 식당)

만약 명사가 나누어질 수 있는 사물일 경우에는 '大', '小' 두 가지의 형용사를 수사와 양사 사이에 넣어 쓸 수 있다.

五大张纸(큰 종이 다섯 장)　一小条布(작은 천 한 조각)
一大群人(한 무리 사람)　一小批货(적은 물량)

② 중심어인 명사가 앞에 한 번 나와 있기 때문에 다시 반복해서 쓰지 않는 경우, 주어 또는 목적어로 쓰인다.

我从图书馆借来了两本书, 一本是中文的, 一本是英文的。
(나는 도서관에서 책 두 권을 빌려왔는데, 한 권은 중국어책이고, 한 권은 영어 책이다.)

昨天我们去商店买衣服, 我买了两件, 他也买了一件。
(어제 우리들은 상점에 가서 옷을 샀는데, 나는 두 벌을 샀고, 그도 한 벌을 샀다.)

③ 술어로 쓰인다. 대부분 나이 또는 날짜를 나타낸다.

李同学今年十六岁。(이(李) 학우는 올해 열여섯 살이다.)

明天十四号。(내일은 14일이다.)

④ 서수(序数)로 이루어진 수량구는 부사어로 쓰이기도 한다.

这是我第三次来中国了。(이번이 내가 세 번째 중국에 온 것이다.)

我是第一次看过他的。(나는 처음 그를 본 것이다.)

(2) 동량사를 중심어로 하는 수량구의 쓰임새

① 보어로 쓰인다.

他去过一次北京。(그는 북경에 한번 가봤다.)

他在家里睡了三天。(그는 집에서 사흘 동안 잤다.)

② 부사어로 쓰인다.

许多学生一下子来到了运动场。
(많은 학생들이 한꺼번에 운동장으로 왔다.)

他一把把我拉住。(그는 나를 덥석 붙잡았다.)

(3) 수량구의 중첩

수량구도 중첩하여 쓸 수 있는데, 이 때에는 대부분 수사 '一'와 함께 쓰인다.

院子里堆着一堆一堆的柴火。(뜰에는 땔나무가 한 더미씩 쌓여있다.)

学生们排着队, 一个一个地走进教室。
(학생들은 줄을 서서 한 사람씩 교실로 들어갔다.)

두 번째 쓰인 '一'는 아래의 예처럼 생략할 수 있다.

天气一天天暖和起来了。(날씨가 나날이 따뜻해졌다.)

这次作业他每天做了一点点。(이번 과제를 그는 매일 조금씩 했다.)

동사

동사, 영어에서도 동사가 배우기 제일 어렵죠? 중국어도 그래요. 이 말 뜻은 동사의 하나 하나의 낱말의 뜻이나 용법이 어려운 게 아니라요, 어떤 동사하고 어떤 목적어하고 결합하느냐 하는 게 어렵다는 거예요. 요게 중국어의 실력을 높이는데 아주 중요한 역할을 한답니다. 그래서 HSK 같은 시험에서도 이에 관한 문제는 빠지지 않고 나오죠.

그런데 이건 배우기도 가르치기도 쉽지 않아요. 그 이유는 그 결합 양태가 너무 너무 많기 때문이예요. 이런 용법을 하나 하나 설명하자면 문장 하나에 법칙 하나가 있게 됩니다. 이건 박사 논문을 써도 몇 개를 쓸 수 있어요. 그러니까 이에 관한 문제는 그냥 외우려고 하지 말고, 여러 종류의 중국어 문장을 꾸준히 읽고 말하면서 감각을 키우는 게 제일 좋은 방법입니다. 여기에 지름길은 없어요. 만약 있다면 저도 배우고 싶어요. 그래서 여기에서는 중국어 동사의 일반적인 성질을 이해하는데 중점을 둘 겁니다. 동사 하나 하나의 용법과 쓰임새를 논하자면 끝이 안날 테니까요.

보통 동사를 정의하면 "사람 또는 사물의 행위 · 동작 · 발전이나 변화 · 가능 · 존재 · 방향 등을 나타내며, 일반적으로 문장에서 술어나 보어의 역할을 담당하는 낱말을 말한다"라고 합니다. 이렇게 거창하게 말하는 이유는, 어법학자들은 요 정의에 따라 동사의 종류를 구분하고 용법을 설명하거든요.

동사는 목적어를 가질 수 있는가 없는가 하는 형식적인 분류와 동사가 갖는 뜻에 따라 분류하는 내용상의 분류 두 가지로 나누어 볼 수 있습니다.

동사는 목적어를 가질 수 있는지 없는지에 따라 타동사와 자동사로 나뉩니다. 이건 영어를 통해서 이미 알고 계시죠? 그런데 중국어에서는 가끔씩 자동사도 목적어를 가질 수 있습니다. 이 이야기는 "자동사가 목적어를 가진다"는게 아니라, 때로는 자동사 뒤에 명사성 단어가 올 때가 있다는 말입니다.(그 말이 그 말인가? 말하고 나서도 잘 모르겠네….)

품사의 활용

아무튼 자동사 또는 형용사와 같이 목적어를 가질 수 없는 품사 뒤에 명사 또는 대사가 와서 목적어를 갖게 되는 경우, 이들을 타동사로 **활용**되었다고 합니다. 그리고 이들 자동사 또는 형용사는 목적어에 대해 내용상 "…하게 하다(/만들다)"라는 사역의 뜻을 나타내거나 또는 "…로 여기다"라는 뜻을 갖게 됩니다.

예를 들어 '感动'은 '감동하다'라는 자동사입니다. "我读了这本小说, 很感动了."라고 하면 "나는 이 소설을 읽고 매우 감동했다"라는 뜻이지요. 그런데 '感动' 뒤에 '我'를 놔서 "这本小说感动了我."라고 하면 "이 소설은 나를 감동**시켰다**"로 된다는 거죠. 예를 하나 더 들어 볼까요?

'笑'는 '웃는다'는 뜻이라는 건 누구나 압니다. "他笑了一场."라고 하면 "그는 한바탕 웃었다"라는 말입니다. 그런데 '笑' 뒤에 체사가 와서 "大家都笑他了."라고 하면 요 문장은 "모두가 그를 **우습다고 여겼다**"라는 뜻이 되고 여기에서 다시 →"모두가 그를 **비웃었다**"라고 번역을 하는 겁니다.

형용사도 마찬가지예요. "他的态度很端正."라고 하면 "그의 태도는 매우 단정하다"라는 뜻입니다. 그런데 '端正' 뒤에 체사가 쓰여서 "他端正了态度."라고 하면 "그는 태도를 **단정하게 하였다**"라는 뜻이 됩니다.

이건 수 천 년 동안 변하기 않고 내려오는 중국어의 특징입니다. 어법에 이와 같은 일편단심 민들레 용법은 매우 드뭅니다. 옛날이야기가 나왔으니, 그럼 떡 본 김에 제사를 잠깐 지내고 가도록 하지요.

『맹자』에 보면 "孔子登东山而小鲁, 登泰山而小天下."라는 글귀가 있습니다. 이걸 해석하면 "공자께서 동산에 올라 노나라를 작다고 여기시고, 태산에 올라 천하를 작다고 여기셨다"로 됩니다. 동산은 공자님 조국인 노나라의 산 이름인데, 여기에 올라가셔서는 노나라를 작다고 여기시고, 요거보다 좀 더 높은 태산에 올라가셔서는 천하를 작다고 여기셨다고 하는 말입니다.

아시다시피 '小'는 '작다'라는 형용사잖아요? 그런데 그 뒤에 '鲁'니 '天下'니 하는 명사가 왔지요? 그렇다고 '작은 노나라', '작은 천하' 이렇게는 해석할 수 없습니다. 왜냐하면 '而(말 이을 이)'는 용사와 용사를 연결시켜주는 접속사이기 때문입니다. (이것도 수 천 년 동안 변하지 않은 용법입니다.) 그러니까 '小鲁'나 '小天下'를 '작은 노나라', '작은 천하'와 같은 체사로 취급하면 안 되거든요. 그래서 이럴 때 '小'는 '작다'가 아니라 '작다고 여기다' 아니면 '작게 만들다' 두 가지 중에 하나의 뜻이 됩니다.

역시 『맹자』에 나오는 얘긴데요, 어떤 왕이 큰 나무를 주고 목수에게 큰 집을 지으라고 했대요. 그런데 그 목수가 그 큰 나무를 깎아서 조그맣게 만들자 왕이 벌컥 화를 냈다는 이야기가 있어요. 요 대목에서 "큰 나무를 깎아서 조그맣게 만들다"에 해당하는 원문은 "斲而小之"인데, '斲(착)'은 '깎는다'는 뜻이고, '之'는 큰 나무를 가리키는 대사입니다. 이제 짐작하시겠지만 '小之'는 "그것을 **조그맣게 만들다**"고요.

위에서 동사를 정의할 때 "사람 또는 사물의 행위 · 동작 · 발전이나 변화 · 가능 · 존재 · 방향 등을 나타내고…" 그랬죠? 이건 동사의 종류를 내용별로 구분하기 위한 거랍니다. 그러니까 중국어의 동사는 행동동사, 상태동사, 관계동사, 능원동사, 존재동사 그리고 방향동사 등 6가지로 나눌 수 있습니다. 얘네들은 내용이 다르니까 쓰임새도 많이 달라요.

(1) 행동동사는 행위나 동작을 나타내는 동사로서, 우리들이 '동사'하고 생각하는 대부분의 동사는 여기에 속합니다.

예를 들면 '먹고(吃)', '마시고(喝)', '보고(看)', '듣고(听)', '말하고(说)', '쓰고(写)', '공부하고(学习)', '놀고(玩)' 등과 같은 애들이지요. 얘네들은 다음과 같은 특징을 가집니다. 동사를 설명할 때 꼭 요 특징들을 말할테니까요, 뒤에 나오는 애들하고 비교를 해보세요. "꼭"요. 그럼 중국어의 동사를 이해하는데 조금 도움이 될 거예요.

① 겹쳐서 쓸 수 있다. 예: '看看', '听听', '学习学习', '研究研究' 등
② 동태(动态)조사 '了(le)', '着(zhe)', '过(guò)' 등과 함께 쓰일 수 있다.
　예: '看了', '听着', '研究过' 등
③ '不'와 '没'(또는 没有)를 써서 부정한다.
④ 수량보어를 수반할 수 있다. 예: '看一次', '说一遍' 등
⑤ 명령문으로 쓸 수 있다. 예: "看!", "走!"
⑥ 긍정과 부정을 함께 써서 의문문을 만들 수 있다. "说不说?", "吃不吃?", "学习不学

习?", "研究不研究?" 등과 같다. 그런데 두 음절 동사일 경우는 일반적으로 발음상 박자를 맞추기 위하여 "学不学习?", "研不研究?" 등과 같이 'A不AB'의 꼴로 쓴다.
⑦ 정도부사의 수식을 받을 수 없다. 즉 '很吃', '非常看'이라고는 말하지 않는다.

(2) 상태동사는 주로 사람이나 동물의 정신, 심리 및 생리 상태를 나타냅니다.

이에 속하는 동사에는 '사랑하고(爱)', '미워하고(恨)', '생각하고(想)', '좋아하고(喜欢)', '미워하고(讨厌)', '관심있고(关心)', '배고프고(饿)', '취하고(醉)', '병들고(病)' '깨어나고(醒)' 등이 있습니다. 얘들은 행동동사와 비슷한 특징을 갖는데, 다른 점을 예를 들면 다음과 같습니다.

① 정도부사의 수식을 받을 수 있다. '很爱', '特别喜欢', '十分讨厌' 등과 같다. 그러나 '病(bìng)'이나 '醒(xǐng)' 등은 예외이다.
② '想(xiǎng)'을 제외한 대부분의 상태동사는 겹쳐 쓰지 못한다.
③ 명령문을 만들지 못한다.

(3) 관계동사는 주로 주어와 목적어를 연결하여 둘 사이의 관계를 나타냅니다.

무슨 관계냐고요? 우선 "A는 B다"와 같은 밀접한 관계도 있고, "……가 되다", "……와 같다" 또는 "비슷하다" 이런 관계죠. 얘들 수는 많지 않아요. 주로 쓰이는 얘들로는 '是', '叫'(…라고 불리우다), '姓'(성이 …이다), '成为'(…가 되다), '像'(닮다, …와 같다), '等於'(…와 같다) 등이 있습니다.

관계동사는 다음과 같은 특징을 갖습니다.

① 반드시 목적어를 수반하며, 문장의 중점도 목적어에 있다.
② 대부분 '不'자를 써서 부정한다.
③ 겹쳐 쓰지 못한다.
④ 일반적으로 동태조사 '了', '着', '过' 등과 함께 쓰일 수 없다.
⑤ 명령문을 만들지 못한다.
⑥ '像(xiàng)'을 제외하고는 정도부사의 수식을 받을 수 없다.

위를 읽어보시면, 뭐든지 잘 안 된다고 하는 게 많죠? 사실 얘네들은 처음부터 동사가 아닌 애들이 많아서 그래요. 특히 '是'는 영어의 be 동사와 같다고 알려져 있지만, 사실 처음부터 동사하고는 전혀 상관이 없는 낱말이었어요. 중국어는 본래 "뭐는 뭐다"와 같은 be 동사가 없었던 말이었거든요. 요건 뒤에서 다시 설명할게요. 아무튼 관계동사 얘네들은 동사라고 이름을 붙여서 그렇지, 우리가 보통 생각하는 동사다운 데는 별로 없는 애들이예요. 이게 중국어의 특징이기도 하죠.

(4) 능원(能愿)동사는 영어의 조동사와 비슷하게 생각되는 동사입니다.

이름을 능원이라고 한 거는 가능(可能)과 소원(所愿)에서 한 글자씩 딴 거예요. "아 그럼 조동사라고 하면 될 일이지, 뭐 땀시 능원이라고 어색한 이름을 붙였담?" 이러실 수 있겠는데, 영어의 조동사와는 어법적인 면에서 약간 다르기 때문이예요.

그럼 뭐가 다르냐? 그건 영어의 조동사는 이름 그대로 조(助)동사잖아요? 본동사를 도와주는 동사라는 거지요. 그런데 중국어의 능원동사는 본동사로도 쓰여요. 아마 이 때문에 중국의 어법학자들이 조동사라고 하지 않고 능원동사라는 이름을 새로 만들었던 것 같아요. 하긴 일반 사람들이 들으면 "그게 그거지"라고 하시겠지만, 어법학자들은 요런 건 절대 그냥 못 지나갑니다. "식자우환(识者忧患)", 가방끈 긴 사람들은 대체로 사소한 거에 많이 집착하거든요…

능원동사에는 할 수 있다는 것: '能', '会', '可以', '能够', '得(dé)'; 하고 싶어 하는 것: '要', '愿意'; 해야 하는 것: '应', '应该', '应当' '该', '得(děi)'; 해도 좋다는 것: '许', '准'; 그리고 이런 저런 애들: '肯', '敢', '配', '值得(zhíde)' 등이 있어요. 얘네들은 다음과 같은 특징이 있습니다.

① 단독으로 술어로 쓰일 수 있다.(요 특징 때문에 이름을 능원동사라고 붙였다고 방금 말했었죠?)
② 긍정과 부정을 함께 써서 의문문을 만들 수 있다. 예: "能不能?", "要不要?"(요것도 그렇고요.)
③ 겹쳐 쓰지 못한다.
④ 동태조사 '了', '着', '过' 등과 함께 쓰일 수 없다.

(5) 존재동사는 "있다"는 뜻을 나타내는 동사예요. 그러니 이 안에는 '있을 在'하고, 역시 '있을 有'가 있지요. 쉽죠? 얘네들은 다음과 같은 특징이 있어요.

① '有'를 부정할 경우에는 '没'만을 쓴다.
② 겹쳐 쓰지 못한다.
③ 보어를 갖지 못한다.

얘네들에 대해서는 뒤에 존재문이라는 걸 설명할 때 좀 더 자세하게 이야기를 나누도록 하지요.

(6) 방향동사는 행동동사 뒤에 쓰여서 사람이나 일이 어떤 방향으로 움직여 나아가는가 하는 것을 나타내는 동사입니다.

방향동사에는 '来'·'去'·'上'·'下'·'起' 등 단순방향동사와 '起来'·'上来'·'下去'·'出来'·'回去'·'开来'·'过去' 등과 같은 복합방향동사가 있어요. 이건 제가 붙인 게 아니고요, 다 중국 사람들이 붙인 이름이랍니다. 한 글자면 '단순'이고, 두 글자면 '복합'이라고 부르는 걸 눈치채셨나요? 용어는 심각해보여도 내용은 '단순'합니다.

방향동사는 다음과 같은 특징을 갖습니다.

① 일반적으로 행동동사 뒤에 쓰여 그 행동동사의 방향을 표시하는 보어로 쓰인다.
② 겹쳐 쓰지 못한다.

위에서 동사의 내용별 특징을 설명할 때 "겹쳐 쓴다", "겹쳐 쓰지 못 한다" 이런 말이 계속 반복해서 쓰였죠? 겹쳐쓰기는 중국어 동사의 큰 특징이기도 하고요, 쓴 다음에 뜻이 쪼금 달라져요.

단음절 동사를 겹쳐 쓸 경우에는 두 번째 음절을 경성으로 읽어요. '听听'/tīng ting/, '看看'/kàn kan/ 등과 같이 말이죠.

그리고 동사가 제3성일 경우는 첫 번째 음절을 제2성으로 읽고 두 번째 음절을 경성으로 읽습니다. '讲讲'/jiáng jiang/, '洗洗'/xí xi/ 등과 같습니다.

단음절 동사를 겹쳐 쓸 경우에 그 사이에 '一'를 넣어 '看一看', '讲一讲' 등과 같이 쓰기도 합니다.

두 음절 동사는 ABAB 방식으로 겹쳐 씁니다. 첫 번째 음절을 강하게 읽고 세 번째 음절은 그보다 약하게 읽으며, 두 번째와 네 번째 음절은 경성으로 읽습니다. 예를 들어 '讨论讨论'/ˉtǎolun tǎolun/, '研究研究'/ˉyánjiu yánjiu/ 등과 같은데요, 잠깐만! 이거 또 외우려고 하지 마시고요, 그냥 대충 발음하세요. 이론이 이렇다는 거지, 제가 들어보니까요 중국 사람들도 대충 발음해요.

동사를 겹쳐 쓰면 '잠시 …을 하다' 또는 '…을 해 보다'라는 뜻을 나타냅니다.

你看看，这样写对不对？(좀 봐 봐, 이렇게 쓰면 맞나?)

这个收音机我修不好，你来修修(看)。
(이 라디오 난 못 고치겠어, 네가 좀 고쳐 봐.)

叫他生生孩子，他就知道做母亲的甘苦了。
(그 사람한테 애 한 번 낳아 보라고 해, 그러면 엄마 노릇 하기가 얼마나 힘든지 알 거야.)

다른 사람에게 무엇을 부탁할 경우에는 이러한 방식을 쓰는 것이 좋습니다. 왜냐하면 무슨 일을 잠시 동안만 해 달라는 것이 되기 때문에, 듣는 사람의 입장에서 볼 때는 아무래도 어감이 부드럽게 느껴지지 않겠어요?

请你看(一)看这篇文章。(이 글 좀 봐주세요.)

请你把这破了洞的口袋缝一缝。(여기 뚫어진 주머니 좀 꿰매주세요.)

자 이제부터는 이 책의 자랑거리(자화자찬)인, 자주 쓰이는 몇 몇 동사들의 용법을 알아보는 시간입니다.

(1) '要(yào)'

'要'는 '필요하다'라는 뜻입니다. 이게 '要'의 처음이자 마지막의 뜻입니다. 그런데 중국 사람들이 쓴 어법 책을 보면,

① '원하다', '필요하다'라는 뜻을 나타낸다.

我要一本中文词典。(중국어 사전 한 권 주세요.)

他要的是这个，不是那个。(그가 원하는 건 이것이지 그것이 아닙니다.)

② '시키다', '요구하다'라는 뜻을 나타낸다.

他要我写一封信。(그는 나보고 편지 한 통을 쓰라고 했다.)

父亲还要我跟他结婚。(아버지는 또 나보고 그와 결혼하라고 하셨다.)

③ '어떤 일을 하려고 하다'라는 뜻을 나타낸다.

我要学游泳。(나는 수영을 배우려고 한다.)

他们夫妻下个月要去香港玩一玩。
(그들 부부는 다음 달에 홍콩으로 놀러가려고 한다.)

이 경우 부정을 할 때는 '不要'라고 하지 않고 '不想', '不打算'을 쓴다. 왜냐하면 이 때의 '不要'는 "싫다!"라는 너무 강한 부정을 표시하기 때문에 특별한 경우가 아니면 잘 쓰지 않는다.

호돌이: 今天晚上你要不要去看电影? (오늘 저녁 영화 보러 갈래요?)

호순이: 今天我不想去看。(오늘 전 가고 싶지 않아요.)

④ '반드시 …을 해야 한다'는 뜻을 나타낸다.

借书两个星期以内要还。(빌린 책은 반드시 두주 이내에 반납해야 한다.)

出国时护照一定要带。(출국할 때는 반드시 여권을 가져가야 한다.)

이 경우 부정을 할 때에는 '不要'를 쓴다. 이때의 '不要'는 '하지 말라'는 금지의 뜻이다.

你不要多管闲事。(쓸 데 없는 일에 참견하지 말거라.)

学校里不要鸣笛。(교내에서는 경음기를 울리지 마시오.)

이렇게 꽤나 뜻이 많은 것처럼 설명하고 있어요. 이러면 또 우리 학생들은 위에 매긴 번호 순서대로 ①번 뜻은 뭐, ②번 뜻은 뭐, ③번 뜻은 뭐 이렇게 외웁니다. "저얼때"(절대의 강조말) 이러지 마세요.

"왜 계속 외우지 말라고만 하냐?"
"그러면 안 외우게 해줘야 할 거 아니냐?"
"우리는 뭐 외우고 싶어서 외우냐?"

학생들의 원성이 교문 밖까지 총장실 문 앞까지 들릴 정도입니다. 잠깐만 진정하시고요, 제 얘기를 들어보세요. 나무 하나 하나를 보지 말고 숲을 보라는 말이 있죠? 이게 그것에 해당하는 경우입니다. 이야기가 잠시 다른 데로 흘러가겠지만, 조금만 참으시고 이 이야기를 따라 오세요.

이 이야기는 한 5~6년 전 쯤부터 대학원 어법 강의 시간에 써먹고 있는 내용입니다. 제가 몸담고 있는 대학에는 교육대학원이 있어요. 방학 때 계절 학기로 운영을 하는데, 그래서인지 경향 각지에서 남녀노소 빈부귀천을 가리지 않고 많은 분들이 모여서 공부를 하고 있습니다. 현직 중국어 선생님도 계시고, 중국어 선생님이 되고자 하는 분도 있고, 그냥 중국어가 좋다고 다니시는 분도 있습니다. 중국어를 처음 대하는 사람들은 물론 아니고요, 중국어 실력이 상당한 분도 많습니다. 아예 중국에서 태어나 대학을 마친 사람도 있고요, 학원에서 중국어 가르치시는 분도 있고 그래요. 학생들 수준이 살벌하지요?

제 강의를 듣는 이 분들의 공통적인 관심은 "중국어어법을 좀 잘 배워보자"입니다. 그런데 문제는 뭘 어떻게 해야 중국어어법을 잘 가르칩니까? 저도 알고 싶습니다. 그래도 잘 못 가르치면 직무유기요, 실력 없는 교수라고 바로 낙인이 찍히는 시대 아닙니까? 중국 사람들이 쓴 어법책을 번역하다시피 해서 설명해줘봐야 "그런 건 이미 우리도 다 압니다" 할 테고, 그렇다고 어법이 무슨 제과점 빵 만드는 것처럼 이 번에는 이렇게 만들고, 다음에는 저렇게 해 보고 그럴 수도 없는 거잖아요? 얘기가 점점 다른 데로 가네요.

아무튼, 대충 이 정도 진도가 나가면 하루는 날을 잡고 이렇게 시작합니다.

> **"오늘은 인생을 이야기 해 봅시다."**
> **"인생?" "어법 시간에 웬 인생?"**

반응이 다 이렇게 나옵니다. 그런 다음에는

> **"남자는 뭐라고 생각하시나요?"**
> **"남자? 이건 또 뭐야?" "오늘 좀 이상하시네… 술 잡수셨나?"**
> **"너무 광범위하다고 생각되면, 내가 괄호 넣기 문제를 내겠습니다. 이건 자신 있겠지요?"**

그러고는 칠판에 크게 씁니다. 아래와 같이….

남자는 (　　　)하고 (　　　)한 동물이다.

여러분도 한 번 넣어보세요. 이러면 별의별 말이 다 나옵니다.

게으르다, 이기적이다, 마음이 좁다,
애를 안 돌본다, 신경질이 많다, 무뚝뚝하다,
머리가 나쁘다, 이랬다저랬다 한다, 자기만 안다,
집 안 일에 손 하나 까딱 안 한다, 치사하게 논다,
술만 마시면 개다 ……

한도 끝도 없습니다. 특히 결혼을 하신 여성분들은 거의 거품을 무십니다.

제가 무슨 남자 성토 대회를 열고자 하는 건 아니고요, 남자에 대해서 어떻게 생각하느냐 하는 문제에 대해서는 한 사람이 하나의 이론을 가질 수 있다는 겁니다. 그렇다고 그걸 다 모으면 남자가 됩니까? 그리고 그걸 다 모을 필요가 있습니까?

위에 쓴 저 단어들을 잘 분석해서 비슷한 것들끼리 두 세 개 정도로 모아 보세요. 저는 이 작업을 3~4년 하고나서 다음과 같은 결론을 내렸습니다. 정답이 아니라 나름대로의 결론입니다. 오해 없으시길 바랍니다.

남자는 (단순)하고 (쪼잔)한 동물이다.

위의 순서는 바꿔도 상관없습니다. '단순'·'쪼잔'·'동물' 요 세 가지 요소만 들어가면 되니까요. 이런 결론을 내린 다음부터는요, 수업 방식을 바꾸어서, 먼저 위와 같은 문제를 낸 다음, 한 사람 한 사람씩 자기가 생각하는 답을 이야기 하라고 합니다. 그걸 칠판에 다 적고 그리고 이걸 결론으로 제시하고 반응을 살핍니다. 그런데 아직까지는 "아닙니다, 이게 빠졌습니다"라던가 "이건 꼭 들어가야 합니다"라는 말보다는, "정말이야!!!" "맞아! 맞아!" 하는 반응이 대부분입니다.

위에서 열거한 남자가 어떻다는 말이 셀 수 없이 많아도 '단순'·'쪼잔'·'동물' 요 세 개가 다 품고 있다는 거지요. 독자 여러분들도 한 번 참여해 보시기 바랍니다. 혹시 이 세 요소가 부족하다거나 교체를 해야 할 것이 있다고 느끼신다면 연락주세요. 수업시간에 실험을 해보고 결과를 알려드리겠습니다.

이러고 나면 학생들은 "그런데…. 이게 어법하고 무슨 상관이지?"하는 얼굴이 됩니다. 표정을 보면 알 수 있거든요. 그럼 이제 일장 연설을 하지요.

"앞으로 무슨 어법 문제에 닥쳐서 잡다한 설명이 길게 나오면, 바로 이걸 생각해라. 남자? 그 많은 말들, 위의 세 개로 정리되지 않냐? 어법이 별 거냐? 다 사람들이 일상적으로 쓰고 사는 법칙인데, 그게 그렇게 많을 까닭이 있겠냐?

더구나 중국어는 그렇게 많은 법칙이 있지도 않고, 중국 사람들도 그런 걸 다 알고 사는 것도 아니다. 그러니 무슨 어법 문제에 부딪치면,

'아, 이거 어디에 해당하지? ❶ 명사성? 동사성? ❷ 순서 문제? 아니면 ❸ 남자란?' 이렇게 생각하고 들어가라. 이게 오늘의 주제요, 내가 여러분에게 가르치고자 하는 어법이다."

말이 길었는데요, 자 그럼 이 이야기를 현실에 적용해 봅시다. '要'에 몇 가지 뜻이 있다고 그랬나요?

① '원하다'·'필요하다', ② '시키다'·'요구하다', ③ '어떤 일을 하려고 하다' 그리고 ④ '반드시 …을 해야 한다' 이렇게 4가지였죠?

'要'의 기본적인 뜻은 ① '원하다'·'필요하다'입니다. 그러면 ② '시키다'·'요구하다'는 어디에서 온 걸까요?

퀴즈 문제 하나 낼까요?
"우연 더하기 우연은?"
답: "필연."
그 다음 "필연+우연은?"
답: "운명."(또 썰렁하다고 하겠네…)
자 이제 본문제.
"부탁 더하기 부탁은?"
답: "요구".
요구의 다음 단계는?
답: "명령".
그래도 안 되면?
답: "통첩".

이걸 순서대로 표시하면, 필요함→부탁→청구→요구→명령→통첩, 그리고 여기까지 했는데도 안 들어주면 최후의 수단인 '귀싸대기'…. 이런 단계별 진행이 예상됩니다.

그러니까 ①하고 ②는 아주 가까운 사이입니다.

그러면 ③ '어떤 일을 하려고 하다'와의 관계는?

왜 부탁하고 왜 요구할까요? 내가 필요하니까요. 내가 가지고 있거나 이미 일이 벌어져 있다면 뭐 땜에 남에게 부탁하고 요구하겠어요? 그러니까 뭘 하려고 하는 거지요.

끝으로 ④ '반드시 …을 해야 한다'는 ② '요구'의 다음 단계죠. 이렇게 ①②③④가 쭈욱 연결되어 있잖나요? 그러니까 이걸 다 외우려고 하지 마시고, 그냥 ①번만 알아두시라는 거지요, 나머지는 다 거기서 새끼친 거니까. 그래서 이쯤에서 "남자는?"이라는 문제를 제기하는 거랍니다.

(2) '能(néng)'과 '会(huì)'

'能'과 '会'는 어떤 일을 할 수 있다는 능력을 나타낼 경우에 쓰인다고 모든 어법책에 나와 있습니다. 꼭 영어의 'can'과 같이 생각되시죠? 그런데 그렇기도 하지만, 이게 딱 맞아떨어지지는 않습니다. 우선 '能'부터 이야기를 해 볼까요?

중국 사람들은 "내가 뭘 할 수 있다"라는 표현을 할 때는 '能'보다는 대부분 가능보어를 써서 표현합니다. 더군다나 '能'을 쓰면 뜻이 조금 달라지기도 해요.

예를 들어서요,

"너 할 수 있어?", "응, 할 수 있어." "아니, 못 해."

요 간단한 문장을 학생들에게 중작을 시켜보면 대부분은

"你能做吗?" "我能。" "我不能。"

이렇게 합니다. 그럼 이게 틀렸나? 글쎄요, 틀린 것은 아니지만 중국 사람들은 이렇게 말하지는 않습니다. 이렇게 말하면 여러 가지로 해석이 될 수 있거든요. 즉 "你能做吗?"라고 물으면 "너 잘 해낼 수 있냐?", "(그렇게 안 보이는데) 할 수 있다고?", "이제는 할 수 있게 되었냐?" 등 이런 뜻을 가질 수가 있어요. 그래서 어법책에서 '能'을 설명할 때 "할 수 있다"라는 일반적인 능력 말고도, '能'은 선천적인 능력을 나타낼 때, 어떤 능력을 가지고 있었다가 그것을 회복한 경우, 또는 일정 시간 내에 어떤 일을 해내는 효율성을 나타낼 때에 '能'을 쓴다고 소개하는 거예요.

그러니까 일반적인 "할 수 있냐?"라고 물으려면 "你办得到吗?"라고 묻고, 대답도 "办得到"아니면 "办不到"라고 합니다.

또 "못 한다"라고 해서 "我不能." 이렇게 말하면, '못 한다'는 뜻도 되기도 하지만, 이럴 경우에 대부분은 무슨 사정이 있어서 할 수가 없다거나, 아니면 하면 안 된다는 뜻을 나타내요. 많이 다르죠?

'会'는 '能'하고도 쪼금 달라요. 먼저 '会'는 배워서 할 수 있게 된 능력에 많이 쓰입니다. "他能游泳." 이러면 "그는 수영을 잘 한다"라는 뜻에 가깝고요, "他会游泳." 이러면 "그는 수영을 할 줄 안다"라는 뜻이예요. 수영은 좀 배워야 할 줄 알게 되잖아요. 만약 "잘 한다"라고 하려면 '会' 앞에 '真'이나 '很' 같은 정도부사를 붙여주면 됩니다.

그런데 이게 다는 아니고요, '能'이라도 약간의 전제 조건이 붙으면 '会'랑 똑 같이 쓰이기도 해요.(중국어는 '반드시', '절대' 이런 용법이 거의 없는 말입니다.) "以前他不会游泳, 经过练习, 现在会(/能)游了."(이전에 그는 수영할 줄 몰랐는데, 연습을 하더니, 이제는 할 수 있게 되었다.)와 같은 문장처럼 앞에 어떠어떠 하다고 상황 설명이 붙어 있잖아요? 그럼 배워서 할 수 있게 되었다고 해도 '会'는 물론 '能'도 씁니다.

또 '会'는 추측, 가능성, 의지 등을 나타낼 경우에도 쓰입니다. 이건 '能'에 없는 용법이죠.

不久你就会听到确实消息的。
(오래지 않아 너는 확실한 소식을 듣게 될 것이다.)

现在他不会在家里。(지금 그는 집에 없을 것이다.)

麻烦你到这边来处理这件事。
(번거로우시겠지만 여기로 오셔서 이 일을 처리해 주셔야 하겠는데요.)

부정을 할 경우 '能'과 '会' 이 둘이 나타내는 의미는 다릅니다. '会'가 단순히 "못한다"거나 "할 줄 모른다"는 뜻이라면, '能'은 못하는 것이 아니라 무슨 이유가 있어서 "하면 안 된다"거나 "할 수 없다"는 뜻을 나타냅니다.

我不会开车。(나는 운전을 할 줄 모른다.)

今天我不能开车。(나는 오늘 운전을 할 수 없다.)

--- 원래부터 운전을 할 줄 모르는 것이 아니라, 무슨 이유가 있어서 오늘은 운전을 할 수 없다는 뜻.

我不会喝酒。(나는 술을 마실 줄 모른다.)

我不能喝酒。(나는 술을 마실 수 없다.)

--- 원래부터 술을 마실 줄 모르는 것이 아니라, 건강상 등 다른 이유가 있어서 술을 마실 수 없다는 뜻.

(3) '是(shì)'

'是'는 지금은 동사로 분류되고, 그 쓰임새도 영어의 'be'동사와 비슷하게 보이기도 합니다. 그러나 사실 '是'는 동사하고는 아무런 상관이 없는 애였다고 앞에서 말했었지요?

'是'는 옛날에는 '是是非非'에서와 같이 '옳다'라는 의미의 형용사적인 성질과 '이것'에 해당하는 지시대사적인 성질을 가진 낱말이었어요. 그래서 지금도 뭘 물어볼 때 "맞다"라고 하거나 또는 "예!"라고 대답할 때 "是!"라고 하는 건 '是是非非'에서 온 말입니다. 그럼 영어의 'be'동사와 비슷한 '是'는 어디서 왔냐?

孔子, 鲁人也。(공자는 노나라 사람이다.)

孔子, 是鲁人也。(공자, 그는 노나라 사람이다.)

위의 예문에서 보는 것처럼 '是'는 앞에 나온 말을 다시 가리키는 역할을 하는 대사적인 성질을 가졌었어요. 이럴 경우 당연히 '是' 다음에 오는 말이 강조되지요. 그런데 시간이 지나면서 지시성이 약해지게 되었고, 그러면서 앞의 어떤 말을 가리키는 것인지가 불분명해지게 되자, '是'는 단지 앞의 말과 뒤의 말을 연결시켜 주는 역할을 하는 뜻이 없는 낱말이 되었답니다. 이게 대충 남북조 시절(4세기~6세기)부터 시작되었다고 하는군요.

왕리(王力, 1900~1986)라는 중국의 유명한 어법학자가 있었는데, 그 분은 이것을 '계사(系词, copula)'라고 불렀어요. 이 분의 영향으로 '是'를 1950년대까지는 '계사'라고 부르다가 1960년대 초부터 현재와 같이 '긍정'을 나타내거나 또는 "A는 B다"라는 판단 작용을 하는 동사로 분류되었습니다.

자 그럼 여기서 "**1 명사성? 동사성? 2 순서 문제? 3 남자란?**"을 시작하겠습니다.

바로 위에서 '是'는 "A는 B다"라는 판단 작용을 하는 동사가 되었다고 했죠? 그럼 '是'동사를 쓰는 문장의 주어와 목적어 어떤 성질의 낱말이어야 할까요? 이론적으로는 부사를 제외한 모든 실사와 구를 취할 수 있지만, 대부분 체사 또는 체사적 성격의 구가 담당합니다. 우리말도 그렇잖아요? 우리가 "뭐는 뭐다"라고 할 때 앞의 '뭐'하고 뒤의 '뭐'가 체사인지 용사인지 생각해보세요.

'是' 동사를 공부할 때는 먼저 "**1 명사성? 동사성?**" 요게 중요합니다. 만약 용사 또는 용사적 성격의 구가 주어 또는 목적어가 되는 경우는 조건이 있어요. 형식적으로는 대개 걔네들 앞에 수식어가 붙고요(명사성 확보를 위함으로 생각됩니다), 내용상으로는 그 사물의 활동 또는 성질, 상태에 대하여 판단을 하는 경우에 국한됩니다.

变化是必然的。(변화는 필연적이다.)

他们一定是有更重要的事。(그들은 분명히 더 중요한 일이 있다.)

谦虚是一种美德。(겸손은 일종의 미덕이다.)

他对这件事情是一清二楚。(그는 이일에 대하여 속속들이 알고 있다.)

(이상 용사 또는 용사성 구를 취한 예)

他这样做是为了快点儿完成任务。

(그가 이렇게 하는 것은 빨리 임무를 완성하기 위해서이다.)

他来晚的原因是家里来了客人了。

(그가 늦게 온 이유는 집에 손님이 왔기 때문이다.)

(이상 주술구를 취한 예)

이제 여러 어법책에서 '특수 구문'이라고 말하는 "是 …… 的" 문장 이야기를 해볼까합니다.

시중의 어법책을 보면 "是 …… 的" 문장을 '특수 구문'이라고 하고, "是 …… 的" 문장을 쓰면 "是와 的 사이에 있는 것이 강조된다"고 말하고 있습니다.

자 그럼 이 대목에서 우리가 짚고 넘어가야 할 것은, 뭐는 '보통 구문'이고 뭐는 '특수 구문'일까요?

이 책에서 명사를 설명할 때, 명사를 일반명사 하고 특수명사 하고 둘로 구분했었죠? 그 구분 이유는 "**1 명사성? 동사성?**"이었습니다. 그렇다면 이른바 '특수 구문'의 '특수'는 뭐가 특수할까요? 어떤 책도 이 부분에 대해서는 설명이 없습니다. 그냥 '특수'하다는 거죠. 내 생각에는 아마 "좀 어려울 테니 잘 보고 익혀라"라는 의미에서 '특수'자가 붙은 거 같아요.

사실 "是 …… 的" 문장은 하늘에서 뚝 떨어진 특수한 문장이 아니고요, 그냥 '是'동사를 쓴 문장입니다. "A는 B다"라는 판단 작용을 하는 동사 '是' 말이예요. '是'가 어떤 특징을 가지느냐? 하는 건 앞에서 설명했습니다. 다시 그 설명을 가져와보면 지루하실 테니, 가장 중요한 ①번만 가지고 오겠습니다. ①번이 뭐였죠?

① 반드시 목적어를 수반하며, 문장의 중점도 목적어에 있다.

이게 키 포인트입니다. 바로 "**3 남자란?**"에 해당한다는 거죠.

"A는 B다"에서 B가 목적어고 여기에 중점이 있다는 얘깁니다. 그러니 당연히 "是 …… 的" 문장에서는 '是'와 '的' 사이에 있는 것이 강조되는 거지요. 그럼 '的'는 왜 쓰냐? 그건요, 목적어인 '……' 부분이 용사이기 때문입니다.

중국어에서 주어하고 목적어는 대부분 체사가 담당한다고 했었죠? 그런데 목적어인 B가 용사이다 보니까, 용사를 체사로 만들 수 있는 조사인 '的'를 붙여서 체사를 만드는 겁니다. 즉 "용사+的→체사" 이런 거지요. 이건 중국어의 체사 만들기 중의 한 용법입니다.

말이 나온 김에 현대 중국어에서 이런 용법을 가진 글자를 하나 더 소개하면 '所'가 있습니다. '所'는 용사 앞에 와서 그 용사를 체사로 만드는데, 이 때 용사는 대부분 타동사입니다. 즉 "所+용사(타동사)→체사" 이렇게 됩니다. 예를 들어서 '所闻', '所

得', '所愿' 다 명사잖아요? '闻', '得', '愿' 얘네들은 다 타동사고요.

그러니까 다시 정리하면,

"是 … 的" 문장은 '是'동사를 쓴 판단문이고, '…' 부분이 용사이기 때문에 '的'를 붙여서 명사를 만들었다.

이 얘깁니다.

"是 …… 的" 문장은 '是 …… 的' 사이에 '뭐가 들어가냐?'에 따라 다음과 같이 나누어서 설명할 수 있습니다.

① 단순한 동사 또는 형용사뿐일 경우에는 대체로 어디에 속한다는 뜻을 나타냅니다. 이 경우는 '的'자 뒤에 소속을 나타내는 명사가 생략된 것이라고 보아도 됩니다.

我是教书的。(=教书的人)(나는 선생님이다.)

这条鱼是新鲜的。(=新鲜的鱼)(이 생선은 신선한 것이다.)

만약 소속을 나타내는 경우가 아니라면 그냥 "A는 B다"입니다. 말하는 사람의 판단을 얘기한다는 거죠.

他心里是透亮的。(透亮的心里×)(그 사람 마음은 깨끗하다.)

这个问题，我们也是很注意的。(注意的问题×)

(이 문제는 우리도 매우 주의하고 있다.)

② 시간, 장소, 방식, 조건, 목적, 대상, 도구 등을 나타내는 부사어와 함께 쓰인 동사구일 경우, 다시 말해서 좀 복잡한 용사구일 경우 바로 요 부분을 강조합니다. 이게 시중 어법책에서 말하는 "是 …… 的" 문장의 모범문장 형식입니다.

这本书是1988年出版的。

(이 책은 1988년에 출판된 것이다.) (시간을 강조)

我是从北京来的。(나는 북경에서 왔다.) (장소를 강조)

张老师刚才说的那段话，好像是对我说的。

(장 선생님이 방금 한 그 말은 아무래도 나에게 하신 것 같다.) (대상을 강조)

我们是坐公共汽车去的。(우리는 버스를 타고 갔다.) (방식을 강조)

③ 시중 어법책을 보면 "술목구조의 동사구인 경우 전체 문장의 중점은 목적어에 있다"고 말합니다.

아~~! 몇 번을 말했던고?! '是'동사문의 중점은 목적어에 있다고……

이 때 목적어는 '的'자 앞에 놓일 수도 있고 뒤에 놓일 수도 있습니다. 그런데 만약 목적어가 인칭대사면 대체로 '的'자 앞에 놓입니다. 이건 아마 음절 박자 문제가 아닌가 생각됩니다. 인칭대사라면 대체로 한 글자인데, 중국어에서는 대체로 문장이 끝날 때 한 글자로 딱 하고 끝내지 않거든요.

今天晚饭我是吃的馒头，不是吃的米饭。

(오늘 저녁 나는 만두를 먹었지 밥을 먹지 않았다.)

张三是学历史的，李四是学文学的。

(장싼(张三)은 역사를 공부하고, 리쓰(李四)는 문학을 공부한다.)

他是很了解我的。(그는 나를 아주 잘 이해한다.)

④ 미워도 다시 한 번. 시중 어법책을 보면 "주술구가 쓰인 경우에는 주술구의 주어가 전체 문장의 중심이 된다"고 합니다.

바로 "**3 남자란?**"에 해당하는 문제입니다. '是'동사문의 중점은 목적어에 있다고 했는데, 그 목적어가 주술구라면 그 주술구의 주어가 중심이 되는 거 당연한 거 아닙니까?

我的一切都是周老师给的，如果没有他，我也不会有今天了。

(나의 모든 것은 조우(周) 선생님께서 주신 것이다. 만약 그 분이 계시지 않았다면, 현재의 나도 없었을 것이다.)

这次手术是张大夫作的。(이 수술은 닥터 장이 한 것이다.)

⑤ **"是 …… 的"** 중간에 역시 주술구가 쓰였는데, 그런데 **'是'**자 앞에 아무 것도 없이 그냥 **'是'**로 시작하는 경우가 있어요.

한마디로 '是'의 주어가 없는 경우죠. 이건요, 이미 어떤 사실이 일어났고 그 사실을 서로 알고 있는 경우입니다. 즉 "(무슨 일이 일어났는데) 그것은 ……한 것이다"라는 의미입니다.

이걸 보면 이때의 '是'는 지시대사 성질이 어느 정도 남아 있는 것처럼 느껴집니다. 만약 '是'가 영어의 be 동사와 같다면 이럴 수는 없는 거지요. 문장의 중점은 당연히 위에서 말한대로 '是 … 的' 사이에 있는 주술구의 주어에 있습니다.

是他引诱我的。([그 일은] 그가 나를 유인한 것이다.)

是谁把信拿走的? ([편지가 있었는데] 누가 그 편지를 가져갔느냐?)

⑥ 끝으로 미워도 다시 두 번. 이런 말도 있습니다. "일반적인 문장도 **'是 … 的'**를 넣어서 표현하면 단정적인 어감을 주게 된다"고요.

아래의 예를 보세요.

这个人很顽固, 我们说不动他。

(이 사람은 매우 완고해서 우리들은 그를 설득시킬 수 없다.)

--- 중립적으로 상황만을 설명.

这个人很顽固, 我们是说不动他的。

(이 사람은 매우 완고해서 우리들은 더 이상 그를 설득시킬 수 없다.)

--- 설득시킬 수 없음을 단정함.

위와 같이 된다는 건데, 당연한 거 아닙니까? '是'를 썼는데…. 그러지 않으려면 '是'를 왜 씁니까? 그리고 '…' 부분이 용사여서 '的'를 붙여 체사로까지 만들었는데 말이죠. 단정적인 어감요? 그건 판단문이라는 뜻인데요, '是'를 쓰면 당연히 그렇게 되는 거랍니다.

(4) '有(yǒu)'

'有'동사에 대해서는 뒤의 부록 <중국 현대어법 교육에 대한 몇 가지 제안> "제3. 나무를 쫓지 말고 숲을 보라"에서 설명한 게 있습니다. 그러니까 여기에서는 중복 설명 안 할랍니다. 이것 역시 "**3 남자란?**"에 해당하는 문제입니다. 다만 여기에서는 부록에서 설명 안 한 것만 얘기하고 지나가겠습니다.

우리말에 "그 사람 돈 좀 있지"라고 하면 무슨 뜻입니까? '좀'자가 들어갔다고 해서 돈이 '조금' 있다는 뜻이 아니라는 건 한국 사람이라면 누구나 압니다. 또 "그 친구 사람 보는 눈이 있어"라고 하면요? 사람 보는 눈이 없는 사람이 있나요? 말장난 하자는 게 아니고요, 우리말에 조금 있다고 해서 조금 있는 게 아니고, 있다고 해서 그냥 있는 게 아니라 많이 있다는 표현을 이렇게 한다는 거죠. 중국어도 똑같습니다.

때때로 '有'는 어떤 목적어와 밀접하게 결합되어 하나의 고정된 형식의 구를 이루어 '매우 많다', '매우 크다' 등과 같은 뜻을 나타낸답니다. 아래의 예를 보세요…

他有钱。(=他有很多钱。)(그는 돈이 많다.)

他有眼光。(=他的眼光很远。)
(그는 높은 안목을 가지고 있다→그는 안목이 높다.)

他有决心。(=他的决心很大。)
(그의 결심은 매우 크다→그는 큰 결심을 했다.)

他有学问。(=他的学问很高。)(그는 매우 높은 학문의 경지를 가지고 있다.)

他比我有经验。(=他比我经验丰富。)(그는 나보다 경험이 풍부하다.)

품사의 겸용

일반적으로 우리말이나 영어의 낱말들은 대체로 자기 고유의 품사를 가집니다. 즉 명사면 명사, 동사면 동사로 쓰이지 얘들끼리 왔다 갔다 하는 경우는 드물죠. 그런데 중국어에서는 이런 품사간의 영역이 그다지 엄격하지 않아서, 어떤 낱말들은 두 개의 품사를 겸하기도 합니다. 이러한 현상을 '**품사의 겸용**'이라고 하고, 이러한 낱말들을 가리켜 '겸품사[兼类词(겸류사)]'라고 부릅니다.

그런데 이런 걸 왜 알아둬야 하느냐?

중국어 낱말 중에는 우리가 일상생활에서 자주 쓰이는 말들도 많습니다. 예를 들어 '报告(보고)', '代表(대표)', '装置(장치)', '合唱(합창)' 이런 말들은 우리도 그대로 쓰잖아요? 그런데 중국어를 배우다 보면 우리는 이런 낱말들을 대체로 명사로 인식합니다. 그래서 그런지 학생들에게 얘네들을 동사로 쓰라고 하면 우리말의 '…… 하다'를 붙이듯이 이런 낱말 앞에 종종 '做'자를 붙이기도 합니다. 그렇지만 얘들은 명사이면서 그 자체로 동사이거든요. 이럴 필요가 없다는 거죠. 그래서 이렇게 동사와 명사를 겸하는 낱말들을 알아두면 중국어 실력 향상에 도움이 많이 돼요.

동사와 명사를 겸하는 낱말들 가운데 주요한 것을 간추려 가나다 순으로 열거하면 다음과 같습니다.

间隔　看守　建筑　检讨　警卫　计划　记录
代表　对话　导演　突起
练习　领导
埋伏　命令
翻译　病　报告　保管　报导
写生　说明　声明　速记
演奏
装置　装备　裁判　展览　点　鸟瞰　组织　组合　注释　主演　主编
注解　证明　指示　指挥
参谋　称号
统计　通告　通报　统帅　通知
合奏　合唱

형용사

형용사는 사람 또는 사물의 성질, 상태, 소리 등을 나타내는 낱말을 말합니다.

대부분의 형용사는 문장의 구성 요소인 술어, 보어, 관형어, 그리고 부사어로 쓰일 수 있고, '很红', '非常好', '十分可爱' 등과 같이 정도부사의 수식을 받을 수 있습니다.

여기서 '대부분'이라고 한 이유는 술어나 보어로는 쓰이지 못하는 형용사도 있기 때문입니다. 이러한 형용사는 그다지 많지 않아요. 아래에 예를 들어 놨으니까요, 한 번 슬쩍 보세요.

个别　共同　根本　基本　多项　大型　万能　慢性　新生
新式　人为　一切　正　主要　彩色　天然　初级

위의 애들은 부정할 때 '非个别', '非天然' 등과 같이 대체로 '非'자를 써서 하고요, 대부분 정도부사의 수식을 받지 못합니다. 다만 '个别', '主要' 등은 예외고요.

중국어의 형용사는 동사와 매우 비슷한 특징을 가집니다. 중국어 공부를 조금 해 본 사람이라면 동사와 형용사의 구분이 갈수록 모호하다는 걸 느낄 겁니다.

먼저 형식적으로 보면 목적어를 가지지 못하는 것은 자동사와 같고요, 내용적으로 보면 '很' 등의 정도부사의 수식을 받을 수 있는 것은 상태동사의 특징과 같고, '红了一下'(잠시 얼굴이 붉어졌다) · '亮了一天'(하루 동안 밝혔다) 등과 같이 보어를 취할 수 있는 것은 행동동사의 특징과 같죠. 그래서 어떤 사람들은 형용사를 '정태동사(静态动词)'라고 하여 동사의 한 종류로 보기도 한답니다.

그렇지만 영문법을 배우면서부터 동사와 형용사를 나누어 배웠고 우리말도 그렇게 나누고 있는데, 중국어만 통합해서 가르치면 오히려 혼란을 줄 수도 있다는 생각이 들었습니다. 그래서 이 책에서도 형용사와 동사를 나누어 설명하는 거랍니다.

형용사의 주요한 어법적 특징은 다음과 같습니다.

① 대부분의 형용사는 '很'이나 '非常' 등과 같은 정도부사의 수식을 받을 수 있다. 예: '很红', '非常好' 등
② 대부분의 형용사는 겹쳐 쓸 수 있다.
③ 일반적인 경우에 형용사는 목적어를 가지지 못한다.
④ 긍정과 부정을 함께 써서 의문을 나타낼 수 있다. "好不好?", "聪明不聪明?", "整齐不整齐?" 등과 같다. 그런데 두 음절 형용사인 경우에는 발음상 박자를 맞추기 위하여 일반적으로 'A不AB'식으로 표현한다. 예를 들면 "聪不聪明?", "整不整齐?" 등과 같이 쓴다.

중국어의 형용사는 동사와 마찬가지로 겹쳐 쓸 수 있습니다. 단음절 형용사는 'AA'식으로 겹쳐 쓰는데, 성조의 변화는 없습니다. 만약 '儿(ér)'을 써서 '儿化'를 하는 경우에는 두 번째 음절을 제1성으로 읽고요, 액센트도 여기에 둡니다. 예를 들어 远远儿/yuǎn ˋyuānr/, 慢慢儿/màn ˋmānr/ 처럼요. 그런데 정중하고 공식적인 자리에서는 '儿化'를 잘 안 한다네요.

두 음절 형용사를 겹쳐 쓰는 방식에는 "AABB"식, "ABAB"식, 그리고 "A里AB"식 등 세 가지가 있습니다.

(1) "AABB"식

대부분의 두 음절 형용사는 이 방식으로 겹쳐 씁니다. 읽는 방법은 이론적으로는 첫 번째 음절을 강하게 읽고 두 번째 음절을 경성으로 읽으며, 세 번째와 네 번째 음절은 자기 성조대로 읽는 것으로 되어 있습니다. 예를 들면 漂漂亮亮/ˋ piàopiao liàngliàng/, 明明白白/ˋmíngming báibái/ 처럼 읽는다는 거죠.

그런데 일상생활에서는 두 번째 음절을 경성으로 읽고, 세 번째와 네 번째 음절은 제1성으로 읽으며, 네 번째 음절을 '儿化'시키고 강하게 읽는다네요. 예를 들면 漂漂亮亮/piàopiao liāngˋliāngr, 明明白白/míngming bāiˋbāir/와 같이 말이죠. 그렇지만 동사의 겹쳐 쓰기에서도 말했지만, 형용사의 경우도 마찬가지로 이론이 그렇다는 거고요, 걍 대충 읽으세요. 이거 잘못 읽었다고 뭐라고 지적하는 사람은 아직 한 사람도 못 만나봤어요.

(2) "ABAB"식

이러한 방식으로 겹쳐 쓰는 형용사는 명사성 어소가 동사성 어소를 꾸며 주는 구조로 이루어진 형용사들입니다. 생각나시나요? 낱말의 구조를 설명할 때 조합하기 중에서 수식구조 가운데 하나였죠. 예를 들어 '雪白'(눈처럼 희다), '笔直'(붓처럼 꼿꼿하다), '冰冷'(얼음처럼 차다) 이런 애들이요. 얘네들은 '雪白雪白', '笔直笔直', '冰冷冰冷' 이렇게 겹쳐 씁니다.

(3) "A里AB"식

이러한 방식으로 겹쳐 쓰는 형용사는 대부분 안 좋은 뜻을 가진 것들입니다. 겹쳐 쓴 다음 성조의 변화는 없지만, 첫 번째 음절을 강하게 읽고, 두 번째 음절은 경성으로, 세 번째와 네 번째 음절은 약간 가볍게 읽는다고 합니다. 예를 들면 糊里糊涂/ˈhúli hútú/, 古里古怪/ˈgŭli gŭguài/ 처럼 읽는다는 건데요, 그냥 간단하게 '里'만 경성으로 읽으셔도 됩니다.

그러면 형용사를 겹쳐 쓴 다음에는 어떻게 뜻이 달라지느냐? 시중의 어법책을 보면 정도가 깊어지거나 묘사가 '확실'해진다고 하죠? 그야 당연하죠, 겹쳐서 썼는데…. 하나 쓸 때보다 뭔가 달라야 되지 않겠어요?

我自己会走，我要走得远远的。
(나는 혼자 갈 수 있어, 나는 아주 멀리 멀리 갈 거야.)

大家亲亲烈烈地欢迎他。(모두가 열렬하게 그를 환영했다.)

他有浓浓的眉，大大的眼睛，高高的鼻子，小小的嘴。
(그는 짙은 눈썹과 커다란 눈망울, 높다란 코와 자그마한 입을 가지고 있다.)

他家来了斯斯文文的姑娘。(그의 집에 매우 얌전한 아가씨가 왔다.)

앞에서 동사를 말할 때, 형용사가 목적어를 가지는 경우가 있다고 했고, "…을 하게 하다(만들다)"라는 사역의 뜻을 나타내거나, "…라고 여기다"라고 했었죠? 그런데 모든 형용사가 다 그런 건 아니고요, 주로 아래 열거한 애들이 그래요. 가나다 순으로 배열했으니까요, 역시 한 번 쓰윽 보고 지나가세요.

可怜 讲究 健全 孤立 固定 公开 巩固 宽 光 肯定
多 短 坦白 端正 突出
冷淡 累
麻烦 弯 满意 密体
繁荣 普及 富裕
斜 疏远 纯洁 习惯 深入
饿 安定 严格 严肃 温 缓和 隐蔽
壮大 正 调和 直 集中
清楚 充实
通 统一
便利 便宜 平 平均 平静
红

동음이의어

자 이제 형용사와 부사의 동음이의어(同音异义语)를 공부해 볼까 합니다. 앞에서 동사와 명사를 겸하는 얘기도 했었고, 형용사가 동사로 활용되는 예도 들었지요?

그런데 다음의 형용사는 부사로 쓰일 때 앞의 경우와 그 상황이 완전히 다릅니다. 품사의 겸용 또는 활용의 경우에는 다른 품사의 역할을 할지라도 본래 자기가 가지고 있던 뜻에서 크게 벗어나지 않지만, 아래의 형용사가 부사로 쓰일 때는 뜻이 완전히 달라집니다. 이런 경우는 겸용이니 활용이 아니라 이들을 '동음이의어'라고 부릅니다. 중국에서는 동음사(同音词)라고 하지요. 뜻은 상관없이 발음만 같은 낱말이라는 겁니다.

▪ 干(gān; 부질없이, 다만):

这件事他干着急没办法。(이 일은 그가 부질없이 애를 태워도 소용없다)

▪ 光(guāng; 겨우, 다만):

不能光说不做。(말만하고 실천하지 않으면 안 된다.)

▪ 怪(guài; 매우, 대단히):

跑了一天了，怪累的。(온 종일 뛰었더니 매우 피곤하다.)

▪ 老(lǎo; 항상, 언제나):

他怎么老不说话? (그는 왜 항상 말을 안 하지?)

▪ 白(bái; 헛되이):

今天又白跑了一趟。(오늘 또 헛걸음을 했다.)

天下没有白来的午餐。(세상에 거저 오는 점심은 없다.)

▪ 死(sǐ; 결코, 고지식하게):

他犯了错误死不承认。(그는 잘못을 하고도 결코 인정하지 않는다.)

学习语法的时候，请不要死记一些术语和规则。
(어법을 배울 때 술어와 규칙들을 무턱대고 외우지 마세요.)

▪早(zǎo; 오래 전에, 이미):

我早就知道了。(그는 이미 알고 있었다.)

▪直(zhí; 끊임없이, 줄곧):

这个孩子直哭。(이 아이는 끊임없이 운다.)

▪真(zhēn; 꼭, 정말, 참으로):

周老师的讲演真好。(조우(周)선생님의 강연은 정말 좋다.)

▪快(kuài; 곧, 오래지 않아):

请你再等一会儿，他快回来了。
(잠시만 더 기다려 주세요. 그 사람은 곧 돌아올 것입니다.)

▪偏(piān; 오직, 단지):

大家都高高兴兴，偏你一个人生气。
(모두 기뻐하는데 오직 너만 화를 낸다.)

그런데 우리나라 사람들은 위의 예 가운데 어떤 낱말의 경우는 어느 정도 뜻이 연관성을 갖는 것도 있다고 느낄 수도 있을 거예요. 예를 들어 '快'의 경우 형용사로 '빠르다'라는 뜻이 있으니까 부사로 '곧'·'벌써'라는 뜻이 나온 것이 아닌가 하는 거지요. 우리의 생각으로는 그럴 수도 있을 것 같은데 중국 사람들은 그렇게 생각 안 하는 것 같아요.

중국 사람들은 부사에는 뜻이 없다고 느낍니다. 만약 "他快回来了."라는 문장에서 '快'에 대한 어떤 의미를 준다면 그 뜻은 "그는 곧 돌아올 것이다"라는 본래의 의미가 아니라 "그는 (뛰어서라도) 빠르게 돌아올 것이다"라는 것이 됩니다. 좀 의미가 다르지요? 중국 사람들의 언어 감정에서 보면 이 예에서의 '快'는 동작의 빠름과는 상관없이 '回来'라는 동사가 이루어지는 시간에 대한 길고 짧음을 나타낼 뿐인 거죠. 그래서 중국 사람들은 형용사와 부사의 동음이의어 낱말 사이에는 뜻의 상관성이 없다고 말하는 것 같아요.

그건 그렇고요, 우리는 간단하게 생각하면 됩니다. '白'는 형용사로는 '하얗다'라는 뜻이고, 부사로 쓰면 '헛되이, 그냥' 이런 뜻이 된다고 생각하면 돼요. 무슨 큰 일 날 일이 아닙니다. 또 '死'는 '죽다'라는 뜻이지만, 부사로 쓰면 위에 있는 것처럼 '결코, 고지식하게'라고 생각해도 되고요 '죽어도, 죽으라고' 요렇게 생각해도 됩니다. 아래의 두 문장을 번역해보세요.

他犯了错误死不承认。(그는 잘못을 저질렀어도 …… 인정하지 않는다.)

学习语法的时候，请不要死记一些术语和规则。
(어법을 공부할 때, 일단의 용어와 규칙을 …… 외우려고 하면 안 된다.)

'……' 부분에 A조: '결코, 고지식하게' 또는 B조: '죽어도, 죽으라고' 중 아무거나 넣어 보세요. 다 되지요? 그런 겁니다. 얘네들이 동음이의어건 동음사건 또 의미가 연결되어 있건 전혀 다르다고 주장하건, 그건 가방끈이 길거나 그걸로 밥을 먹고 사는 분들의 야그고요, 우리는 그냥 "이런 뜻이다~ ~"라고 알면 그뿐입니다. 그럼 이제 부사로 넘어가겠습니다~ ~ ^.^

부사

부사는 "동사나 형용사 또는 부사를 수식한다"라고 영문법에서 배우셨었죠? 기억이 가물가물 하신가요? 이건 형식적인 거고요, 내용적으로는 행동이나 상태 등이 미치는 시간, 범위, 정도, 빈도 그리고 긍정이나 부정의 상황을 설명합니다. 때로는 두 가지의 행동 또는 상태의 상호관계를 표시하거나 문장 전체의 어감을 나타내는데 쓰이기도 하고요.

이렇게 내용적인 면을 장황하게 설명한 이유는요, 앞의 동사에서 써먹었듯이 부사의 종류를 나누는데 필요해서 그래요.

자 그럼 부사의 종류를 알아봅시다.

먼저 식순에 따라 (1)시간부사입니다.

시간을 나타낸다면 우리말의 '금방', '막', '이미', '줄곧', '장차', '오래 전에', '갑자기' 등등 이런 말에 해당합니다. 아래에 가나다 순으로 주욱 써 놨으니까요, 이건 보시든 그냥 지나가시든 마음 내키시는 대로 하세요. 별 거 아니거든요. 이하 동문.

刚　刚刚　立刻　马上　随时　已　已经　一直　一向　将
正　正在　曾经　好久　忽然

(2) 범위부사: 우리말의 '함께', '단지', '모두' 등등에 해당하는 말입니다.

共　光　仅仅　单　都　独　一起　一共　一块儿　一同　一齐
全　净　只　总共　统统

(3) 정도부사: 우리말의 '더욱', '특별히', '매우', '비교적', '약간', '지극히' 등등에 해당하는 말입니다.

更　格外　怪　极　多　多么　略　略微　比较　非常　相当
十分　越　越加　愈　挺　顶　稍　稍微　稍稍　最　太　很

(4) 빈도부사: 우리말의 '늘', '자주', '몇 차례', '가끔', '어쩌다가', '줄곧' 등등에 해당하는 말입니다.

经常　老是　屡次　反复　不断　常常　时常　也　往往　又
偶尔　再　从来　还

(5) 어감부사: 요건 사전을 찾아봐야 하는 것들입니다.

위의 애들은 읽어보면 한자 뜻만 알아도 대충 짐작이 가는데, 아래의 애들은 그렇지 않을 겁니다. 제가 잘 안하는 짓이지만 낱말의 뜻을 옆에 적어 보겠습니다. 그런데 말이 어감부사라서 저와 어감이 다를 수도 있으니 사용하실 때 주의하시기 바랍니다. 무슨 상품 선전하는 거 같네요.

可(정말로)　简直(진짜로, 완전히, 그야말로)　却(오히려)
敢情(물론, 당연하게)　居然(뜻밖에)　果然(과연)　果真(과연, 역시)
究竟(도대체)　几乎(거의)　难道(…라고 말하기 어렵다→설마)
大约(대략, 아마)　多亏(다행히)　倒(오히려)　到底(도대체)
明明(분명히, 확실히)　反正(어차피)　索性(차라리, 아예)
也许(아마도)　差点儿(하마터면, 가까스로)
偏偏(기어코, 굳이, 마침, 공교롭게)　幸亏(다행히)
好在(다행히, 운 좋게)

(6) 긍정 · 부정부사: 얘들은 긍정이라면 "예", 부정이라면 "아니오" 하는 얘들이어야 하지만, 이런 얘들 말고도 '반드시', '틀림없이', '혹시', '반드시 그런 것은 아니다' 등등 하는 낱말들도 포함됩니다.

没(有) 未必 不 非 也许 一定 准 必然 必定

부사의 주요한 어법적 특징은 동사, 형용사, 또는 문장 전체를 꾸며 주는 부사어의 역할을 하는 겁니다.

他已经走了。(그는 이미 갔다.) (동사 '走'를 수식)
今天我非常高兴。(오늘 나는 매우 기쁘다.) (형용사 '高兴'을 수식)
难道你还不知道这件事情? (설마 너 이일을 아직 모르는 거야?)
(문장 전체를 수식)

부사는 일반적으로 다른 품사의 수식을 받지 못하고요, 부사는 겹쳐 쓰지도 못하며, 긍정과 부정을 함께 써서 의문문을 만들지도 못합니다. 동사나 형용사와는 다르다는 얘기죠.

또 대부분의 부사는 단독으로 대답을 하지 못합니다. '不', '没有', '也许', '一定' 등은 예외고요. 어법에는 언제나 이런 예외가 있기 마련입니다. 귀찮아하시지 말고요, 그저 그러려니 해야 합니다.

그런데 몇 몇 부사는 보어로 쓰이기도 합니다. 이러한 부사들은 대부분 '极(jí)', '坏(huài)', '很(hěn)', '死(sǐ)', '透(tòu)' 등과 같은 정도부사로서 정도보어로 쓰입니다.

热极了, 闷极了, 这日子真过不下去了。
(덥고 답답해 죽겠어. 요즘 정말 지내기 힘드네.)
街上的车子多得很。(거리에 차가 아주 많다.)

앞에서 부사를 정의할 때 부사는 문장 안에서 연결 작용을 하기도 한다고 했죠? 이러한 부사는 두 개의 동사・형용사를 연결시키기도 하고, 때로는 구나 문장을 연결하기도 합니다.

说干<u>就</u>干。(한다면 한다.)

这个东西<u>又</u>便宜<u>又</u>好。(이 물건은 싸고 좋아.)

抽烟<u>非</u>戒不可。(담배는 끊지 않으면 안 된다.)

짜자자아안~~, 자 이제 이 책의 자랑인(자화자찬) 시간이 돌아왔습니다~~ 바로 알아두면 몸에 좋은, "뜻이 비슷한 부사들의 차이점" 시간입니다.

먼저 (1)'都'와 '也'입니다.

사실 얘들은 쉬워요. 우리말의 '…도'에 딱 해당하는 말입니다. '都'는 우리말로도 발음이 '도'잖아요? (썰렁한가?) 근데 '都'와 '也'는 의미상 약간의 차이점이 있어요. '都'가 '모두'라는 의미를 보다 강하게 나타낸다면, '也'는 '서로 같음'을 강조한다는 거죠. 아래의 예문을 보시면 금방 아실 겁니다.

我是学生, 你<u>也</u>是学生, 我们<u>都</u>是学生。
(나는 학생이고, 너도 학생이고, 우리는 모두 학생이다.)

柜子里<u>都</u>是衣服。(장롱 안은 모두 옷가지이다.)

柜子里<u>也</u>是衣服。(장롱 안도 옷가지이다.)

아래의 '都'는 모두 경성으로 읽습니다. 이때에는 다음과 같은 뜻을 내포합니다.

① '심지어' 또는 '…조차도', '…까지도'의 뜻을 나타냅니다.

이러한 뜻을 나타낼 때는 일반적으로 '连…都(/也)…', '甚至…都(/也)…', '一…都(/也)…' 등과 같은 꼴로 씁니다.

这么重要的消息连你都(/也)不知道。
(이렇게 중요한 소식을 당신조차도 모르다니요.)

他一心扑在工作上, 有时候甚至饭都(/也)忘了吃。
(그는 일에 한번 몰두하면 어떤 때는 밥 먹는 것도 잊는다.)

这次考试, 李同学一个汉字都(/也)没写错。
(이번 시험에서 이(李)학우는 한자를 한 글자도 틀리지 않았다.)

때로는 '都(/也)' 하나 만을 쓰기도 합니다.

这么重要的消息你都(/也)不知道。

他一心扑在工作上, 有时候饭都(/也)忘了吃。

② 행동을 강조합니다.

중국어를 처음 배울 때 우리나라 사람들이 좀 어색해하는 부분이죠. 이런 용법일 때는 '都' 뒤에 동사를 반복해서 쓰고, 그 다음에 다른 낱말이 더 있습니다.

我什么时候遇见他, 我想都(/也)想不起来。
(내가 언제 그를 만났는지, 나는 아무리 생각해**도** 생각이 나지 않는다.)

你走都(/也)走不稳, 还想跑!
(너는 제대로 걷지**도** 못하면서 뛸 생각을 하느냐!)

그래도 역시 '**도**'자가 쓰이죠? 아무튼 중국어는 우리말하고 비슷하다니깐요….

③ '이미', '벌써'의 뜻도 나타냅니다. 이때에는 일반적으로 문장의 끝에 '了(le)'가 옵니다.

都十二点了, 还不睡! (벌써 12시인데, 아직도 안 자냐!)

我都快六十岁了, 该退休了。(내 이미 60세가 다 되었으니, 이젠 은퇴해야지.)

(2) '不'와 '没(有)'

'不'와 '没(有)'가 모두 부정을 나타내는 부사라는 건 누구나 압니다. 그런데 그 쓰임새는 조금 다르죠. 시중의 어법책을 보면 그 차이점을 거의 한 두 페이지로 설명합니다. 가방끈 긴 분들은 이걸로 소논문을 한 편 쓸 수도 있어요. 그러면 그걸 다 알아야 하느냐? 결코 아니죠. 그럼 이건 어떻게 공부할까? 바로 "**3 남자란?**"에 해당하는 문제입니다. 즉 큰 거 하나를 이해하면 나머지 소소한 것들은 굴비 엮듯이 줄줄이 나온다는 말입니다.

참고로 중국어의 부정사는 모두 가차자로서, 발음은 'p- 계열' 아니면 'm- 계열'입니다.

"이건 또 뭔 말인고?"

하시겠죠? 다시 말해서 중국어의 부정사는 글자의 본래의 뜻하고는 상관없이 우리말의 'ㅂ'으로 시작하던가 아니면 'ㅁ'으로 시작한다는 겁니다.

"아 그럼 처음부터 그렇게 말 할 것이지,
헷갈리게 뭔 p- 계열 m- 계열을 찾나?"

에이, 그래도 뭔가 이래야 학문적인 거 같잖아요? 공부한 티도 좀 내고요.

암튼 간에 예를 들어볼까 합니다. 먼저 'ㅂ' 계열 애들은 '不(아닐 불; bù)', '否(아닐 부; fǒu)', '弗(아닐 불; fú)', '非(아닐 비; fēi)' 등이 있었고요, 'ㅁ' 계열 애들은 '無(无)(없을 무; wú)', '毋(말 무; wú)', '勿(말 물; wù)', '莫(없을 막; mò)', '靡(쓰러질 미; mí)' 등 이런 애들이 있었어요. 이 중 '不'는 옛날부터 지금까지 주욱 쓰이고 있고요, '没'는 '有'를 부정하기 위해 얼마 전에 생긴 애예요.

자 그럼 본론으로 들어가서 '不'하고 '没'의 차이점을 얘기하자면, 역시 딱 한 가지!!!

'不'는 "아니다" 아니면 "안 한다"고요, '没(有)'는 "없다"입니다.

이쯤에서 시중에 나와 있는 어떤 어법책을 잠시 보겠습니다.

① 비행동성 동사나 성질을 나타내는 형용사에 대한 부정은 '不'를 쓴다. 이 때의 '不'는 단순한 부정이며, '没(有)'는 쓸 수 없다.

당연한 얘기 아닙니까? '不'는 "아니다"니까요. 아래의 예문을 보세요.

我们不喜欢他来办这件事情。
(우리는 그가 이일을 담당하는 게 싫다.) (상태동사)

我不是学生。(나는 학생이 아니다.) (관계동사)

他不聪明。(그는 똑똑하지 않다.) (형용사)

위의 예문에다가 '没有'를 넣어보겠습니다.

我们没有喜欢他来办这件事情。(?) 어색하죠?

我没有学生。(나는 학생을 가지고 있지 않다.)

이건 특별한 상황일 때 쓸 수는 있겠죠. 그렇지만 본래 '나는 학생이 아니다'라는 의미와는 거리가 멀죠?

他没有聪明。(?) 글쎄요…

이렇게 말하는 사람도 있긴 하지만, 이건 아래의 용법과 비슷해요.

상태를 나타내는 형용사는 '没(有)'로 부정을 할 수 있다. 이 때에는 상태의 '발생 또는 완성'을 부정한다.

요건 무슨 말이냐 하면요, 그런 일이 "없다"라는 거예요.

天没亮，他们就出发了。(날이 밝아지지 않았는데, 그들은 떠났다.)

这件衣服还没干，请拿一件别的。
(이 옷은 아직 덜 말랐으니, 다른 것을 가져다 주세요.)

자 그럼 아래의 예를 잘 비교해보세요. 요게 '不'하고 '没(有)'하고 차이점이에요.

我不胖。(나 안 뚱뚱해.)

요건 단순히 '뚱뚱하지 않다'는 걸 말하는 거고요,

我没(有)胖。(나 살 안 쪘어.)

살이 찐다는 것은 큰 사건이죠… 그런 사건의 '발생 또는 완성'이 없다는 거죠. 차이점을 아시겠어요?

② 의지, 허락 등을 나타내는 동사 또는 능원동사를 부정할 경우에는 '不'만을 쓴다.

요건 "안 한다"에 해당하는 겁니다. '의지'가 들어간 걸 부정하는 거니까요.

是你不喜欢他呢，还是他不喜欢你呢?
(네가 그를 싫어하는 거야, 아니면 그가 너를 싫어하는 거야?)

行车时不准与司机谈话。(운전할 때 기사와 이야기하면 안 된다.)

说话、写文章不应当拖泥带水。
(말하는 것과 글을 쓰는 것은 장황해서는 안 된다.)

③ 행동동사의 경우 '不' 또는 '没有'를 써서 부정할 수 있는데, 그 뜻은 각각 다르다. 동사의 내용이 주어가 통제할 수 있는 것이라면, 이 때의 '不'는 '…하기를 거절하다'라는 주어의 의지를 담고, '没有'는 단순히 그런 사실이 '없음'을 나타낸다.

동의어 반복이죠?

他不吸烟，也不喝酒。(그는 담배도 안 피우고, 술도 안 마신다.)

他没(有)吸烟，也没(有)喝酒。
(그는 담배도 피우지 않았고, 술도 마시지 않았다.)

今天他不吃饭。(오늘 그는 밥을 먹으려 하지 않는다.)

今天他没(有)吃饭。(오늘 그는 밥을 먹지 않았다.)

他离开这个家，再也不回来了。
(그는 이 집을 떠나면 다시는 돌아오지 않을 것이다.)

他离开这个家，再也没有回来。
(그는 이 집을 떠나서 다시는 돌아오지 않았다.)

④ 주어가 동사의 내용을 통제할 수 없는 경우, '不'와 '没有'는 바꾸어 써도 문장의 뜻은 변하지 않는다.

요건 아니거나 없는 경우지요. '안 한다'는 안 되니까요.

这个地方一年四季不(/没有)下雨。
(이 지방은 1년 4계절 비가 오지 않는다.)

어떤 때는 동사의 내용이 주어가 통제할 수 없는 경우에라도 '不'를 써서 말하는 사람의 의지를 나타낼 수도 있다. 이 때 '没(有)'는 역시 어떤 일의 '발생 또는 완성'을 부정한다.

역시 동의어 반복….

你不死。(너는 죽지 않는다. 또는 죽지 않을 것이다.→죽으면 안 된다.)

你没(有)死。(너는 죽지 않았다.)

那只船不沈。(저 배는 가라앉지 않는다. 또는 가라앉지 않을 것이다.)

那只船没(有)沈。(저 배는 가라앉지 않았다.)

⑤ '不'는 대부분 현재나 미래 시제에 사용되는데, '没(有)'는 일반적으로 과거 시제에 많이 쓰이며, 미래 시제에는 못쓴다.

'아니다'와 '안 한다'는 현재 아니면 미래의 일일 테고, '없다'라고 하면 대부분 과거의 일에 대해서 말할 경우가 많겠죠. 위의 예문을 다시 한 번 보시면 확인하실 수 있을 거예요.

(3) '已经'과 '曾经'

'已经'과 '曾经'은 모두 '이미'라는 뜻을 나타내는 시간부사로서, 과거에 발생한 행동이나 상태를 나타낼 때 쓰입니다. 그러나 둘의 쓰임새는 완전히 같지는 않아요.

일반적으로 '已经'을 쓰면 과거에 일어났던 상황이 현재까지도 계속되고 있음을 나타내고, '曾经'을 쓰면 과거에 어떤 상황이 있었기는 했지만 그 상황이 반드시 현재까지 계속되고 있는 것은 아닙니다. 따라서 '已经'은 대개 그 뒤에 '了'를 쓰고, '曾经'을 쓸 때는 그 뒤에 '过'를 같이 씁니다.

他已经来了中国。(그는 이미 중국에 왔다.)
----현재도 중국에 있음.

他曾经来过中国。(그는 일찍이 중국에 온 적이 있다.)
----현재는 중국에 없음.

他已经结了婚。(그는 이미 결혼하였다.)
---- 현재도 결혼한 상태임.

他曾经结过婚。(그는 결혼한 적이 있다.)
---- 현재는 혼자임.

(4) '又'와 '再'

'又'와 '再'는 모두 '또' 또는 '다시'라는 뜻을 나타내는 빈도부사입니다. 그런데 일반적으로 '又'는 이미 일어난 상황에 많이 쓰이고, '再'는 앞으로 일어날 상황에 많이 쓰입니다.

这份试卷张老师看了一遍，李老师又看了一遍。
(이번 시험문제지는 장선생님이 한 번 보았고, 이선생님이 다시 한 번 보았다.)

今天下午他们又来了。(오늘 오후 그들이 또 왔다.)

我先回家去，过几天再来。
(나 먼저 집으로 돌아갔다가, 며칠 지나서 다시 오겠다.)

你不要再说下去了！(너 더 이상 말하지 마라.)

자, 이 다음은 개사(介词)를 공부해 보도록 하겠습니다.

개 사

개사는 영어의 전치사라고 생각하면 됩니다.

"그러면 전치사라고 하면 될 것이지 왜 개사라고 부르나? 뭐 좀 튀어 보이려고 그러나?"

에이, 그런 건 아닙니다. 영어의 전치사는 영어로 하면 pre-position 이잖아요? 다른 낱말의 앞에 쓰인다고 해서, 그래서 전치사(前置词)라고 부르는 거고요.

그런데 중국어는요 이런 애들이 앞에도 올 수 있고 뒤에도 올 수 있었어요. '있었어요'라고 하는 건 옛날에는 그랬다는 거고 지금은 잘 안 그런다는 의미입니다. 얘 성질이 이렇다보니 전치사도 되고 후치사(后置词)도 되거든요. 이런 걸 눈치 채고 중국 최초의 어법책을 지은 마건충(马建忠, 1845~1900)이란 사람이 『마씨문통(马氏文通)』(1898)이라는 책에서 얘 이름을 '개사'라고 붙였습니다. 그의 말을 직접 들어보시겠습니다.

> **"개사라고 하는 것은 실사를 소개(绍介)하는 역할을 할 따름이니라.(介字云者, 犹为实字之介绍耳.)"**

이렇게 '소개하다'라는 뜻에서 '介'자를 따서 썼던 겁니다.

시중에 있는 중국어법책 가운데 개사를 전치사라고 부르는 책도 있던데, 그건 그래도 상관없어요. 지금은 뒤에 쓰이는 후치사는 거의 없고 전치사 역할을 하는 애들만 있으니까요. 하긴 동사에서도 그랬지만, 능원동사면 어떻고 조동사면 어떻습니까? 또 개사면 어떻고 전치사면 어떻습니까? 축구대표팀 유니폼 색깔이 빨가면 어떻고 파라면 어떻습니까? 축구만 잘하면 되지….

아무튼 개사는 영어의 전치사와 아주 비슷하게 명사 · 대사 또는 구 앞에 쓰여 이들과 함께 개사구를 이루어서, 시간 · 장소 · 목적 · 원인 · 의거 · 방식 · 대상 등을 나타냅니다.

영어 배울 때 '전치사의 용법' 이러면 동사 다음으로 복잡하고, 외우는 거 많았던 기억나십니까? 그렇지만 중국어는 그렇지 않아요. 우선 중국어는 개사의 수가 많지 않고요, 게다가 용법도 비교적 단순해요. 아래 종류별로 예를 들어놨는데, 이게 다예요.

자, 그럼 자주 쓰이는 개사의 종류를 알아보도록 하죠.(눈치 빠르신 분들은 벌써 위의 정의를 보고 계시겠죠?)

(1) 시간 · 장소를 나타내는 것

① '…에서': 当, 到, 於, 于, 在
② '…로 부터': 由, 自, 自从, 从
③ '…을 향해서': 往, 朝(cháo), 向
④ '…을 따라서': 随着, 顺着, 沿着, 朝着(cháozhe)

(2) 목적, 원인, 이유를 나타내는 것: '… 때문에', '…을 위하여'

为(wèi), 为了(wèile), 为着(wèizhe), 因, 由, 由于

(3) 의거, 방식을 나타내는 것: '…에 의하여', '…을 통하여'

据, 凭, 按, 依, 以, 照, 根据, 按照, 依照, 经过, 通过

(4) 대상을 나타내는 것

① '…에 대하여(/관하여)': 对, 对於, 关於, 至於
② '…와 함께(/더불어)'(영어의 with): 跟, 和, 同, 与
③ '…에게': 给, 朝(cháo), 向
④ '…을 위하여', '…을 대신하여': 为(wèi), 替
⑤ 처리의 대상을 나타냄: 把
⑥ 행동의 주체를 나타냄: 被, 给, 叫, 让
⑦ 비교의 대상을 나타냄: 比

(5) 기 타

① '…조차도': 连
② '…을 제외하고': 除, 除了
③ '…을 틈타(/이용하여)': 趁

현대 중국어의 개사는 대부분 동사에서 변화되어 온 것입니다. 즉 옛날에는 동사로 쓰였던 애들이라는 거죠. 그래서 그런지 개사는 동사적인 성질이 아주 풍부합니다. 어떤 어법책을 보면 개사를 차동사(次动词)라고 부르기도 해요. 동사 버금가는 애들이라는 거지요. 더구나 어떤 애들, 예를 들어 '在'·'到'·'往' 등과 같은 애들은 동사와 개사의 성질을 동시에 가지고 있어요.

> 春天到了。(봄이 왔다.) (동사)
> 今天我要到银行去。(오늘 나는 은행에 가야 한다.) (개사)
> 老李现在不在家。(이(李)선생은 지금 집에 없다.) (동사)
> 太阳升起来了, 在麦田上闪起金光。
> (태양이 떠오르니 보리밭이 황금빛으로 빛난다.) (개사)

이러한 성질을 갖는 개사로는 위의 애들 외에도 '朝(cháo)', '向', '对', '为(wèi)', '跟', '随着' 등이 있습니다.

그러면 개사와 동사는 어떻게 구별하느냐? 이것 역시 "**3 남자란?**"에 해당하는 문제입니다.

> **개사와 동사의 가장 큰 차이점은 '개사는 허사'이고, '동사는 실사'라는 점입니다.**

대부분의 구별을 이 원칙에서 비롯됩니다.

① 동사는 홀로 물음에 대답할 수 있지만, 개사는 그럴 수 없다.
② 동사는 술어로 쓰일 수 있지만, 개사는 그럴 수 없다.
③ 동사는 겹쳐서 쓸 수 있지만, 개사는 그럴 수 없다.
④ 동사는 뒤에 동태조사 '了'·'着'·'过' 등이 올 수 있지만, 개사는 그럴 수 없다.

한편 어떤 개사, 예를 들어 '为了', '除了', '为着', '沿着', '朝着', '向着' 등과 같은 개사들은 '了'나 '着' 등과 함께 쓰이지만, 이러한 개사와 함께 쓰인 '了'나 '着'는 동태조사가 아니라 개사 자체의 고유한 구성요소입니다. 그러므로 이러한 '了'나 '着'는 아무런 어법적인 뜻이 없을 뿐만 아니라, 그것을 쓰든 안 쓰든 그 개사가 하는 역할과는 아무런 상관이 없습니다.

⑤ 동사는 긍정과 부정을 함께 써서 의문을 나타낼 수 있지만, 개사는 그럴 수 없다.
⑥ 동사는 홀로 문장의 구성 요소가 되지만, 개사는 그럴 수 없다.

개사는 문장에서 쓰이려면 명사, 대명사 또는 구와 결합해서 개사구를 만들어야 합니다. 개사 뒤의 낱말 또는 구는 개사의 목적어입니다. 영어에서 말하는 전치사의 목적어와 똑 같습니다.

그러면 개사구의 문장 안에서 어떻게 쓰이느냐?

첫째, **부사어**로 쓰입니다. 이게 개사구의 역할 가운데 가장 대표적인 겁니다. 영어에서도 그렇잖아요?

我的一个好朋友从台中来了。(내 친한 친구가 타이중에서 왔다.)

从小母亲常对我说，自己不喜欢做的事情绝对不要做到别人的身上。

(어려서부터 어머님은 항상 나에게 자신이 좋아하지 않는 일은 절대 다른 사람에게도 하지 말라고 말씀하셨다.)

会议上，老教授向我们介绍了他的研究成果。

(회의에서 원로교수님께서는 우리들에게 그의 연구 성과를 소개하셨다.)

둘째, **관형어**로도 쓰입니다. 이때에는 개사구와 중심어 사이에는 반드시 '的'자를 써야 합니다. 이래야 뭐가 뭐를 수식하는지를 알거든요.

我们讨论了关于汉语教学的问题。
(우리는 중국어교육문제에 관하여 토론하였다.)

我对这里的情况不很了解。
(저는 이곳의 상황에 대하여 그다지 잘 알지 못합니다.)

这些沿街的小商店都是为了方便游客而设立的。
(이 길가에 있는 작은 상점들은 모두 관광객들의 편의를 위해 세워진 것이다.)

드물지만 **보어**로도 쓰입니다. 이러한 역할을 할 수 있는 개사는 '於' · '自' · '向' 뿐입니다.

周法高老师生於1915年。(주법고선생님은 1915년에 출생하셨다.)

这瓶葡萄酒产自法国。(이 포도주는 프랑스에서 생산되었다.)

鹏鸟奋起而飞向南海。(붕새가 힘찬 날개 짓으로 남해로 날아갔다.)

사실 요게 옛날에 쓰이던 후치사의 용법과 비슷한데, 이걸 인정하면 어법 설명이 좀 복잡하게 될 수 있어요. 그래서 학자들이 고민 끝에 얘들을 보어라고 "인정하자"고 타협을 보았습니다. "자 여기에서 이 연사 다시 한 번 외칩니다~~ 유니폼 색깔이 빨가면 어떻고 파라면 어떻단 말입니까? 축구만 잘하면 되지."

더욱 드물지만 **목적어**로도 쓰입니다. 이러한 역할을 할 수 있는 개사로는 '为(了)' · '在' 등이 있는데, 거의 대부분 '是'동사문에 쓰입니다.

他这次再来这里不是为了工作，而是为了你。
(그가 여기에 다시 온 것은 일 때문이 아니라, 당신 때문이다.)

我初次见他的面是在一次电影招待会上。
(내가 그를 처음 만난 것은 어느 영화 초대회 석상에서였다.)

접속사

접속사는 누구나 쉽다고 생각하는 품사입니다. 사실 가르치기도 쉬워요. 근데 이건요, 접속사 자체가 본래 쉬워서라기보다는 영어에서 이미 충분한 훈련을 쌓았기 때문인 것 같아요.

현대 중국어의 접속사의 수는 개사보다는 많은 편입니다. 그렇지만 그 쓰임새는 영어와 비슷하기 때문에 어렵지는 않습니다. 그렇지만 여기서 주의할 것 한 가지! 그게 뭐냐면, "**1 명사성? 동사성?**"입니다.

"아니? 접속사에도 1 명사성? 동사성? 문제가 있나?"

"예, 있습니다."

중국 사람들은 상관없지만(이 사람들은 감각적으로 압니다), 우리는 꼭 알아두어야 할 것이 있는데요, 그건 명사성 낱말을 연결하느냐? 동사성 낱말을 연결하느냐? 하는 겁니다. 이것 역시 드물지만 오랜 세월동안 변하지 않은 것, 즉 어법에서 몇 안 되는 '일편단심 민들레' 중 하나입니다.

명사성 낱말을 연결해주는 대표 주자 접속사로는 '与'가 있고요, 동사성 낱말을 연결해주는 대표 주자로는 '而(ér)'이 있습니다. '与'가 명사성 낱말을 연결시켜주는 건 오늘날 '跟'이나 '和'가 그 역할을 하는 것과 같습니다. '而'은 동사성 낱말을 연결해주기 때문에 그 앞 뒤에 놓인 말은 무조건 동사성 낱말이라고 보면 됩니다. 예를 들어서요,

太极而无极，无极而太极。

위의 문장은 중국 송나라 때 주희(朱熹)라는 사람의『주자어류(朱子语类)』에 나오는 글귀입니다. 요 문장을 우리말로 옮기면 "태극이 무극이요, 무극이 태극이다"라고 번역합니다. 이걸 다시 분석해서 '而'에 영어의 be 동사와 같은 용법이 있나보다고 생각하기도 합니다. 만약 정말로 이렇게 생각한다면 이건 어법상 두 가지의 큰 실수를 하고 있는 겁니다.

먼저 하나는 번역을 가지고 원문을 분석하는 거지요. 중국어는 옛날말을 현대어로 번역해서 분석해서는 안 됩니다. 서로 대응이 잘 안 되는 경우가 많거든요. 더군다나 언어군이 전혀 다른 우리말로 번역된 것을 가지고 원문을 분석하는 것은 정말 하면 안 되는 일입니다.

두 번째 실수는 '而'은 예나 지금이나 동사성 낱말을 이어주는 역할을 하는 접속사입니다. 그러니까 여기서의 '太极'이나 '无极'은 명사가 아니라 동사성 낱말입니다. 즉 고정적인 것이 아니라 움직이는 것이란 거죠. '태극 상태', '무극 상태' 이 정도쯤에 해당한다고 보면 되겠죠.

'태극 상태'가 뭐고 '무극 상태'가 뭔지, 또는 그 둘이 어떤 상관관계를 맺고 돌아가는지는 철학을 전공하시는 분들의 몫이고, 어법을 전공하는 사람들은 이 정도로 이해하고 지나가면 됩니다. 암튼 '而'은 이런 애입니다.

접속사는 내용상으로 연결하는 둘 또는 둘 이상의 사이의 관계가 평등한가 아니면 한 쪽이 다른 한 쪽에 매어 있는가 하는 것에 따라 평등관계와 주종(主从)관계 둘로 나뉩니다. 영문법 생각나시죠? 사실 그걸 좀 동원한 겁니다. 어떤 것들이 있는 지 그냥 한 번 보세요. 얘들 용법은 나중에 뒤에 가서 복문을 설명할 때 다시 하도록 할 테니까요.

(1) 평등관계

① 병렬: 跟, 同, 和, 与, 及, 以及, 而
② 계승: 然后, 以致, 于是
③ 점층: 并, 并且, 不但, 而且, 何况, 况且, 而况, 从而
④ 선택: 或, 或者, 要么, 还是

(2) 주종관계

① 반전(反转): 但是, 可是, 不过, 然而
② 인과: 因为, 因此, 因而, 所以, 既然
③ 조건: 无论, 不论, 不管, 只有, 只要, 除非
④ 가정: 要是, 倘若, 假如, 如果
⑤ 양보: 虽然, 尽管, 即使, 固然, 哪怕
⑥ 취사(取舍): 与其, 宁可
⑦ 목적: 省得, 免得

그런데 어떤 접속사는 부사와 함께 쓰여서 앞뒤에서 서로 호응하여 어떤 관계를 나타내기도 합니다. 이 때 부사도 연결하는 작용을 해요. 예를 들면,

(예1) 如果你去, 我也去。(네가 간다면, 나도 가겠다.)

(예2) 即使天气再冷, 我们还要坚持锻炼。
(날씨가 더욱 추워지더라도, 우리들은 계속 단련을 해야 한다.)

위의 문장은 모두 가정관계를 나타내고 있습니다. 그런데 (예1)과 (예2)에서 각각 접속사 '如果'와 '即使'를 빼도 문장의 뜻은 변하지 않는데요, 그렇지만 만약 부사 '也'와 '还(hái)'를 빼면 "如果你去, 我去."(네가 간다면, 나는 간다.?) 또는 "即使天气再冷, 我们要坚持锻炼."(날씨가 더욱 추워지면, 우리들은 계속 단련을 해야 한다.?)로 되어 문장의 뜻이 애매하게 됩니다. 그래서 부사도 어느 정도 연결 작용을 하고 있다고 하는 겁니다. 이러한 부사로는 위에서 쓰인 것 외에도 '都', '又', '却', '就', '便(biàn)' 등이 있습니다.

이러한 부사와 접속사의 중요한 차이점은 접속사는 주어의 앞이나 뒤 어디에서도 쓸 수 있지만, 이들 부사는 모두 주어의 뒤, 동사 술어 또는 형용사 술어의 앞에서만 쓰일 수 있다는 점입니다.

한편 '跟', '和', '同', '与' 등은 개사이면서 동시에 접속사이기도 합니다. 쪼끔 헷갈리기도 하지만, 얘들의 차이점은 의외로 간단합니다. 얘들은 개사로 쓰일 때는 영어의

'with'에 해당하고, 접속사로 쓰일 때는 'and'에 해당한다고 보면 됩니다. 그럼 얘들을 어떻게 구별하냐? 그건 우선 해석을 해보는 겁니다.

예를 들어 'I and you'와 'You and I'는 순서가 바뀌어도 뜻에는 아무런 변화가 없지만, 'I with you'와 'You with me'는 순서를 바꾸면 내용상 행동의 주체와 객체가 달라지게 되죠? 그 차이입니다. 자 그럼 예를 들어보죠.

(예3) 我跟他是同班同学。

(예4) 我跟他打个电话。

위의 문장에서 (예3)은 "나와 그는 같은 반 친구이다"라는 뜻이므로 '我'와 '他'의 순서를 바꾸어도 문장의 뜻에는 아무런 변화가 없지만, (예4)의 경우는 "나는 그에게 전화를 하였다"라는 뜻이므로, 만약 '我'와 '他'의 순서를 바꾸면 전화를 한 사람과 받은 사람이 달라지게 됩니다.

그 다음 또 하나의 구별 방법은 얘들 앞에 다른 수식 요소를 넣어보는 겁니다. 개사 앞에는 올 수 있지만 접속사 앞에는 올 수 없거든요. 그럼 위의 문장에 '跟'자 앞에 '昨天'이라는 말을 넣어보죠.

(예3)은 "我昨天跟你是同班同学." 말이 안 되죠? 그렇지만 (예4)는 "我昨天跟你打个电话."라고 할 수 있습니다.

이건요, 개사는 개사구를 만들어서 문장 안에서 수식 성분의 역할을 할 수 있다고 그랬었죠? 영어의 전치사구처럼 말이죠. 그런데 중국어의 개사구는 수식도 하지만 자기 자신도 다른 말의 수식을 받을 수도 있어요. 그래서 그런 겁니다.

조 사

조사(助词)는 말 그대로 '도와주는 말'입니다. 그럼 뭘 도와주나? 낱말이나 구를 연결하여 특정한 어법 관계를 맺어 주거나, 행동이나 상태의 시제 또는 태(态, aspect)를 나타내거나, 혹은 문장의 어감을 표시하는 역할을 합니다. 그래서 조사는 그 쓰임새에 따라 구조조사, 동태(动态)조사, 어감조사 등 세 가지로 나뉩니다.

그럼 먼저 구조조사부터 알아보죠.

구조조사

바로 위에 쓴 대로 구조조사는 낱말이나 구를 연결하여 그들 사이에 특정한 어법 관계를 맺도록 합니다. 무슨 특정한 어법관계냐 하면, 관형어나 부사어 같은 문장구성요소를 만들거나 용사를 체사로 만드는 것을 말합니다.

구조조사에는 관형어로 만드는 조사 '的(de)', 부사어로 만드는 조사 '地(di/de)', 술어와 보어를 연결하는 조사 '得(de)', 그리고 용사를 체사로 만드는 '所(suǒ)'와 '的(de)' 등이 있습니다.

구조조사에 들어가지 전에 퀴즈 문제 하나 낼게요. 다음 중국어 문장의 뜻을 세 가지로 답해보세요. 영어를 곁들이면 더욱 좋고요.

科学的研究

이건 중국 사람들은 금방 알아맞추는데 우리 학생들은 어려워하더라고요. 그건 바로 언어를 느끼는 감정 때문인 거 같아요.

자, 첫 번째 뜻은 쉽죠? 글자 그대로 '과학적 연구'죠 뭐. 영어로 쓰면 a scientific study(또는 research) 쯤 되겠죠. 그럼 두 번째는? 이거까지는 어렵지 않을 거예요. '과학의 연구' 영어로는 a study of science 고요. 이제 마지막 세 번째 뜻은? 이게 어려워요. 중국 학생들은 금방 맞춰요, 뻔하니까요, 근데 우리는 안 그렇죠.

세 번째의 뜻은 '과학적으로 연구하다'입니다. 영어로는 to study scientifically 고요. 잘 안 떠오르는 답이죠? 일단 '研究'를 동사로 보는 게 잘 안 되고요, 둘째는 '科学的'을 부사어로 써야 하니까요. 그렇지만 중국 사람들은 명사하고 동사가 오가는 것은 별거 아니거든요. 일상적으로 말 할 때 자주 오고 가니까요.

그렇지만 중국 사람들도 그래도 약간은 헷갈리는지 관형어로 만들 때는 '的'를 쓰고요, 부사어로 만들 때는 '地'로 쓰기로 했어요. 한참 된 얘기지만요. 그래서 첫 번째와 두 번째 뜻일 때는 '科学的研究'로 쓰고요, 세 번째 뜻일 때는 '科学地研究'로 씁니다. '的'와 '地'의 쓰임새에 대해서는 나중에 관형어하고 부사어를 다룰 때 다시 하죠.

구조조사 '得'는 본래 '획득하다'라는 뜻의 동사였습니다. 우리말 훈으로도 '얻을 득'이잖아요. 현대 중국어에도 이 뜻은 아직 살아 있습니다. 발음은 제2성 'dé'로 읽고요. 그런데 여기서 한 걸음 더 나아가서 '획득하게 되다' · '획득할 수 있다'라고 가능을 나타내는 뜻으로도 쓰이고, 또 한 걸음 더 나가서 '가능하도록 해야 한다'라는 의무적인 뜻도 가지게 되었어요. 현대 중국어의 '得'가 '할 수 있다'는 가능도 나타내고, '해야 한다'는 의무도 나타내는 것은 여기에서 비롯된 겁니다.(의무의 뜻을 나타낼 땐 발음을 달리해서 제3성 'děi'로 읽는 건 다 아시죠?) 그러다가 시간이 지나면서 가능의 뜻을 나타내는 '得'가 점점 뜻이 약해져서 지금은 술어와 보어를 연결하는 역할을 하는 조사로 쓰이게 되었답니다.

현대 중국어에서 보어가 가능을 나타낼 때는 술어와 보어 사이에 반드시 '得'를 쓰지만, 결과나 정도를 나타낼 때는 언제나 '得'를 쓰지는 않는데, 이러한 현상은 '得'의 역사적인 변천 과정과 전혀 무관하지는 않을 겁니다.

보어의 종류와 내용에 대해서는 나중에 보어에서 다루도록 하겠습니다. 이게 우리 한국 사람에겐 좀 어렵죠… 그래서 시험에도 자주 나오고요. 그치만 겁먹지 마시고 조금 기다리세요.

이제 앞에서 잠깐 소개한 바 있는 용사를 체사로 만드는 조사인 '所'와 '的'를 알아보겠습니다.

‘所’는 타동사 앞에 쓰여 “所+동사”의 꼴을 이루어서 동사로 하여금 ‘…한 바(/것)’라는 명사적인 뜻을 나타내게 하는 역할을 합니다.

他所读的书多半是借别人的。
(그가 읽은 책 대부분은 다른 사람에게서 빌린 것이다.)

李英爱是广大观众所喜爱的电影明星。
(이영애는 많은 사람이 좋아하는 영화배우이다.)

이와 같이 사용되는 ‘所’는 문장체에서 많이 쓰이는데요, ‘所’를 없애도 문장의 뜻은 변하지 않습니다. 다만 ‘所’가 생략되면 좀 더 구어적이라고 하네요.

또 ‘所’는 어떤 단음절 동사와 결합해서 아예 하나의 낱말을 만들거나, 동사 ‘有’·‘无’의 뒤에 쓰여 관용구를 이루기도 합니다. 아래 예들을 보시면 잘 알 수 있을 겁니다.

所见　所闻　所谓　所得　所有
有所不知　有所贡献　无所不能　无所不为

‘的’는 동사·형용사·주술구 등의 뒤에 쓰여 ‘的’자구를 만듭니다. ‘的’자구의 주요 기능은 명사화에 있는데, ‘的’자구는 그 자체로 특정한 의미를 지니기도 합니다.

예를 들어 ‘红的’(붉은 것)·‘蓝的’(파란 것)·‘白的’(흰 것) 등과 같이 명사를 만드는 데 쓰이기도 하고, ‘教书的’(선생님)·‘做买卖的’(상인)·‘开船的’(어부) 등과 같이 특정한 의미를 지니기도 합니다.

그런데 만약 “형용사+的” 구조라고 해서 무조건 명사화로 보면 안 되고요, 뒤에 뭐가 생략된 게 있는지 한 번 쯤은 살펴야 해요. 예를 들어 ‘庄严的(会场)’, ‘辽阔的(大海)’, ‘一个穿红衣服的(人)’ 등에서의 ‘庄严的’·‘辽阔的’·‘一个穿红衣服的’ 등은 ‘的’자구를 이룬 하나의 명사가 아니라 중심어가 생략된 형태의 관형어거든요. 뻔한 얘긴데 괜히 했나요?

동태조사

이제 동태조사로 들어갑니다. '동태'라고 하면 '명태', '생태', '황태' 이런 계열이 아니고요, 동작의 완료 · 진행 · 경험 · 지속 등을 말하는 거예요. 예전에는 이걸 '시태(时态)'라고 불렀었는데, 중국 사람들도 가만히 보니까 얘네들이 '시제'하고는 별 상관없이 동작이 끝났냐, 계속되냐 이런 거라는 걸 뒤늦게 알았어요. 그래서 '시태'를 '동태'로 바꾼 거예요.

이건 "이런들 어떠하리, 저런들 어떠하리, 축구만 잘하면 되지" 하고는 좀 달라요. '시태'와 '동태'에 관한 얘기는 '了(le)'를 얘기할 때 다시 하겠습니다.

동태조사는 행동의 완료를 나타내는 '了', 경험을 나타내는 '过(guò)', 동작이나 상태의 지속을 나타내는 '着(zhe)', 그리고 얼마 전에 일이 발생하였음을 나타내는 '来着(láizhe)' 등 하는 일에 따라 네 가지로 나뉩니다.

동태조사 '了'는 본래 '完了(wánliǎo)' · '终了(zhōngliǎo)' 등과 같이 '끝나다'라는 뜻과 '了解(liǎojiě)' 즉 '이해하다'라는 두 가지의 뜻을 가진 동사였습니다. 그런데 그 중 '끝나다'라는 뜻의 '了(liǎo)'는 시간이 지나면서 점차 그 뜻이 약해지고 발음도 /liǎo/에서 /le/로 약화되어 현대 중국어에서는 동사의 완료태를 표시하는 조사로 쓰이게 된 겁니다.

중국어에서는 이처럼 본래 자기 뜻이 있다가 그 뜻이 약해지거나 없어지는 경우가 가끔씩 있답니다. 중국 사람들은 이걸 '허화(虚化)'라고 불러요. 허화가 되면 발음도 자기 본래의 발음을 잃어버리고 모음 부분은 대부분 /e/[ə](어)가 됩니다. 왜냐하면 /e/가 모음 발음 가운데 가장 특색이 없는 아이거든요. 물론 성조도 경성으로 되고요. 그래서 '了'도 발음이 /liǎo/에서 /le/로 된 겁니다.

역사적인 의미 발전으로 보자면 '了'는 동작 또는 행위의 완결만을 표시해야 하지만, 현재는 그 쓰임새가 늘어나 상태의 변화 그리고 문장의 어감까지도 나타냅니다.

이 책에서는 말하기 쉽게 완료를 나타내는 '了'는 '$了_1$', 변화를 나타내는 '了'는 '$了_2$', 그리고 나열 · 강조 등 순수한 어감을 나타내는 '了'는 '$了_3$'으로 표시합니다. 그리고 이 세 '了' 가운데 '$了_1$'과 '$了_2$'는 동태조사에서, '$了_3$'은 어감조사에서 각각 설명하겠습니다.

(1) '了$_1$'

'了$_1$'은 동사 뒤에 쓰이고요, 그 동사의 행위가 끝났음을 표시합니다.

이게 다예요. 간단하죠? 시제하고는 상관없어요, 행위가 끝났음만을 나타내는 거니까요. 그런데 동사의 내용에 따라 그 행위가 어떤 건 단번에 끝나기도 하고, 어떤 건 그 여파가 계속되는 것도 있어요. 요건 그 동사가 어떤 거냐에 달려 있으니까요, 그 때 그 때 판단하면 됩니다. 암튼 중요한 건 '了$_1$'의 역할은 '행위가 끝났음'을 표시한다는 겁니다. 아래의 예를 보세요.

昨天他们吃了晚饭就睡觉。(어제 그들은 저녁을 먹자 곧 잠이 들었다.)
--- 과거

我明天见了他就离开这里。(나는 내일 그를 만나고 곧 여기를 떠날 것이다.)
---미래

经过讨论，大家明确了自己的任务。
(토론을 하고 나서, 모두가 자신들의 임무를 명확하게 알았다.)
--- 안 상태가 계속 됨

他三十岁的时候就当了教授。(그는 30세 때 교수가 되었다.)
--- 현재도 교수임

자 그러면 '了$_1$'은 언제 쓸까요?

시중에 나와 있는 중국어법 책을 보면 이거에 대한 설명, 복잡하죠? 사실 설명하기로 치면 석사 논문을 쓸 정도입니다. 실제 이걸 가지고 논문 쓴 사람도 많아요. '된다', '안 된다' 가지고 말이죠. 그렇지만 여러분들은 논문을 쓰려는 사람들이 아니잖아요? 그저 우리는 상식선에서 이해하면 됩니다.

더군다나요, 언제 '了$_1$'을 써야 하고 언제 '了$_1$'를 쓰지 않아도 되느냐 하는 것에 대해서 특별한 규칙이 있는 것도 아니예요.

"아니? 그럴 수가 있나?!"
"그럼 그 복잡한 어법 설명은 다 뭐야?"

사실요, 언제 '了$_1$'을 써야 하고 언제 '了$_1$'를 쓰지 않아도 되느냐 하는 것은 중국 사람들도 설명을 하라고 하면 잘 몰라요. 그냥 알아서 쓰는 거죠. 더군다나 우리는 외국인인데요 뭐, 그저 대충 쓰면 됩니다.

아래의 예는 이러한 경우에 일반적으로 '了$_1$'을 쓴다는 겁니다.

① 어떤 시각에 어떤 행동이 완결되었을 때. 이 경우에는 문장 안에 대개 구체적인 시간을 표시하는 부사어가 있다.

九月十八日，我们夫妻参观了新官国小的运动会。
(9월18일에 우리 부부는 신관 초등학교의 운동회를 참관하였다.)

那个电影我昨天看了。(그 영화 나는 어제 봤다.)

② 한 동작이 이루어진 다음 다른 동작이 이어질 경우, 첫 번째 동사 뒤에 일반적으로 '了$_1$'을 쓴다.

昨天他吃了早饭就到图书馆去学习。
(어제 그는 아침을 먹고 도서관에 가서 공부를 했다.)

我看了电影就去。(나는 영화를 보고 곧 가겠다.)

③ 어떤 원인에서, 또는 어떤 방법이나 경로를 통해 얻어낸 결과를 서술할 때, 그 결과를 나타내는 동사 뒤에 '了$_1$'을 쓴다.

参加那次研讨会后，我明白了我自己看法是错误的。
(그 학술회의에 참가한 후, 나는 내 관점이 틀렸다는 것을 분명히 알았다.)

在姐姐的帮助下，他终于做完了写字作业。
(누나의 도움으로 그는 결국 글씨쓰기 숙제를 다 했다.)

요 정도만 상식적으로 알아두세요. 예? 요정도만 알았다가 시험에 더 어려운 게 나오면 어떻게 하냐고요?

걱정마세요. '了'를 시험에 냈다가는 큰 코 다쳐요. 국가나 공공기관에서 중국어 시험 문제를 낼 때는 언제나 중국 사람에게 검토를 시키는데, 아마 그 중국인도 자신 없어 할 걸요? 써도 되는 것 같기도 하고 아닌 것 같기도 하고, 또 이 사람은 된다고 하고 다른 사람은 그렇게는 잘 안 쓴다고 하고 말이죠.

아주 드문 경우이지만, 그리고 그럴 리도 없지만, 굳이 '了'를 시험에 내지 않으면 안 되는 상황이어서 '了'를 시험에 낸다면, 결국 위의 예문과 비슷한 내용의 문장을 주고 '了'를 빼고 틀린 문장 고르기를 하거나, 아니면 "(   ) 안에 무엇이 들어갈 수 있느냐? 아래에서 골라라" 이런 정도로 낼 겁니다. 여기서 더 나아갔다가는 아마 출제자 본인도 헷갈릴 걸요…

자 그럼 '了$_2$'로 넘어 가겠습니다. 그런데…

"이 중요하고도 어려운 '了'를 이렇게 간단히 설명하고 지나가? 되게 성의없네…"

하시는 분도 있을 것 같고, 또 여전히 시험에 나올까봐 불안해하시는 분도 있을 것 같아서, '了$_1$'에 대해 알아두어야 할 딱 두 가지를 다시 한 번 정리해서 알려드리죠.

이미 얘기 했던 건데요, 먼저 '了$_1$'은 단지 '행동이 끝났다'는 것만을 나타내기 때문에 그 행동이 언제 일어났느냐 하는 문제, 즉 행동의 발생 시간과는 상관이 없다고 이미 시작할 때 얘기했었습니다. 그래서 '了$_1$'은 과거 시제는 물론 미래 시제에도 쓸 수 있어요. 아래의 예문을 보세요.

昨天晚上我看了一部电影。
(어제 저녁 나는 영화 한 편을 보았다.)

明天我下了课就回家去。
(내일 나는 수업을 끝마친 후에 바로 집으로 갈 것이다.)

그러니까 '了$_1$'은 영어의 과거 시제를 나타내는 '……ed'와 같은 것이 아니예요. 이렇기 때문에 중국 사람들도 얘를 시태조사라고 부르다가 동태조사라고 바꾸어 부르는 겁니다. 하긴 저도 처음 중국어 배울 때는 이렇게 배웠거든요, '了'는 과거를 표시하는 거라고요. 근데 공부해 보니까 그게 아니더라고요. 아마 지금은 이렇게 가르치는 분은 없을 거예요.

둘째, '了$_1$'이 쓰인 동사의 행동이 이미 끝난 것인가 아니면 그 행동이 이루어진 다음의 상태가 계속되고 있는가 하는 구별인데, 이게 명확하지 않아요. 중국어는 이런 게 많습니다. 오히려 명확하면 이상하게 느껴질 정도라니까요.

어쨌든 이 문제의 핵심은 전적으로 동사의 성질에 달려 있습니다. 다시 말하면 그 동사가 1회성 행동동사인가 아니면 지속성을 갖는 행동동사 또는 상태동사인가 하는 것을 살펴보아야 한다는 거죠.

예를 들어 '看', '听' '打', '到', '吃', '起来', '产生', '参观' 등과 같은 동사는 행동이 한 차례로 끝날 수 있는 반면, '坐', '病', '住', '学习', '睡觉', '休息' 등과 같은 동사는 행동 또는 상태에 지속성이 있습니다. 요걸 영문법 이론을 동원해서 설명하자면 일회성 행동동사 뒤에 쓰인 '了'는 과거를 나타내고, 지속성을 갖는 동사 뒤에 쓰인 '了'는 현재완료의 계속적 용법으로 쓰인 것이라고 볼 수도 있어요.

그러나 이러한 구별법이 절대적인 것은 아니예요. 중국어가 이렇게 이론으로 딱딱 들어맞으면 얼마나 좋겠어요?! 배우기도 쉽고, 가르치기도 쉽고, 누이 좋고 매부 좋고, 다 좋죠.

일회성 행동동사라고 해도요, 뒤에 시간이 걸린다는 내용의 말이 오면 행동의 계속성을 나타낼 수 있어요. 어떻게 생각하면 간단한 걸 괜히 의미심장하게 얘기하는 것 같네요.

这顿饭整整吃了两个小时。(두 시간 걸려 먹었다는 거고….)

这本书我看了三天才看完。(사흘 걸려 다 봤다는 거고….)

그런데 이 용법의 '了$_1$'은 '着'와 비슷하게 느껴지시죠? 요건 뒤에 나오는 '着'에서 다루도록 하겠습니다.

그럼 이제는 (2)'了2'입니다.

'了$_2$'는요, 문장 끝에 쓰입니다. 요게 '了$_1$'과 확연하게 구분되는 특징이죠. 그리고 주로 상황에 변화가 생겼음을 나타낸다는데요,(중국 사람들 설명이 그렇다는 겁니다) 여기에서 '변화'란 현재를 기준으로 상황이 "새롭게 전개되(었)거나 또는 실현되었다"는 뜻이니까, 우리말로는 "…이(/으로) 되(었)다" 정도로 이해하면 될 겁니다. 그런데 말이 이렇다는 거지, 실제 '了$_2$'를 잘 사용하기란 쉽지 않습니다.

또 '了$_2$'는 문장을 끝맺는 역할까지도 담당하기 때문에 '了$_2$'를 쓰지 않으면 문장이 이루어지지 않거나 문장이 아직 끝나지 않은 것 같은 느낌을 줍니다. 그래서 어떤 사람들은 '了$_2$'를 어감조사로도 봅니다. 아래의 예를 찬찬히 한 번 꼭 읽어보세요. 감을 잡아야 합니다.

上课了，快进教室！(수업 시작하겠다, 빨리 교실로 들어가라!)
("수업 시작했다"가 아닙니다. 그러려면 "上了课"라고 해야 합니다.)

他一来，大家都不说话了。(그가 오자, 모두가 말을 하지 않았다.)

谊恒学习进步了。(이헝(谊恒)의 학업 성적이 나아지고 있다.)

我又想去了。(나는 또 가고 싶은 생각이 들었다.)

威仁能用中文写信了。(웨이런(威仁)은 중국어로 편지를 쓸 수 있게 되었다.)

你已经二十五岁了，怎么还是这样！
(너 이미 스물 다섯 살인데, 어떻게 아직도 이 모양이냐!)

明天就星期五了。(내일이면 바로 금요일이다.)

어떤 명사는 '了$_2$'를 쓰면 그 자체로 문장이 되기도 합니다.

春天了。(봄이다. 또는 봄이 되었다.)

北京了。(북경이다. 또는 북경에 [거의 다] 왔다.)

'了$_2$'는 대개 문장의 끝에 쓰이지만, 형용사가 동사로 활용되어 목적어를 가질 경우 또는 상태동사와 방향보어가 결합할 경우에는 문장 안, 즉 술어의 뒤에 쓰입니다.

他红了脸。(그는 얼굴이 빨갛게 되었다.)
("红脸了" ?? 감각적으로도 어째 좀 이상하죠?)

我平静了下来。(나는 진정하게 되었다.)
(요것도 마찬가지죠. "平静下来了"? 이상하잖아요?)

이제부터는 '了$_2$'에 관계된 퀴즈 문제를 내겠습니다.

1.
"我讲了."와 같이 술어 동사 뒤에 어떠한 문장 요소도 오지 않고 바로 그 다음에 '了'가 쓰여서 문장이 끝났을 경우, 이때의 '了'는 '了$_1$'인가 아니면 '了$_2$'인가?

답: '了$_{1+2}$'

웃기죠? "아니, 장난치나?" 하실 분도 있겠지만, 정말 이게 답이에요.

그리고요 중국어는 그 때 그 때 상황을 봐야 한다고 했죠? 이 경우 역시 마찬가지입니다. 아래의 예를 보세요.

我讲了, 下面该你的了。
(나는 말을 다 하였으니, 다음은 당신이 말할 차례이다.)

---- '了$_1$' 또는 '了$_{1+2}$'

我讲了, 你们仔细听着。
(내가 이제 말을 할 테니, 당신들은 잘 들으시오.)

---- '了$_2$'

2.

"我吃了饭了."와 같이 한 문장 안에 두 개의 '了'가 쓰였을 경우, 이 문장과 "我吃饭了."는 어떻게 다른가?

답: 별 차이 없다.

이러한 문장에 대한 일반적인 분석은 앞의 '了'는 '$了_1$'이고 뒤의 '了'는 '$了_2$'로 간주하는데, 이러한 문장은 "我吃饭了."에 비해 동사의 행위를 강조하는 의미가 있다고 하네요. 이건 아주 유명하신 어법학자께서 직접 답을 하신 내용입니다.

3.

"문장 안에 수량보어가 있을 경우, 그 행동의 계속 여부는 어떻게 판단하나?

답: 말할 당시의 상황이나 앞뒤의 문맥을 봐야 한다.

我来了两年了。(나는 온지 2년이 되었다.)

----그래서 이미 적응이 되었다.
----그러므로 이제는 다른 곳으로 옮겨야겠다.

这本书我已经看了一半了。(이 책은 나는 반을 읽었다.)

----그러므로 끝까지 읽겠다.
----그러므로 이제는 더 이상 읽지 않겠다.

(3) '过'

'过'는 우리말 훈으로 '지나갈 과'예요. 동사로 쓰면 "무슨 일을 하고 지나갔다"고요, 명사로 쓰면 과거(过去)라는 말이 되고요. 여기에서 '지나가다'→'지나치다'→'과오(过误)' 이렇게도 되지요. 이걸 중국어식 동태조사로 쓰면 우리말의 "**…한 적이 있다**"라는 뜻을 표현합니다. 이게 다예요. 이러면 너무 무성의해 보이니까, 중국 정부의 공식 발표를 듣겠습니다.

동태조사 '过'는 일반적으로 술어 동사 뒤에 쓰여 일찍이 어떤 일을 겪은 적이 있다는 경험을 나타내며, 과거의 일에만 쓰인다.(그게 그 말이지요?!)

去年我去过一次北京。(작년에 나는 북경에 한 번 가 본적이 있다.)

他在香港做过买卖。(그는 홍콩에서 장사를 한 적이 있다.)

'过'는 형용사 뒤에도 쓰일 수 있는데, 이때에는 대체로 시간을 말하면서 과거와 현재를 비교하는 뜻을 나타냅니다.

他小时候胖过，后来瘦下来了。
(그는 어려서 뚱뚱했었는데, 나중에 날씬해졌다.)

前几天冷过一阵，这两天又热起来了。
(며칠 전에는 한 차례 추웠었는데, 요즘은 다시 더워지기 시작했다.)

한편 "赶到那儿，第一场已经演过了."(급하게 그곳에 갔는데, 제1막 공연이 이미 끝났다.)처럼 '过'의 뒤에 '了'가 올 수도 있는데요, 이때의 '了'는 모두 어감조사 '$了_3$'으로 간주합니다.

'过'를 쓴 문장의 부정은 동사 앞에 '没(有)'를 씁니다. '过'가 "…한 적이 있다"니까 부정은 당연히 "…한 적이 없다"여야 하기 때문이죠.

这本小说我没有看过。(나는 이 소설을 본적이 없다.)

我学过英语，没学过法语。
(나는 영어를 배운 적이 있고, 불어는 배운 적이 없다.)

그럼 끝으로, '过'와 '$了_1$'을 비교해볼까요? '$了_1$'을 복습하는 의미도 되니까요.

① "동사+过"는 언제나 과거 시제만을 나타내지만, "동사+了$_1$"은 현재 시제와 미래 시제도 나타낸다.

去年我们游览过长城。(작년에 우리는 만리장성에 놀러간 적이 있다.)

明天的计划是游览了明十三陵再去参观长城。

(내일 계획은 명십삼릉을 보고, 다시 만리장성을 관광하는 것이다.)

② "동사+过"는 어떤 일이 있었는데 그 일은 이미 그 당시에 끝이 났다는 것을 나타내지만, "동사+了$_1$"은 그 일이 현재까지 계속되고 있음도 나타낼 수 있다.

我研究过这个问题。(나는 이 문제를 연구한 적이 있다.)

---- 현재는 연구하지 않음.

我研究了这个问题。(나는 이 문제를 연구하였다.)

---- 현재도 연구하고 있을 수 있음.

他当过班长。(나는 반장이 된 적이 있다.)

---- 현재는 반장이 아님.

他当了班长了。(나는 반장이 되었다.)

---- 현재도 반장임.

③ "동사+了$_1$"은 그 행동의 결과를 나타내기도 하지만, "동사+过"는 경험만을 나타낸다.

我学了英语。 --- 영어를 배웠음 → 그래서 어느 정도 할 수 있음.

我学过英语。 --- 영어를 배운 적이 있음.

(4) '着'

'着'는 본래 '부착(附着)하다'라는 뜻의 동사였습니다. 우리말 훈도 '붙을 착'이잖아요. 그런데 얘가 8~9세기경부터 동사로서의 의미가 점점 약해지기 시작하더니, 이제는 발음도 /zhuó/에서 /zhe/로 바뀌고 성조도 경성으로 되었습니다. '了'와 비슷하죠? 그에 따라 역할도 '붙어 있다'라는 의미에서 행동이나 상태의 지속을 나타내는 조사가 되었고요.

(예1) 他读着信，脸上露出高兴的神色。
(그는 편지를 읽으면서, 얼굴에 기쁜 기색이 나타났다.)

(예2) 他穿着一身新衣服。(그는 새 옷을 입고 있다.)

(예3) 夜深了，屋里的灯却还亮着。
(밤이 깊어졌는데, 집 안의 불은 오히려 켜져 있다.)

위의 문장 (예1)과 (예2)에서 보듯이 동사 뒤에 '着'를 쓰면 목적어 외에는 어떠한 문장 요소도 오지 않아요.

그리고 '着'의 기능은 주로 긍정적인 묘사를 하는 데 있기 때문에 부정 형식으로는 잘 쓰이지 않아요. 만약 부정을 할 경우에는 '没'를 씁니다.

窗户关上了，没开着。(창문이 잠겨있어 열리지 않은 채로 있다.)
(번역도 좀 어색하게 되죠?)

그럼 상태의 지속을 나타낸다는 '着'와 행위가 끝난 다음 그 상태가 계속될 수 있는 '了$_1$'은 어떻게 다를까요? 가장 큰 차이는 이야기하는 중점이 다르다는 겁니다.

'着'의 주된 작용은 **현재 상태의 묘사**에 있고요, '了$_1$'은 **과거에 그런 일어났다**는 걸 이야기 하는 겁니다. 다만 그 일이 현재까지 계속되고 있는 건 부차적인 거고요. 아래의 예를 부세요.

他<u>穿着</u>新衣服。(그는 새 옷을 입고 있다.)
---- 현재 입고 있음.(상태의 묘사)

他<u>穿了</u>新衣服。(그는 새 옷을 입었다.)
---- 현재까지도 입고 있음.(과거 상황의 지속)

가끔씩 보면 '着'를 영어의 현재진행형으로 보는 학생들이 있어요. 즉 '…ing' 같아 보이나 봐요. 그런데 '着'는 영어의 '…ing'가 아니고요, 영어의 '…ing'는 '正' 또는 '正在'·'在'가 해당합니다. '正'·'正在'·'在'는 모두 부사고요, 동사 앞에서 행동이 진행되고 있음을 나타냅니다.

他穿着新衣服。(그는 새 옷을 입고 있다.)
---- 입고 있는 상태.

他正在穿新衣服。(그는 지금 새 옷을 입고 있는 중이다.)
---- 팔 다리 끼고 있는 중.

물을 때는 더 분명해요.

现在阿芳做什么呢? (지금 아팡(阿芳)은 뭐하고 있어?)

阿芳在打篮球。(농구하고 있어요.)

阿芳打着篮球。(×)

말이 나온 김에 '正'·'正在'·'在' 요 셋은 어떻게 다르게 쓰이는가를 잠깐 짚고 가죠.

① '正'은 시간에 중점을 두고, '在'는 상황에 중점을 둡니다. '正在'는 아무 때나 다 쓰고요.

我去的时候, 他正从楼上下来。
(내가 가려고 하는데, 그가 막 위층에서 내려왔다.)

国旗在飘扬。(국기가 휘날리고 있다.)

② '正' 뒤에는 동사만 딸랑 오지 못합니다. '正在'하고 '在'는 상관없고요.

我们正在讨论。我们在讨论。(우리는 토론을 하고 있다.)

我们正讨论。(×)

③ '在' 뒤에는 개사 '从'을 쓰지 못합니다. '正'하고 '正在'는 상관없고요.

太阳正从地平线升起。 太阳正在从地平线升起。
(태양이 지평선에서 떠오르고 있다.)

太阳在从地平线升起。(×)

④ '在'는 반복 진행이나 장기 지속을 나타낼 수 있습니다. '正'하고 '正在'는 안 되고요.

这个问题, 我经常在考虑。(이 문제는 내가 늘 생각하고 있다.)

我一直在等你。(나는 줄곧 너를 기다리고 있다.)

这个问题, 我经常正(在)考虑。(×)

我一直正(在)等你。(×)

(5) 이제 마지막 남은 하나, '来着(láizhe)'를 설명하고 동태조사를 끝내도록 하겠습니다.

'来着'는 얼마 전에 어떤 일이 발생하였음을 나타내는데, 구어에서만 쓰여요. '来着'는 다음과 같은 특징이 있습니다.

첫째, 문장 끝에만 쓰입니다.

我刚才去打电话来着, 他没在宿舍。
(내가 방금 전화를 했는데, 그는 기숙사에 없었다.)

你的钱都买什么来着? (너 돈 다 뭘 샀냐?)

위의 예문을 보면 '来着'를 써서 말을 하면 이미 일이 끝나 있음을 알 수 있습니다. 그런데 그 의미는 '过'와 같이 경험을 말하려고 하는 것이 아니라, 오히려 '了$_1$'과 가깝다고 할 수 있어요.

둘째, '来着'는 전에 알았었는데 지금은 생각나지 않는 일을 물을 때도 씁니다.

这个人我见过，他姓什么来着？
(이 사람 (어디서) 본 거 같은데, 이름이 뭐더라?)

你昨天穿什么衣服来着，我怎么想不起来了？
(너 어제 무슨 옷 입었었지? 내 아무리 생각해도 기억이 안 나네…)

어감조사

자, 이제 어감조사로 넘어가보죠.

어감조사는 중국어 특유의 낱말로서, 일반적으로 문장의 맨 끝에 쓰여 말하는 사람의 어감을 나타내는 역할을 합니다.

중국어는 우리말처럼 어미변화를 통해 여러 가지 다른 어감을 표현할 수 없을 뿐만 아니라, 또한 각각의 낱말들은 각자 자신의 성조를 가지고 있기 때문에 말의 높낮이로 어떤 어감을 전달하는데 한계가 있습니다. 그래서 중국어에서는 이걸 커버하기 위해 예로부터 많은 어감조사를 사용해 왔어요. 현대 중국어에서의 어감조사 종류 역시 매우 다양해요.

어감조사는 단지 표음만을 나타내는 역할을 하기 때문에 같은 어감조사라고 할지라도 표기법이 다르기도 하고, 또 각 지방마다 발음도 차이가 있어서 쓰는 사람마다 어감조사의 형태가 다른 경우도 있습니다. 우선 발음에 따라 나누어 보면 다음과 같습니다.

① /a/류 ---- **啊**(呵)(a), **呀**(ya), **哇**(wa), **哪**(na), **呕**(o, ǒu), **哟**(yō, yo), **呦**(yōu)

'啊'는 앞의 음절의 영향을 받아 '呀', '哇', '哪' 등으로 발음이 달라지기도 합니다. 일종의 연음법칙이죠. '呕'는 '啊'의 변음(变音)입니다. 얘는 앞의 음절의 영향을 받아 '哟', '呦' 등으로 쓰이기도 합니다.

② /ba/류 ---- **吧**(罢)(ba), **呗**(bei), **啵**(bo)

'呗'는 '吧'와 '哎(āi)'가 합쳐진 발음이고, '啵'는 '吧'와 '呕(o)'가 합쳐진 발음입니다.

③ /le/류 ---- **了**(le), **啦**(la), **咯**(lo), **啰**(luo), **喽**(lou)

'啦'는 '了'와 '啊(a)'가 합쳐진 발음이고, '咯'·'啰'·'喽'는 '了'와 '呕(ōu)'가 합쳐진 발음입니다.

④ /ma/류 ---- 吗(ma), 嚜(me), 嘛(ma)

'吗'와 '嘛'는 원래 '么(me)'였어요. 그런데 /me/가 '啊'와 합해져서 발음이 /ma/로 변하면서, 의문 어감을 나타내는 '吗'와 긍정 어감을 나타내는 '嘛'로 나누어 쓰이게 된 거예요.

⑤ /ne/류 ---- 呢(呐)(ne), 哪(na), 哩(li), 咧(lie)

'呢'는 '呐'로 쓰기도 합니다. '哪'는 '呢'와 '啊(a)'가 합쳐진 발음이고요, '哩'는 '呢'의 옛날말이에요. 조기(早期) 백화(白话)에서는 '呢'를 '哩'로 썼는데, 지금도 방언에서는 '哩'를 쓰는 곳도 있다네요. 쓰임새는 '呢'와 비슷한데, 긍정문에서만 쓰인답니다. '咧'는 '哩'와 '哎(ai)'가 합쳐진 발음이기도 하고, '了'와 '哎'가 합쳐진 발음이기도 합니다. 쓰임새는 '哩', '了', '啦' 등과 비슷하고요.

복잡하죠? "뭐가 이렇게 많아?" 하시겠지만, 이걸 다 알아야 한다는 것이 아니라요, 그저 "이런 게 있다"라는 거니까요, 너무 겁먹지 마세요. 다만 다음에 소개할 어감조사들은 자주 쓰이는 애들이니까, 알아두실 필요가 있습니다.

(1) '啊'(ā, á, ǎ, à, a)

'啊'는 어감조사 가운데 가장 다양한 어감을 나타냅니다. 어디에든 아무 때나 다 쓰이니까요, 잘 모르겠다 싶으면 얘를 쓰세요. 다만 얘는 본래 /a/로 발음하지만 앞 낱말의 영향으로 발음이 달라지기도 해요.

你啊 nǐya(呀) / 走啊 zǒuwa(哇) / 天啊 tiānna(哪) / 娘啊 niángnga

(2) '了$_3$'

동태조사 '了' 할 때 남겨두었던 애입니다. 이름은 '了$_3$'이라고 하고요, 긍정적인 어감을 나타냅니다. 써도 되고 안 써도 되지만, 쓰면 어감이 강해진다고 하는데 그건 잘 모르겠고요, 나열할 때는 잘 쓰더라고요.

他来中国以后去过不少地方，长城了，故宫了，颐和园了，他都去过。
(그는 중국에 온 이후 많은 곳을 가봤다. 만리장성이며, 고궁이며, 이화원이며 모두 가봤다.)

그리고 다음과 같을 때도 써요.

下雨了，快收衣服！(비온다, 빨리 옷 걷어라!)

吃了，吃了，趁热吃啊！(먹어라, 먹어, 뜨거울 때 먹어야지.)

太好了！(와 정말 잘 됐네!)

糟糕了！(큰일났네!)

(3) '吧'는 명령이나 추측하는데 쓰입니다.

명령할 때 쓰인다는 건 초급 회화책에도 나오는 거니까 생략하고요, 추측할 때는요, '대개', '아마', '반드시' 등과 같은 뜻을 가지는 '大概'·'也许'·'可能'·'一定'·'恐怕' 이런 부사들하고 같이 잘 쓰여요. 이때는 말하는 사람이 그 일에 대해서 어느 정도 알고 있는 경우가 많아요.

他已经两天没来上课了，也许又病了吧。
(걔 이미 이틀이나 수업에 안 들어왔는데, 또 병났나 보지?)

他走了吗？恐怕走了吧。(그 사람 떠났나요? 아마 떠났을 거예요.)

'吧'는 추측만 나타내는 게 아니고요, '好'·'行'·'可以' 등과 함께 쓰이면 동의를 나타내요.

行，就这样吧。(됐어요, 그럼 그렇게 합시다.)

好吧，我们现在就去。(좋아요, 우리 지금 바로 갈게요.)

또 '어쩔 수 없다' 또는 '억지로'라는 뜻도 나타냅니다.

算了，过去的就让它过去吧。(그만 둬, 지나간 건 지나가게 놔둬.)

既然你说非我去不可，那我就去吧。
(기왕 내가 꼭 가야 한다고 한다면, 그럼 가지 뭐.)

끝으로 문장 안에서 잠시 쉬게 하는 역할도 하는데, 이때는 어떤 것에 대해서 설명을 하거나 가정을 하는 경우가 많고요, 어떤 때는 '진퇴양난'이라는 뜻을 나타내기도 합니다.

就拿英语来说吧，不下苦功夫是学不好的。
(영어를 가지고 말을 하자면, 많은 노력을 기울이지 않으면 잘 배울 수 없을 것이다.)
(영어뿐인가요, 무슨 일이나 다 그렇죠 뭐.)

就算你事先不知道吧，你为什么不早打听一下呢？
(네가 그 일을 사전에 몰랐다고 치자, 그러면 왜 먼저 알아보지도 않았어?)

去吧，得花很多时间；不去吧，又不太礼貌。
(가자니 시간을 너무 많이 빼앗기겠고, 안 가자니 예의가 아니고.)

(4) '吗'와 '嘛'

'吗'는 물어 볼 때 쓰는 어감조사라는 건 아시죠? 우리말의 '……까?'에 해당한다고 보면 됩니다.

그런데 '吗'와 발음은 같지만 전혀 다른 어감을 나타내는 '嘛'도 있어요. 얘는 평서문 끝에 쓰여 말하는 사람의 의지를 표현합니다.

"周永，你为什么还不走？"(주영아, 너 왜 아직 안가고 있냐?)

"我不愿意去嘛。(난 가고 싶지 않은 걸요.)

你们忙什么，等我一会儿嘛。(너희들 뭐가 그리 바빠, 나 좀 기다려 줘.)

그런데 얘들을 글자로 쓰면 '吗'와 '嘛'로 다르지만 말로 할 때는 발음이 같은데, 어떤 건 물어보는 말이고 어떤 건 의지를 나타낸다고 어떻게 구별할까요? 그건 들어보면 압니다.

"엉? 아니 이런 무책임한 말이 어디 있나? 들어보면 알다니…
이게 무슨 어법책이야?!"

글쎄요, 맞는 말씀인데요, 어쨌든 얘네들은 들어보면 압니다. 굳이 설명을 하자면 '吗'는 의문문에 쓰이니까 문장 끝이 좀 올라가고, '嘛'는 안 그렇다는 거죠. 성에 안 차시죠? 그럼 우리나라 말에도 이런 예가 있으니 옛날이야기를 함 해보죠.

제가 청년 시절일 때 얘기입니다. 그 때는 경상도 아가씨 특히 대구 아가씨가 수도권에서는 제일 인기가 좋았어요. 왜냐고요? 예쁘기 때문이죠. 요즘도 그런지는 모르겠지만, 그 때는 미스코리아를 뽑으면 세 번에 두 번은 미스 대구 아가씨가 뽑히곤 했었습니다. 비결이 뭔지는 모르겠는데, 입소문으로는 사과를 많이 먹어서 그렇다고 했어요. 당시는 사과 하면 대구 사과를 제일로 쳤으니까요.

그래서 수도권 청년들은 "대구 출신 아가씨다" 이러면 그냥 데이트 신청하려고 쫓아다녔었지요. 저도 마찬가지였고요. 그런데 한동안 그러다가 대구 아가씨든 부산 아가씨든 상관없이, 경상도 아가씨들은 별로 신용이 없다고 소문이 쫙 퍼졌어요.

그 이유는 만나기로 다 얘기 해놓고 나온 적이 한 번도 없다는 거예요. 저도 이런 경우를 많이 당해서 정말 동감했었습니다. 그러면 당시 상황을 직접화법으로 옮겨보겠습니다.

"시간 좀 내주시죠?"

"…………"(묵묵부답)

"잠시 커피라도?"

"언제예?"

"내일 오후 2시쯤에요…"

"어데예?"

"덕수궁 앞 맹물다방 어떠세요?"

"…………"

당시는 핸드폰이라는 거 생각도 못할 때니까, 만날 시간하고 장소는 늘 얼굴보고 얘기해야 했지요. 암튼 이렇게 헤어지면 100% 바람맞습니다. 왜냐? 위의 "언제예?"는 "when"이 아니고, "어데예?"는 "where"가 아니었던 겁니다. 둘 다 "NO!!"였던 거죠. 그걸 몰랐던 저 같은 총각들이 괜한 오해를 했던 거지요.

이런 기억 때문은 아니지만 중국어 발음을 가르치는 수업시간에는 경상도 출신 학생들에게 가끔씩 이런 질문을 합니다.

> "너희들은 시간 약속할 때 어떻게 하냐? '언제 만날까'를 경상도 말로 하면 어떻게 되나?"
>
> " '언제(예)?'라 카지예."
>
> "그래? 그럼 장소는?"
>
> " '어데(예)?'라 카지예."
>
> "아니, 그건 'NO' 아닌가? 내가 그걸 몰라서 너희들 만할 때 얼마나 바람을 많이 맞았는데…"
>
> "아 예, 거런 뜻도 있지예."
>
> "그럼 그거 어떻게 구별하나?"
>
> "거야 '더러면' 알지예." (주: 표준말로는 '들으면')

(5) '呢'

앞에서 말한 '吧'나 '吗'같은 애들은 그 쓰임새가 어느 정도 정해져 있어서 그다지 어렵지 않은 편인데, '呢'는 아주 다양하게 쓰입니다. 주로 말할 때 쓰는데, 여러 가지 감정을 내포합니다.

'여러 가지 감정'이라는 게 뭐겠어요? 사람의 감정이라는 게 희노애락에다가 오욕칠정까지…. 많죠. 그래서 이걸 일일이 설명해야 하나? 하는 생각도 들지만, 또 '呢'의 사용법을 모르면 안 되거니까, 하는 데까지 함 해보겠습니다.

먼저 의문문에 쓰일 경우에는요, 다소 이상하거나·당혹감을 나타냅니다.

> 这是怎么回事呢? (이거 어떻게 된 일이예요?)

'呢'는 반문할 때도 쓰여서, 어감을 다소 누그러뜨리는 작용도 합니다.

事已至此，多说又有什么用呢?
(일이 이미 여기까지 이르렀는데, 말을 더한들 무슨 소용이 있겠어요?)

또 선택 의문문에 쓰일 경우에는 그냥 무슨 일을 의논하거나 의견을 물을 때 쓰여요.

我们是今天去呢，还是明天去呢?
(우리 오늘 갈까요, 아니면 내일 갈까요?)

그리고 명사 또는 대사 뒤에 쓰여 '…는요?'라는 식의 간단한 물음 형식을 만들 수도 있습니다.

妹妹，我的帽子呢? (我的帽子在哪儿?)
(내 모자는? → 내 모자 어디 있지?)

明天我要去参观工艺展览，你呢? (你要不要去参观?)
(내일 나 공예품 전시회에 가려고 하는데, 너는? → 너 갈래 안 갈래?)

'呢'는 평서문에 쓰일 때는 일반적으로 과장, 칭찬, 강조 등과 같은 감정을 나타냅니다.

天安门广场可大呢! (천안문광장 굉장히 크네!)

你的数学好得很呢。(자네의 수학 실력은 정말 뛰어나구먼.)

别怕，有我呢。(걱정마, 내가 있잖아.)

또 문장 안에 쓰이는 경우에는 잠시 쉬게 하는 역할을 하는데, 이때는 '…에 대해서 말하자면'과 같은 뜻을 나타냅니다. 이럴 때는 '啊'나 '吧' 등과 비슷해요.

我呢，目前我这个开快车的坏习惯，多少受了点他的影响。
(나 말이야, 지금 이렇게 차를 빨리 몰게 된 잘못된 습관은 어느 정도는 그 사람 영향을 받아서 그래.)

有的人呢，走都走不稳，就想跑。
(어떤 사람은 말이야, 걷는 것도 잘 걷지 못하면서 뛰려고 생각한다니까.)

끝으로 중국어법 책을 보면 '呢'는 행동이나 상태의 지속을 나타내기도 한다고 그래요. 중국 사람들이 그렇다고 하니까 그런가 보다 하지만, 그러나 이러한 용법은 '呢'로 인해서 생겨난 것이라기보다는 그 문장 안에 있는 다른 요소 때문이 아닌가 하는 생각이 들어요. 이때에도 '呢'는 역시 말하는 사람의 감정을 표현하는 것 같거든요. 아래의 예문을 보시죠.

你们到哪儿去？外面还打着雷呢。
(너희들 어디로 나간단 말이냐? 밖에는 아직도 번개가 치고 있는데.)

---- 그러므로 결코 안 된다는 뜻을 나타냄.
'着'와 함께 쓰임.

"陈先生在家吗?" "陈先生在睡觉呢。(진선생님께서는 주무시는데요.)

---- 그러므로 현재는 만날 수가 없다, 또는 잠시 기다려 달라는 등의 뜻을 나타냄.
'在'와 함께 쓰임.

他现在翻译英文小说呢。(그는 현재 영어 소설을 번역하고 있는데요.)

---- 시제를 표시하는 낱말 '现在'와 같이 쓰임.

宜平，你吃什么呢？(이핑아, 너 뭐 먹니?)

---- 그것 먹으면 안 된다 또는 단순한 물음을 나타냄.
말하는 사람은 이미 이핑이 현재 무엇인가를 먹고 있는 것을 알고 있는데, 다만 무엇을 먹고 있는지를 알고자 함.

좀 많죠? 이걸 외우려고 하지 마시고요, 이런 애들은 중국 사람을 만나서 그 때 그 때 배우거나, 그럴 상황이 아니라면 중국 드라마를 보세요. 무협 드라마 말고 현대 사랑이야기를 담은 드라마로요. 그러면서 어떤 상황에서 어떻게 쓰는지 따라하면 됩니다.

(7) '的'도 어감조사로 쓰입니다. 얘는 평서문의 끝에 쓰여서 확정적인 어감을 나타냅니다.

你不要着急, 他今天会回来的。(조급해 하지 마라, 걔 오늘 돌아올 거야.)

다음은 영화 <영웅본색(英雄本色) Ⅰ>의 한 장면.

"我走了以后, 你要多照顾老爸。(내가 떠난 다음 아버님을 잘 돌보거라.)

"你放心好了, 我会的。(걱정 말아요, 그럴게요.)

(8) '罢了(bàle)'

'罢了'는 북방에서 쓰는 말로, 평서문 끝에 쓰여 '…일 뿐이다.'라는 어감을 나타냅니다. 남방에서는 '而已(éryǐ)'를 많이 써요. 얘네들은 '不过', '只是', '无非' 등과 같은 부사와 함께 잘 쓰입니다. 궁합이 잘 맞는다는 거지요.

这个孩子没有什么大病, 不过着点凉罢了。

(이 아이는 무슨 큰 병이 난 것이 아니고, 그저 감기에 걸렸을 뿐입니다.)

他只是说说罢了, 你何必当真!

(그는 단지 말이 그럴 뿐인데, 너는 뭘 정말로 여기냐!)

감탄사

감탄사는 감탄하는 말입니다. 부르고 대답할 때 쓰는 말도 감탄사에 넣어요. 얘네들은 '감탄' 하고는 좀 다르지만 어법적으로 쓰임새는 비슷하거든요.

그건 그렇고요, 감탄사는 제가 나름 설명은 하겠지만, 읽지 않으셔도 됩니다. 빼고 지나가면 감탄사 얘가 섭섭해 할까봐 설명하는 거지, 우리 외국인이 뭐 다른 나라 감탄사까지 배워야겠어요? 그렇지만 굳이 알고 싶으시다면 대만 드라마를 보시면 도움이 될 겁니다. 이것도 물론 현대극으로요.

중국에 갔다가 놀라는 일 당하면 "앗!" 하고 우리말 쓰세요. 미국에 가서 놀랐을 때 "웁스(woops)"라고 하는 한국사람 보셨어요?

감탄사는 비슷한 발음을 내면 되므로 어떤 감정은 반드시 어떤 글자로 써야 한다는 규정은 없습니다. 예를 들어 아플 때 쓰는 /āiyō/는 '哎哟' 또는 '喔唷'로 쓰기도 하고, 대답할 때 쓰는 /āi/는 '哎' 또는 '唉'로 쓰기도 합니다.

어떤 감탄사는 상황에 따라 몇 가지로 발음되기도 해요. 예를 들면 '欸'는 /āi/ · /ǎi/ · /ē/ · /é/ · /ě/ · /è/ · /éi/ · /ěi/ · /èi/ 등으로 읽고, '嚄'는/huō/ · /huò/ · /ǒ/ 등으로 읽어요. 그냥 그렇다는 겁니다.

또 감탄사는 상황에 따라 같은 감탄사라도 어조 또는 성조를 달리 하여 여러 가지 다른 감정을 나타낼 수 있습니다. '啊'와 '嗯'을 예로 들어보죠.

啊, 是你呀。(아, 너였구나.)

약간 놀람. 어조는 내려 감. /à/

啊, 明天考试? (앗, 내일 시험이라고?)

깜짝 놀람. 어조는 내려왔다 올라 감. /ǎ/

啊, 是这么回事。(아아, 그렇게 된 일이었구나.)

문득 깨달음. 어조는 내려가며 길게 발음함. /à~/

啊, 就这样吧。(그래, 그럼 그렇게 하자.)

동의, 허락을 나타냄. 어조는 내려가며 짧게 발음함. /à/

爸爸, 让我去吧, 啊! (아빠, 가게 해주세요, 네?)

부탁함. 어조는 평탄함. /ā/

嗯? 你说什么? (응? 뭐라고 말했니?)

의문을 표시함. 제2성 /ng/

嗯! 你怎么这样啊! (으응! 너 어떻게 이럴 수 있냐!)

불만을 표시함. 제3성 /ng/

嗯, 我回来了。(응, 돌아왔어. 대답을 함.)

제4성 /ng/

이런 건 우리말하고도 비슷하죠?
자 그럼 현대 보통화에서 쓰이는 감탄사를 간단하게 열거해보겠습니다.

(1) 찬탄, 흠모를 나타내는 것

哎(āi): 哎! 哎! 多么美丽的夜景啊! (와! 얼마나 아름다운 야경이야!)

嗬(hē): 嗬, 真了不起! (와, 정말 대단하다!)

(2) 기쁨, 즐거움을 나타내는 것

哈(hā): 哈, 真有趣! (하하, 정말 재미있네.)

嘿(hēi): 嘿, 做的不错呀! (하하! 잘했네!)

呀(yā): 呀, 下雨了! (야~! 비 온다!)

(3) 고뇌, 탄식을 나타내는 것

唉(āi)·嗳(ǎi): 唉! 跟你说真话你不信, 我有什么法子?
(에휴! 네게 사실을 말해도 믿지 않으니, 내가 무슨 방법이 있겠니.)

咳(hāi)·嗐(hài)·嗨(hāi): 咳, 我怎么这样糊涂!
(에그, 난 어째 이렇게 멍청할까!)

(4) 각성, 깨달음을 나타내는 것

哦·呕·喔(ō): 哦, 我记得了! (아, 기억났어요!)

唔(ú): 唔, 我知道了! (아! 알겠어요!)

(5) 의아함, 놀람을 나타내는 것

哎呀(āiyā): 哎呀, 可找到了你啦! (아이고, 너 드디어 찾았네!)

嚄(ǒ) : 嚄! 蛇! 蛇! (앗! 뱀이다! 뱀이다!)
(huō): 嚄! 好大的鱼! (와~, 물고기 되게 크다!)

喔唷(ōyō):喔唷! 真大呀! (와우! 정말 크다!)

咦(yí): 咦, 又下雨了! (어! 또 비가 내리네!)

呦(yōu): 呦! 怎么你也来了! (야! 어떻게 너도 왔네!)

(6) 아픔을 나타내는 것

哎哟·喔唷(āiyō): 哎哟, 救命啊! (아, 사람 살려!)

(7) 경멸, 분개, 불만을 나타내는 것

吓(hè): 吓! 怎么能这样呢? (허! 어떻게 이럴 수 있나?)

哼(hēng): 哼! 你信他的! (흥! 당신은 그를 믿는다는 거죠!)

呸(pēi): 呸! 你这个家伙真没出息! (에잇! 너 이 놈 정말 못났구나!)

(8) 부름, 대답을 나타내는 것

唉(è) 또는 (èi): 唉, 你快来! (빨리와!) 또는
唉, 我就去! (내 곧 가지.)

그런데 요건 사람을 부를 때 쓰는데, "에!"하고 부르거든요. 꼭 우리말의 "어이~!" 또는 "야!" 하는 것처럼 들려요. 듣기에 별로 안 좋죠? 그런데 그런 정도는 아니고요, 우리말의 "저~"라든가 "저기요…"라고 생각하는 게 속 편해요.

喂(wéi) 또는 (wèi): 喂? (여보세요?)

이건 전화할 때 쓰는 말이예요. 북방에서는 제4성으로 발음하는데, 남방에서는 제2성으로도 발음해요. 제2성으로 발음하는 게 듣기에는 좋더라고요.

嗯(ng): "什么事也不要落在别人后面!"
(어떤 일이라도 다른 사람에게 뒤쳐져서는 안 된다!)
"嗯, 还有什么?"(네, 또 뭐 (이르실 말씀) 있나요?)

이건 우리말의 "응"하는 말과 발음도 같고 뜻도 같아요. 다만 우리는 나이가 비슷하거나 어린 사람에게 쓰는데, 중국 사람들은 꼭 그렇지는 않은 것 같아요. 그러니까 중국에 가서 나이 어린 사람이 이런 말로 대답했다고 기분 나빠하지 마세요.

이제 품사 이야기는 이쯤해서 마무리 하고요, 이 다음부터는 이런 낱말들을 어떻게 배열할 것이냐 하는 문제로 넘어가겠습니다.

나의 사랑, 중국어법

문장이야기

사람들이 그토록 싫어하는 중국어어법을, 그래도 배우고자 하는 이유는 "중국어를 좀 더 잘 해보자"는 것 하나 하고, "이걸 배워 놓으면 시험 볼 때 유용하겠지" 하는 기대 때문 아니겠어요? 그러면 이제 중국어어법의 핵심이라고 할 수 있는 "중국어는 어떻게 문장을 만드는가?" 하는 문제를 이야기해 보겠습니다.

중국어의 문장 만들기는 즉 "낱말 배열하기"입니다. 그러면 중국어 낱말은 어떻게 배열하느냐? 그건 바로

1 명사성? 동사성? 2 순서 문제? 아니면 3 남자란?

요 문제의 총집합입니다.

우선 "**1 명사성? 동사성?**"에 관한 것은 형식적인 문제입니다.

첫째, 중국어는 "**체사+용사+체사+용사**" 이런 식으로 배열됩니다.

다시 말해 명사 다음에 동사가 오고 다시 명사가 오고 다시 동사가 오고, 음이 온 다음에 양이 오고, 다시 달이 뜨고 그 다음 해가 뜨고……, 이런 음양의 조화로 이루어진다는 겁니다. 앞에서도 한 번 얘기 했었죠.

"정말?"
"그렇게 간단해?"
"어째 믿기가 좀…"

그렇습니다. 간단해요. 구체적인 통계 숫자로 말하면 자신은 없지만, 이렇게 배열되는 비율이 아마 표준 신뢰도 80%에다가 오차 범위 ±3% 라고 생각합니다. 몇 년 간 학생들의 리포트를 조사한 결과이기도 합니다.

그 다음, 음양의 조화대로 배열만 하면 다냐? 아니죠. 내용을 담아야죠. 이건 바로 "**2 순서는?**"에 관한 문제입니다.

이것도 앞에서 말한 적이 있지만, 중국어로 어떤 말을 하고 싶으면 **우리말 하듯이** 하세요. 거의 그 순서대로 하면 됩니다. 다만 술어 다음에 목적어 두시고요. 특별히

중국어식 표현법 말고는 이렇게 하면 됩니다. 그래서 이 책 부제목도 "중국어법이요? 우리말을 잘하면 돼요" 잖아요. 이건 차츰차츰 이야기를 해나가다 보면 확인이 될 테니까 여기서 이걸 증명하느라고 발걸음을 머뭇거리지 않겠습니다.

자 이제부터는 위의 두 가지 명제를 가지고 이야기를 하도록 하겠습니다.

우선 중국어 문장에서 제일 중요한 것은 "술어"입니다. 술어가 어머니라면, 나머지는 그 영향 하에 있는 식구들입니다. 주어는 남편, 목적어는 아들, 보어는 딸, 이렇게 생각하시면 편합니다. 음양의 조화가 딱 딱 맞아 떨어지죠?

그래서 "주어(체사)+술어(용사)+목적어(체사)"를 기본 틀로 합니다. 그런데 가끔씩 체사하고 체사가 겹칠 때가 있습니다. 어떤 때일까요?

"술어 뒤에 체사가 두 개 있다면?" 즉 "주어+술어+N+N"의 꼴 말이예요.

이건 쉽죠. 간접목적어 직접목적어잖아요.

다음 문제.

"술어 앞에 체사가 두 개 있다면?" 즉 "N_1+N_2+술어"의 꼴이죠.

이건 어렵죠? 왜 그럴까요? 앞의 문제는 영문법에서 배웠잖아요. 그러니까 알고 있는 사실이라 쉽게 느껴지지만, 이건 영어에서 배운 적 없지요? 그래서 어렵다고 느끼는 겁니다.

이건 우리말에 있습니다. 바로 "이중 주어문"이라는 문장입니다. N_1을 대주어, N_2를 소주어라고 불러도 되지만, 여기서는 N_1을 주제어(主题语), N_2를 주어라고 부르려고 합니다.

세 번째 문제.

"술어 뒤에 용사가 있다면?" 즉 "주어+술어+V"의 꼴이죠.

이건 뭘까요? 이런 형식은 우리말에도 없어요. 이때의 'V'는 보어입니다. 어머니의

딸입니다.

여기까지가 중심축이니까 구조적인 거는 이 정도만 아시면 됩니다. 그리고 꾸며주는 애들도 있는데, 체사를 꾸며주는 애들을 관형어라고 하고요, 용사를 꾸며주는 것을 부사어라고 합니다.

안 해도 되는 설명인데요, 관형어(冠形语)라는 이름은 왜 붙여졌냐 하면요, 이 '冠'자는 '갓'이라는 뜻이에요. 동사로 쓰면 '머리에 쓴다'는 뜻이 되고요. 그래서 관형어라고 하면 "머리에서 형용사적인 역할을 하는 말"이라는 의미입니다. '머리에서'는 '앞에서'라는 뜻이죠. 형용사는 명사를 꾸며주는 역할을 하잖아요. 부사어야 문장 안에서 부사적인 역할을 하는 말이라는 거고요.

읽는 분들의 이해를 돕기 위하여 먼저 문장을 구성하는 기본 요소를 다시 정리하면 다음과 같습니다.

① 술어를 중심으로 해서, 술어 앞에 오는 체사는 주어, 뒤에 오는 체사는 목적어가 된다.
② 주어 앞에 오는 체사는 주제어가 된다.
③ 술어 뒤에 오는 용사는 보어가 된다.
④ 문장 안에서 체사, 즉 주어·주제어 그리고 목적어를 꾸며 주는 낱말은 관형어가 된다.
⑤ 술어 또는 문장 전체를 꾸며 주는 낱말은 부사어가 된다.

그럼 가정에서 제일 중요한 분이 어머니이듯이 문장에서 제일 중요한 술어부터 이야기를 시작해보죠.

술어

영어에서는 '술어' 하면 무조건 동사가 담당합니다. 그래서 "주어+술어+목적어"라고 안 하고, "주어+동사+목적어"라고 하는 거예요. 영어 선생님도 문장에서 술어가 중요하다면서 수업 시간마다 "동사 찾아! 동사 어딨어?"라고 그러시잖아요?

가방끈 긴 얘기를 잠깐 하자면, 동사는 품사의 영역이고, 주어하고 목적어는 문장의 영역이거든요. 노는 물이 다르죠. 그런데도 습관적으로 "주어+동사+목적어"라고 하는 건 영어에서는 노는 물이 다르건 같건 어쨌든 술어는 동사만 되니까, 그래서 그러는 것 같아요.

그렇지만 중국어는 그렇지 않아요. 중국어에서는 동사만이 아니라 형용사, 명사·대사와 같은 체사 그리고 '개사+목적어'로 이루어진 개사구도 술어가 될 수 있어요. 부사 빼고는 그냥 다 된다고 보면 됩니다. 다른 예는 뻔언 하니까 개사구 술어만 예를 들어보죠.

개사구가 술어가 될 수 있는 경우는 '由于+목적어', '为了+목적어' 등과 같은 소수의 개사구에 한합니다.

这个问题全<u>由于他糊涂</u>。(이 문제는 전부 그가 멍청해서야.).

我们的这个会<u>为了什么</u>呢? (우리의 이 회는 뭘 위해서지?).

주어

주어는 문장에서 술어 앞에 오는 체사라고 했었죠? 그런데 가끔씩은 동사나 형용사도 주어로 쓰이기도 해요.

"아니, 기껏 명사? 동사? 이러더니 이제 와서는 다른 말 하기야?"

그런 건 아니고요, 중국어는 그렇게 딱 떨어지게 "저얼때 안 된다" 이런 거 잘 없어요. "대체로 그렇다~"는 거지요.

그래도요, 동사나 형용사가 아무 때나 스스럼없이 그냥 주어로 쓰이는 건 아니고요, 그 행동이나 상태가 직접 서술의 대상이 되어야 한답니다. 중국 사람들 생각에도 최소한 요런 정도의 제한은 둬야 된다는 거 같아요.

听，也在你们；不听，也在你们。

(듣는 것도 너희들에 달려 있고, 안 듣는 것도 너희들에 달려 있다.)

(우리말로 번역하면 명사성이 갖춰지죠? 그래도 '听', '不听'은 중국어에서는 여전히 동사입니다. 번역을 가지고 원문을 분석하면 안 된다고 했잖아요.)

虚心使人进步，骄傲使人落后。

(허심(마음을 비움)은 사람을 발전하게 하고, 교만은 사람을 퇴보하게 한다.)

일반적으로 주어라고 하면 어떤 행동의 주체가 되어 술어를 지배한다고 생각하기 쉽습니다. 그런데 중국어에서 주어는 그렇지만은 않아요.

우리들 집 안에서 사는 모습을 보면, 남편이 아내를 꽉 휘어잡고 사는 집도 있지만,

그 반대인 경우도 있고요; 또 둘이서 오손도손 알콩달콩 잘 사는 집도 있고, 소 닭 보듯이 무덤덤하게 지내는 집도 있습니다. 중국어에서 주어와 술어의 관계도 우리 사는 가정과 꼭 같습니다. 행동의 주체가 되는 경우도 있고, 때로는 행동의 객체가 되어서 술어의 지배를 받기도 하고, 또 주어와 술어 사이의 관계가 주체와 객체 둘 다 아닌 경우도 있습니다.

(1) 주어가 행동의 주체인 경우

我爱你。(나는 너를 사랑해.)
我吃饭了。(나는 밥을 먹었다.)

(2) 주어가 행동의 객체인 경우

窗户纸都打湿了。(창호지는 모두 젖었다.)
这件衣服烫好了。(이 옷은 다 다려졌다.)
这本书已经出版了。(이 책은 이미 출판되었다.)

위와 같은 문장을 우리말로 해석할 때 '…되었다'로 된다고 해서 동사 앞에 피동의 표시인 '被(bèi)'자를 쓰면 안 됩니다. 그러면 틀린 문장이 돼요. 아래의 예문처럼요. 위의 애들은 피동문이 아니고요, 좀 가방끈적 용어를 쓰면 '객체주어문'이라는 겁니다. (피동문에 관해서는 뒤에 나오는 「피동문」이라는 단락에서 다시 정식으로 설명하겠습니다.)

窗户纸都被打湿了。(×)
这件衣服被烫好了。(×)
这本书已经被出版了。(×)

(3) 기 타

细小的铜铃声也很清脆。(가느다란 구리 방울 소리가 매우 청아하다.) ---- 묘사의 대상

今天儿童节。(오늘은 어린이날이다.) ---- 판단의 대상

这一把钥匙可以开大门。(이 열쇠는 대문을 열 수 있다.) ---- 도구

图书馆里静谧处。(도서관은 静肃한 곳이다.) ---- 장소

下星期三放假。(다음 주 수요일은 쉰다.) ---- 시간

주 제어

주제어란 말하는 사람이 듣는 사람에게 자신이 이야기하고자 하는 사항이예요. 그러니까 말을 할 때 맨 먼저 꺼내죠. 그래서 이름이 주제어예요. 그냥 주제라고 해도 되는데, 문장 구성 요소들은 주어, 술어, 목적어 하듯이 '어'자 돌림이잖아요? 그래서 주제어라고 부르는 겁니다. 얘를 화제라고 부르는 사람도 있는데, 화제어라고 하는 사람은 못봤어요.

주제어는 문장 맨 앞에 와요. 당연하잖아요? 문장의 주제인데… 그 다음에 주어와 술어가 와서 그 주제에 대해서 이러쿵 저러쿵 뭐라고 합니다. 이런 문장을 주제문이라고 하는데, 요 얘기는 나중에 하고, 여기서는 주제어의 특징에 대해서만 얘기하려고 해요.

주제어는 ① 문장의 맨 앞에 옵니다.

中国 人口 很多。(중국은 인구가 매우 많다.)
주제어 주어

这件事 我 已经办好了。(이 일은 내가 이미 처리했다.)
주제어 주어

② 주제어는 말하는 사람과 듣는 사람 사이에 이미 알고 있거나 알 수 있는 사항이어야 합니다.

그러므로 그 내용은 제한적이거나 또는 누구나 알 수 있는 일반적이어야 합니다.

잠깐만요

여기서 다시 한 가지, 그동안 미루고 미루어 왔던 마지막 한 가지를 짚고 넘어가겠습니다.

제가 툭 하면 "**1 명사성? 동사성? 2 순서 문제? 아니면 3 남자란?**" 이 말을 하잖아요? 그런데 지금 말하고자 하는 것이 바로 제4번에 해당하는 것입니다. 그러니 얼마나 중요한 거겠어요. 이 4번까지 설명하면 제가 이 책에서 하고자 하는 말은 이제 다 하는 거예요. 그럼 제4번은 뭐냐?

바로 "4 특정? 불특정?" 이 문제입니다.

'특정'이란 말하는 사람끼리 이미 알고 있거나 아니면 알 수 있는 것이고요, '불특정'이란 그렇지 않은 거죠. 우리말에 '어떤'에 해당하고, 영어의 부정관사(不定冠词) 'a'에 해당합니다. 영문법 얘기를 하면 도움이 될까 모르겠네요.

'a'를 부정관사라고 부르는 것은 'a'는 단수를 표시하기도 하지만, '어떤 건지 상관없이 앞에 붙이는 말'이라 그래요. 얘하고 상대가 되는 애가 정관사(定冠词) 'the'죠. 얘는 'a'가 한 번 나온 다음 그것을 다시 지칭하면 'the'를 쓴다고 배웠죠? 그건 불특정 한 거였다가 그 다음 말할 때는 서로 알고 있는 사항이 되었으니까 특정한 걸로 변해서 그래요.

암튼 중국어에서 특정 · 불특정 문제는 문장에서 자주 등장하는 요소니까요, 앞으로 종종 만나게 될 거예요. 그런데 당장 여기서 뭔 얘긴지 모르겠다고 해서 겁먹지 마세요. 별거 아니예요.

자 그럼 특정 · 불특정에 대한 예문을 봅시다.

<u>这只狗</u>我已经看过了。(이 개는 내가 이미 본 적이 있다.)

---- 어떤 특정한 개를 가리킴.

<u>狗</u>我已经看过了。(개, 나는 이미 본 적이 있다.)

---- 일반적인 개를 가리킴.

<u>一只狗</u>我已经看过了。(×)(어떤 개 나는 본적이 있다? 말이 좀 안 되죠?)

---- 어떤 개를 가리키는 것인지 알 수 없음.

불특정 낱말 앞에는 영어의 'a'처럼 중국어에서는 '一'가 많이 쓰입니다.

③ 말을 할 때는 주제어 다음에 잠시 쉬거나 또는 어감조사 '啊', '嘛', '呢' 등을 쓰기도 합니다.

문장에서는 보통 주제어 뒤에 쉼표를 쓰기도 하죠. 한마디로 주제어라는 '티'를 내주는 겁니다.

这个问题啊，他认为已经不存在了。

(이 문제 말이지, 그는 이미 없는 걸로 여기고 있어.)

电脑，我是外行。(컴퓨터(에 대해서는), 난 문외한이야.)

주제어의 특징을 말할 때 주제어는 문장의 맨 앞에 온다고 했었죠? 그런데 시간사와 장소사도 종종 문장의 맨 앞에 쓰이거든요. 앞의 특별명사에서 이미 말했지만 시간사와 장소사 애들은 명사성하고 동사성을 다 갖췄잖아요? 그래서 이런 경우의 시간사 또는 장소사를 주제어로 볼 것인가 아니면 부사어로 볼 것인가 하는 문제가 생기는 거랍니다. 중국 사람들도 이게 애매한가 봐요.

그럼 어떻게 구별하냐? 간단하죠. 늘 하는 식이 있잖아요. "말을 할 때의 상황이나 앞뒤의 문맥을 살펴보아야 한다"는 거죠.

이러면 너무 무성의해 보이니까, 이걸 좀 구체적으로 설명하자면, 시간과 장소가 대화의 초점이 되는 경우 시간사도 주제어가 됩니다. 데이트 신청할 때 만나는 '시간'과 '장소'가 중요하죠? 대화의 초점이 되죠? 이런 경우라고 생각하면 됩니다. 아래의 예를 보세요.

早晨空气很新鲜。(아침은 공기가 매우 신선하다.)

今天晚上月光格外皎洁。(오늘 저녁은 달빛이 특별히 밝고 깨끗하다.)

里面我们处理，外面请你们负责。

(안은 우리가 맡을 테니, 밖은 당신들이 책임지시오.)

那里游人罕至，钓鱼人也不多，可鱼却一直很旺。

(거기는 놀러 오는 사람이 거의 없고, 낚시하는 사람들도 많지 않아서, 고기가 언제나 들끓는다.)

목적어

목적어는 술어의 뒤에 오는 체사예요. 일반적으로 목적어라고 하면 술어의 지배를 받는 대상이라고 생각하기 쉬운데, 중국어에서의 술어와 목적어의 내용 관계는 매우 다양하답니다. 그 중에서 많이 쓰이는 걸 예로 들어보면 다음과 같습니다.

(1) 대 상

이게 누구나 목적어라면 제1번으로 생각나는 거죠. 또 가장 많이 쓰이고요.

我每天喝<u>东顶乌龙茶</u>。(나는 매일 똥띵(冻顶)우롱차를 마신다.)

有人很喜欢<u>黄玫瑰</u>。(어떤 사람은 노란 장미를 매우 좋아한다.)

(2) 결 과

이건 술어가 행한 행동의 결과를 나타냅니다.

孩子们在地上挖了许多<u>洞儿</u>。(애들이 땅에 구멍 여러 개를 팠다.)

今天我来煮<u>饭</u>给你们吃, 好不好? (오늘 내가 밥해 줄게, 좋지?)

위의 예문에서 파는[挖] 직접적인 대상은 땅이지 구멍[洞儿]이 아니라, 구멍은 파서 생긴 결과잖아요. '煮饭'(밥을 짓다)의 경우 역시 끓이는[煮] 직접적인 대상은 쌀이고, 밥[饭]은 쌀을 끓인 결과죠. 가만 생각해보면 그렇죠?

이런 관계를 갖는 동사와 목적어에는 다음과 같은 것들이 더 있어요.

'盖房子'(집을 짓다), '搭桥'(다리를 놓다),
'写信'(편지를 쓰다), '照像'(사진을 찍다) 등

(3) 도 구

이건 술어와 함께 '가지고 노는' 도구를 나타냅니다.

运动场上人很多，有的跳绳，有的舞剑，还有的在打球。
(줄넘기하고, 칼춤추고, 공놀이 하고…)

这样包装还不够结实，外面一定要捆上一道绳子。
(이런 포장은 그다지 튼튼하지 않으니까, 바깥을 반드시 끈으로 묶어야 한다.)

이러한 관계를 갖는 애들은 '洗冷水'(찬물로 씻다), '吃大碗'(큰 그릇으로 먹다), '装口袋'(주머니에 넣다), '刻钢板'(철판에 새기다) 등과 같이 우리말로 해석할 때 목적어가 '…을(/를)'로 해석이 되지 않는다고, 혹시 목적어가 아니지 않나 하고 생각하면 안 됩니다.

(4) 장소 · 방향

我在屋里，什么也看不见。(나는 방안에 있어서 아무것도 보이지 않는다.)
明天我们要去花莲。(내일 우리는 화롄에 가려고 한다.)
德寿宫在首尔市政府的斜对面。(덕수궁은 서울시청의 대각선 쪽에 있다.)

(5) 수용 범위 · 한도

这一锅饭能吃三十个人。(이 솥은 30명을 먹일 수 있다.)
这一张纸能写五百个字。(이 종이는 500자를 쓸 수 있다.)

(6) 존재, 출현, 소멸

昨天隔壁邻居的家里来了<u>许多客人</u>。(어제 옆집에 많은 손님이 왔다.)

墙上挂着<u>一幅画儿</u>。(벽에 그림 한 점이 걸려 있다.)

이 때의 목적어는 술어가 표현하는 행위의 주체가 됩니다. 요 문제는 뒤에 나오는 「존재문」에서 다시 다루도록 하겠습니다.

보어

보어는 문장에서 술어(동사 술어 또는 형용사 술어) 뒤에 오는 용사로, 술어에 대해 보충 설명을 하는 요소입니다.

우리말에는 이 보어처럼 쓰는 예가 거의 없죠. 쓴다면 대부분 앞에서 꾸며주거나 아니면 "뭐 한 다음 뭐 했다"라고 술어를 연결해서 씁니다. 그래서 우리나라 사람들은 중국어의 보어가 좀 어렵다고 느끼고요, 활용도 잘 못하는 편이예요. 그래서 그런지 시험에도 잘 나와요. 특히 보어하고 목적어의 배열순서 같은 거요. 그러니까 보어는 이래저래 공부를 좀 해둘 필요가 있습니다.

보어는 술어에 대하여 보충 설명 한다고 했죠? 그럼 어떤 내용을 보충 설명하나? 그건 행동의 결과, 정도, 가능, 방향, 수량 그리고 시간이나 장소 등입니다. 이렇게 주욱 열거하면 짐작하시겠지만, 이게 바로 보어의 종류와 직결되는 겁니다.

(1) 결과보어

결과보어는 행위가 이루어진 다음 그 결과가 어땠는지를 설명합니다. 중국어 "我吃饱了"라는 말을 번역하라고 하면 누구나 "나 배부르게 먹었다"라고 합니다. 맞는 번역입니다. 그런데 이건 "나 먹어서 배가 부르다"라고 하는 것이 중국어에서 말하고자 하는 의미에 좀 더 가깝습니다.

우리는 중국어의 보어를 이렇게 꾸며주는 말로 표현한다고 방금 말했었지요? 또 "뭐 한 다음 뭐 했다"고 술어를 연결해서 쓰기도 한다고 했죠? 바로 이걸 두고 한 말입니다.

보어 특히 결과보어는 어떤 행동을 한 다음 그 결과를 얘기하는 것이기 때문에 더욱 그렇습니다. '吃饱', '먹어서 배가 부르다', '吃' 다음에 '饱' 상태가 되는 거죠.

뻔한 얘긴데 뭘 이리 길게 설명하느냐고 하실지 모르겠지만, 보어를 우리말로 어떻게 표현해야 하는가를 언제나 이런 식으로 주의 깊게 살펴보아야 한다는 겁니다. 예를 조금 더 들어보죠.

去年夏天，我学会了游泳。(작년 여름에 나는 수영을 배웠다.)

---- 배워서[学] 할 수 있게[会] 됨.

夕阳照红了锦江大桥。(석양이 금강대교를 붉게 물들였다.)

---- 다리를 비추어서[照] 붉게[红] 물들임.

衣服湿透了。(옷이 젖었다.)

---- 옷이 젖어서[湿] 물기가 옷 안까지 스며 들어옴[透].

결과보어의 앞에 '个'를 써서 강조 또는 과장의 의미를 나타내기도 합니다. 이건 앞에서 양사인가 뭔가 할 때 설명한 바 있죠? '一' 때문이라고요.

你应该再给我们倒酒呀! 让我们喝个足，喝个饱，喝个痛快。

(우리에게 술을 더 따라야죠! 우리가 실컷, 배불리, 마음껏 마시게 해주세요.)

我就打他个够受。(나는 그를 호되게 때렸다.)

(2) 정도보어

정도보어는 행동 또는 상태의 정도를 보충 설명합니다. 정도보어는 다음 세 가지의 표현 방식이 있습니다.

① 술어와 보어 사이에 '得(de)'를 쓴다.

夏天，他好象添了好些力气，跑得更快了。

(여름에 그는 마치 많은 힘을 얻은 듯 더욱 빠르게 달렸다.)

我饱得很，太饱了，不想再吃。

(나는 너무 배가 부르다. 너무 배불러서, 더 이상 먹고 싶지 않다.)

② 술어와 보어 사이에 '个'를 쓴다.

在游泳池里，孩子们玩了个痛快。(수영장에서 아이들은 신나게 놀았다.)

他们手不停嘴也不停，说个没完。
(그들은 손도 입도 쉴 새 없이 놀리며, 끊임없이 떠들어 댄다.)

③ '极(jí)', '坏(huài)', '死(sǐ)', '透(tòu)' 등이 보어로 쓰일 때는 '得'나 '个'를 쓰지 않고 술어의 뒤에 바로 붙어서 정도를 나타낸다.

(얘네들은 형용사 또는 심리나 상태를 나타내는 동사 뒤에서만 쓰입니다.)

天气冷极了。(날씨가 너무 너무 추워졌다.)
---- 날씨가 추운[冷] 정도가 극[极]에 달함.

他们都恨透了那个婆婆。(그들은 모두 그 시어머니를 지독히 미워했다.)
---- 미워하는[恨] 정도가 매우 심함[透].

정도보어에서의 '坏', '死', '透' 등은 모두 정도가 매우 심하다는 뜻을 나타내는 부사로서, 형용사 또는 동사로서 본래 자신의 뜻을 나타내는 결과보어와는 그 의미가 다릅니다. 다시 말해서 "얼어 죽겠다"하고 "얼어 죽었다"하고 다르잖아요? 그 말입니다. 앞의 것은 정도를 얘기하는 거고, 뒤의 것은 결과를 얘기하는 거죠.

他把电脑搞坏了。(그는 컴퓨터를 고장냈다.)
---- 컴퓨터를 만지다가 고장냄.(결과보어)

今天我气坏了，干什么事都不顺利。
(오늘 나는 화가 너무 나서, 무슨 일을 해도 잘 안 된다.)
---- 화가 몹시 남.(정도보어)

我的衣服叫雨淋透了。(내 옷이 비에 몽땅 젖었다.)
---- 비를 맞아 옷이 안에까지 젖음.(결과보어)

这个人坏透了。(이 사람 아주 못됐어.)
---- 사람이 매우 못됨.(정도보어)

这盆花干死了。(이 화분의 꽃이 말라 죽었다.)

---- 꽃이 말라서 죽음.(결과보어)

这件事真把人急死了。(이 일은 정말 사람을 무지하게 바쁘게 한다.)

---- 사람을 매우 급하게 만듦.(정도보어)

(3) 방향보어

방향보어는 동사 술어 뒤에 '来', '去', '进', '出', '上', '下', '起来', '上来', '下去' 등과 같은 방향동사가 쓰여 사람이나 사물 또는 일의 진행 방향을 보충 설명합니다.

几十架飞机在空中转来转去。

(비행기 몇 십대가 공중에서 이리 갔다 저리 갔다 한다.)

最近图书馆买进一批新书。(최근 도서관은 신간 서적을 사들였다.)

请你把门关上。(문을 닫아주세요.)

书报看完后请放回原处。(잡지는 다 본 후에 제자리에 가져다 놓으세요.)

太阳已经升起来了。(태양이 이미 떠오르기 시작했다.)

위의 예문처럼 오고 가고, 들어오고 나가고, 위로 올라가고 아래로 내려가고…. 등등 그런 방향을 보충하는 거죠. 이걸 하나씩 설명을 길게 하는 책들도 있더라고요. 하긴 이걸로 논문을 쓰기도 해요. 출발점이 어떻고, 입족점(立足点)이 어떻고, 뭐를 기준으로 하고…. 등등 설명을 들으면 얘도 꽤 복잡해보여요. 근데 이건 그냥 글자만 보면 아는 거니까 별 거 아닙니다. 정작 중요한 건 따로 있으니까 뒤에서 설명할게요.

방향보어는 때로는 방향을 표시하지 않고 다른 뜻을 나타내기도 합니다.

이건 중국 사람들의 설명이고요, 우리가 보기엔 그래도 방향성이 좀 있는 것 같아요. 꼭 손발을 움직여야 노동이 아니잖아요? 정신노동도 노동이니까요. 그러니까 물리적으로 꼭 어느 쪽을 향해서 움직여야만 방향이 아니란 이야기입니다. 아래의 예를 보시죠.

这位小姐看来年纪不大。(이 아가씨는 보기에 나이가 많지 않은 것 같다.)
---- 추측

楼上又热闹起来了。(위층이 또 시끄러워지기 시작하였다.)
---- 시작

你不要再说下去了。(더 이상 이야기를 계속하지 마라.)
---- 계속

자 이제 방향보어에서 중요한 이야기를 하겠습니다. 이게 뭔고 하면 **"목적어의 위치"에 관한 문제**입니다. 시험에도 자주 나옵니다.

긴장되나요? 시험에 나온다니까? 하긴 이제까지 "이런 건 시험에 안 나온다"고 또는 "못 낸다"고 큰소리 뻥뻥 쳤는데, 이건 시험에 나온다니 약간은 그럴 수도 있겠죠.

기왕 시험 얘기가 나왔으니, 시험 얘기를 잠깐 해 볼까요?

보통 외국어 시험에는 몇 가지 기본 유형이 있어요. 발음, 어법, 독해 등 대체로 이렇게 나누어지죠. 누구나 다 아는 이야기입니다. 발음하고 독해는 어법하고는 큰 상관이 없으니 말할 게 없고요, 그럼 어법 문제는 뭘 내냐?

여러분들이 중국어 시험 문제 출제 패턴을 보면, 딸랑 어법만 묻는 문제는 한 두 개 나오고, 나머지는 틀린 문장 고치기, ( ) 안에 적당한 말 넣기, 작문하기, 올바른 문장 고르기 등등 이런 약간은 다양한 것처럼 보이는 시험 문제를 접해봤을 거예요.

그런데 중국어는 말이죠, 발음 문제를 빼면 어떤 시험 문제를 내도 80% 이상은 "**순서**"에 관한 문제입니다. 다른 건 애매한 게 많아서 시험에 내기가 쉽지 않아요. 이렇게 얘기해도 되고, 저렇게 얘기할 수도 있는데, 어떻게 시험에 내나요? 그래서 제가 책 시작부터 지금까지 "이런 건 시험에 안 나온다", "이런 건 못 낸다"고 하면서 큰소리 뻥뻥 쳤던 겁니다.

중국어는 고립어라고 했죠? 고립어에서는 낱말들의 배열 순서가 제일 중요하다고도 했죠? 그러니 중국어 시험에서 순서 문제가 많은 것은 당연한 귀결이고, 이게 시험 문제를 낼 때도 말썽이 별로 없거든요. 그러니까 중국어 시험은 "순서"라는 몸에다가 빨간 옷도 입히고, 파란 옷도 입혀보고, 모자도 씌웠다가, 신발도 신겼다가 하는 겁니다.

그렇다면 "순서" 공부는 어떻게 하나? "아~! 이 얼마나 지겹게 반복되는 말이란 말인가?!", 좋은 노래도 세 번 연속 부르면 고개를 돌리고, 맛난 반찬도 사흘 연속 나오면 맨밥 먹는 법인데….

이병관의 『나의 사랑, 중국어법』 제2조 "❷ 순서 문제?"

제1항:
"중국어는 음양의 조화로 이루어진다."
즉 체사+용사+체사+용사…로 배열된다.

제2항:
"중국어는 우리말대로 쓴다.
단, 동사 다음에 목적어가 오는 것을 잊지 마라."

그런데 방향보어에서 목적어의 위치는 공부를 해두어야 합니다. 물론 다른 보어에도 보어하고 목적어하고 같이 쓰일 때가 있어요. 시중에 나와 있는 책들을 보면 자세하게 설명이 되어 있을 텐데요, 그걸 다 알려고 할 건 없습니다.

"아니, 기껏 요 바로 위에서
방향보어에서 목적어의 위치를 공부하라고 해 놓고,
여기서는 하지 말라는 건 또 뭐여?"

그거는요, 시중 중국어법 책들을 함 보세요. 방향보어 말고 다른 보어에서 목적어가 어디에 위치하냐에 대한 설명을 보면,

"목적어는 보어 앞에도 올 수 있고 뒤에도 올 수 있다";
"일반적으로 뒤에 온다";
"일반적으로 목적어는 보어 앞에 온다"

이렇게 되어 있죠? 이건 뭔 말이냐 하면요, 바로 "**대충 쓰면 된다**"는 겁니다. 중국 사람들도 그러는데 우리야 뭐 그냥 대~충 쓰면 됩니다. 그러니 이런 걸 시험에 낸다고요? 저~얼때 못 내지요.

그렇지만 방향보어와 목적어의 위치는 제한 조건이 있어요. 그러니까 요것만 공부하면 됩니다. 시중의 책들의 설명은 너무 복잡하고요, 중국 사람이 쓴 책에서 알아야 할 조건 **딱 두 가지**만 소개할게요.

"왜 딱 2가지냐, 그 것 뿐이냐, 더 이상은 몰라도 되냐"고요?

2개면 됩니다. 충분해요. 제 경험으로 학생들에게 무슨 조건을 세 개 이상 이야기하면 앞에 말한 거 한두 개는 벌써 잊어버리기 시작하거든요.

① 목적어가 장소를 나타내는 낱말일 경우, 복합방향보어 중간에 놓는다.

忽然火车开进山里来。(갑자기 기차가 산 속으로 들어왔다.)

(阿Q)一直被抓出衙门外去了。((아Q는) 곧장 관가 밖으로 끌려 나갔다.)

위의 말을 달리하면 말이죠, 즉 목적어가 장소를 나타내는 낱말이 아니라면, 복합방향보어 중간이든 뒤든 아무 데나 놔도 된다는 겁니다. 예를 들어 "图书馆里走出几个人来."(도서관 안으로 몇 사람이 걸어 나왔다.)로 써도 되고, "图书馆里走出来几个人."으로 써도 된다는 겁니다. 그러니 이런 건 알아도 되고 몰라도 되는 거 아니겠어요?

② 동사와 목적어와의 결합이 긴밀한 동사들, 예를 들어 '打仗', '干活', '洗澡', '转身', '回头', '跳舞', '唱歌', '下雨' 등 이런 동사들의 목적어는 복합방향보어 중간에 놓는다.

즉, '转过身来', '回过头来', '跳起舞来', '下起雨来' 등과 같이 쓴다는 겁니다.

(4) 가능보어

가능보어는 어떤 행동이 가능하다는 것을 보충 설명합니다.

그러니까 앞에 나온 보어들은 술어의 행위가 끝난 다음 그게 어떻다고 뭐라고 하는 거지만, 얘는 아직 일어나지 않은 행위에 대한 가능을 말하는 겁니다.

"당연한 거 아녀?
'가능'이라면 본래 아직 안 일어난 걸 가지고
되냐 안 되냐를 따지는 건데.
뻔한 걸 얘기하네…"

예, 맞습니다. 매우 정확히 딱 맞는 말씀입니다. 그런데 요 뻐~언한 사실이 나중에 꽤 유용하게 쓰인답니다. 조금만 기다리시면 알게 됩니다.

가능보어에는 다음 세 가지의 표현 방식이 있습니다.

① "술어+得/不得"

이 방식은 동사 술어 또는 형용사 술어 뒤에 '得(de)' 또는 부정형인 '不得'를 써서 가능/불가능 또는 심리적인 허가/불허가를 나타냅니다. 이 때의 '得'나 '不得'는 보어로 쓰인 거예요.

这个人我还记<u>得</u>。(이 사람은 내가 아직 기억한다.)

那个少年你可小看<u>不得</u>。(그 아이 너 절대 우습게보면 안 된다.)

那推针的手, 轻<u>不得</u>、重<u>不得</u>、慢<u>不得</u>、快<u>不得</u>。
(침을 놓는 손은 가벼워도 안 되고, 무거워도 안 되고, 느려도 안 되고, 빨라도 안 되고…)(어렵네…)

② "동사 술어+得了/不了"

이 방식은 동사 술어 뒤에 '得了(deliǎo)' 또는 부정형인 '不了'를 써서 가능 또는 불가능을 나타냅니다. 이 때의 '得了'나 '不了' 역시 보어로 쓰인 것입니다.

这件事情, 你还管得了吗? 我管不了。
(이 일, 너 관리할 수 있어? 나 못 해)

明天你们来得了吗? 我们来不了。(너희들 내일 올 수 있니? 우리 못 와.)

'了(liǎo)'는 본래 동사로서 '완결'이나 '종료'의 뜻이 있다고 했었죠? 그래서 이 방식은 때로는 '完'이나 '掉' 등과 같은 결과적인 의미를 나타내기도 해요.

这个西瓜太大，我们俩吃不了。
(이 수박은 너무 커서 우리 둘은 다 먹어낼 수가 없다.)
---- 다 먹지[吃完] 못함.

这个人我总也忘不了。(이 사람 난 어찌해도 잊을 수가 없어.)
---- 잊어버리지[忘掉] 못함.

③ "동사 술어+得+보어"

이 방식은 동사 술어와 보어 사이에 구조조사 '得' 또는 부정부사 '不'를 써서 가능 또는 불가능을 나타냅니다.

明天就要演出了，这个歌今天晚上还学得会吗?
(내일 공연을 해야 하는데, 이 노래를 오늘 저녁에 배워서 할 수 있을까?)

这么详细的说给你听，三天三夜也说不完，还是粗枝大叶告诉你吧!
(이렇게 자세한 얘기를 네게 하려면, 삼일 밤낮을 해도 모자라니, 간략하게 알려줄게.)

그런데 이 세 번째 방식은 그 구조가 결과보어나 정도보어와 같기 때문에 혼동을 일으킬 수 있어요. 이제 그 구별하는 방법을 알려 드리죠.

첫째, 가능보어는 술어와 보어 사이에 반드시 구조조사 '得'를 써야 하지만, 결과보어나 정도보어는 반드시 '得'를 써야 하는 것은 아니예요. 이건 앞에서 구조조사 '得'를 얘기할 때 했었죠? 물론 기억은 안나시겠지만….

他的话我听得懂了。 ---- 알아들을 수 있음.(가능보어)

他的话我听懂了。 ----- 들어서 알게 됨.(결과보어)

둘째, 부정을 할 때, 가능보어는 술어와 보어 사이에 '不'를 쓰지만, 결과보어는 술어 앞에 '没有'를 씁니다.

这么大碗饭，我吃不完。(이렇게 큰 사발의 밥을 나는 다 먹을 수가 없다.)
(가능보어)
这么大碗饭，我没有吃完。(이렇게 큰 사발의 밥을 나는 다 먹지 못했다.)
(결과보어)

왜 그럴까요? 이건 '不'하고 '没有'의 성격 때문입니다. '不'는 '못하거나 안 하거나'고, '没有'는 '없다'는 거라고 했었죠? 그러니까 위의 예에서 가능보어는 먹기는[吃] 하되 다 먹어 내지[完] **'못한다'**는 뜻이므로 '吃不完'이라고 쓰는 것이고, 결과보어는 먹어서 끝을 냈다는 결과[吃完]가 **'없다'**는 뜻이므로 '没有吃完'이라고 쓰는 겁이다. 이 책의 제3조 "**3 남자란?**"에 해당하는 문제죠.

셋째, 물어 볼 때에 가능보어와 정도보어의 차이가 가장 분명하게 드러납니다.

가 능 보 어	정 도 보 어
他写得好写不好？(걔 글씨 잘 써?)	他写得好不好？(글씨 쓴 거 어때?)
他写得好.(긍정)(잘 써.)	他写得好.(긍정)(잘 썼어.)
他写不好.(부정)(잘 못써.)	他写得不好.(부정)(못 썼어.)

차이가 나죠? 가능보어는 잘 쓸 수 있느냐[写得好] 없느냐[写不好]를 묻는 것이고, 정도보어는 쓰고 나서[写] 그것을 잘 썼느냐[好] 못 썼느냐[不好]를 묻는 거예요. 대답할 때도 긍정은 같지만, 부정은 좀 다릅니다.

(5) 수량보어

수량보어는 술어의 뒤에서 수량이나 시간의 양을 보충 설명해 줍니다. 수량보어에는 동량(动量)보어, 시량(时量) 그리고 비교수량보어 등 세 종류가 있습니다.

① 동량보어는 행동이나 상황의 횟수를 나타냅니다. 동량보어로는 당연히 동량사가 쓰이고요.

忽然教堂的钟敲了十二下。(갑자기 교회 종이 열두 번 울렸다.)

这本书我看了好几遍了。(나는 이 책을 여러 번 봤다.)

老太婆看都没看他一眼。(할머니는 그에게 눈길 한 번 주지 않았다.)

---- 임시 양사도 보어로 쓰임

灯亮了一下，又灭了。(등이 잠시 켜지더니 다시 꺼졌다.)

---- 형용사 술어 뒤에도 보어가 쓰일 수 있음

"동량보어와 목적어가 같이 쓰일 경우, 일반적으로 목적어는 보어의 앞이나 뒤 어느 곳에 있어도 된다."

앞에서 했던 말이죠? 그런데, 목적어가 인칭대사일 때는 대부분 동량보어의 앞에 옵니다. 왜 그러냐고요?

글쎄요, 중국 사람들이 이런 건 설명을 잘 안 해줘요. 짐작컨대, 이건 음절하고 관계가 있지 않나 싶어요. 현대 중국어에서는 딸랑 단음절 낱말로 문장을 끝내면 좀 허전하다고 느끼나 봐요. 그런데 인칭대사는 대부분 단음절이잖아요? 그래서 그러는 거 같아요. 아래의 예를 보세요.

汪教授去年去过杭州一次，但住的时间不长。

(왕 교수는 작년에 항주에 한 번 가본 적이 있다. 하지만 머문 시간이 길지 않다.)

汪教授去年去过一次杭州，但住的时间不长。

他过去骗过我一回，所以我不相信他。

(그는 예전에 나를 한 번 속인 적이 있다. 그래서 나는 그를 믿지 않는다.)

② 시량보어는 행동 또는 상태가 지속되는 시간의 길고 짧음을 나타냅니다.

我们等了好半天，他还没有来。

(우리는 한참을 기다렸는데 그가 아직 오지 않았다.)

我坐车坐了两个小时。(나는 차를 두 시간 탔다.)

我们相识还不到一年。(우리는 서로 안지 아직 일 년이 안 된다.)

③ 비교수량보어는 형용사 술어 뒤에서 수량의 비교 결과를 나타냅니다. 비교수량보어로는 명량사가 쓰입니다.

我比他大五岁。(나는 그보다 5살 많다.)

今年的产量比去年多一倍。(올해의 생산량은 작년에 비해 배가 많다.)

아래 예문에 있는 동사 술어 뒤의 명량사는 보어가 아니라 목적어예요. 동사 술어 '增加' 뒤에 있는 체사니까요.

今年的产量比去年增加了一倍。
(올해의 생산량은 작년에 비해 배가 증가하였다.)

(6) 개사구보어

개사 '於' 또는 '于', '向' · '自' 등과 함께 구성된 개사구는 보어로 쓰일 수 있어요. 개사구보어는 딱 얘들 셋뿐이니까요, 그냥 알아두세요. 얘들은 옛날부터 쓰이던 애들인데, 지금까지도 살아남았어요. 그래서 그런지 문장에서 많이 쓰이고, 말할 때는 잘 안 쓰여요.

'於(/于)'로 이루어진 개사구 보어는 시간 · 장소 · 유래 · 원인 · 비교 등을 나타냅니다. 그러니까 우리말로는 '…에', '…에서', '…때문에' 등으로 해석하면 됩니다.

鲁迅生於一八八一年, 死於一九三六年。
(루쉰(鲁迅)은 1881년에 태어나 1936년에 죽었다.)(시간)

周法高老师一九一五年生於江苏省东台县。
(주법고 선생님은 1915년 강소성 동태현에서 출생하셨다.)(장소)

最近他正忙於写论文。(최근 그는 논문을 쓰느라 바쁘다.)(원인)

'向'으로 이루어진 개사구보어는 '…를 향해서'고요, '自'로 이루어진 개사구보어는 '…로 부터'라고 해석하면 됩니다.

我们要从胜利走<u>向胜利</u>。(우리는 승리로부터 승리를 향해 간다.)

汉江流<u>向黄海</u>。(한강은 황해를 향해 흘러간다.)

"窈窕淑女，君子好逑"，这句话是引<u>自诗经关雎篇</u>。

("요조숙녀는 군자의 좋은 배필"은 시경의 관저편에서 인용한 것이다.)

这部车子来<u>自欧洲</u>。(이 차는 유럽으로부터 왔다.)

관형어

관형어는 문장에서 주어나 주제어 또는 목적어의 앞에서 이들을 꾸며 주는 요소입니다.

그럼 어떤 내용을 꾸며주느냐? 다음과 같은 내용입니다.

今天的事情今天办完。(오늘 일은 오늘 끝내야 한다.)(시간)

韩国的冬天很冷。(한국의 겨울은 매우 춥다.)(장소)

他哥哥昨天从北京回来了。(그의 형은 어제 북경에서 돌아왔다.)(소속)

很多学生获得了奖状。(많은 학생들이 상장을 탔다.)(수량)

科技人才的培养，基础在於教育。
(과학기술 인재의 배양은 교육에 기반을 두고 있다.)(범위)

温暖的阳光照耀着公山城。(따뜻한 햇살이 공산성을 비추고 있다.)(성질)

我要买一支画画用的炭笔。(나는 회화용 목탄 한 자루를 사려고 한다.)(용도)

房间里摆着一张木头桌子，两把铁木折椅。
(방안에는 나무 탁자 하나와 나무와 철로 만든 접이식 의자 두 개가 놓여있다.)(재료)

위의 예에서 보시다시피 관형어 뒤에는 일반적으로 구조조사 '的'를 쓰는데, 그걸 어떨 때 쓰고 어떨 때 안 쓰느냐? 하는 문제가 있습니다. 이걸로 석사 논문을 쓴 사람도 있는데요, 읽어보니까 꽤 복잡하더라구요. BUT 그러나 이런 문제는요, 전문가들이나 가방끈 긴 사람들한테 맡기고요, 우리는 그냥 대~충 알아서, 넣고 싶으면 넣고, 넣고

싫지 않으면 넣지 않으면 됩니다. 우린 외국인이잖아요.(또 성의 없다고 하겠네….)

다만 여기서 가장 중요한 문제는 '的'를 넣어서 뜻이 달라지면 안 된다는 겁니다. 당연한 말이지만요.

예를 들어 '韩国的银行(한국의 은행)'과 '韩国银行(한국은행)'은 다르잖아요? 또 "너 여자 친구 있어?"라고 할 때, 이때의 '여자 친구' 줄여서 '여친'은 대체로 사귀는 사람을 말하는 거죠? 이럴 때는 '女朋友'라고 합니다. 만약 '女的朋友'라고 하면, 이건 남자 친구 여자 친구 중에 성별이 여자인 친구라는 겁니다. 많이 다르지요?

그리고 가족 관계의 호칭에는 '的'를 안 써요. 즉 '我的爸爸', '我的妈妈'라고는 안 한다는 거죠. 요런 거만 주의하면 돼요.

관형어가 여러 개 쓰일 때, '的'는 어디에 넣는가? 하는 문제도 있어요. 요건 우리말에 넣을 만한 곳에다가 넣으면 돼요. 예를 들어 볼게요.

내 여자 친구 남동생 초등학교 동창생 오빠

위와 같은 예문이 있다고 하면, 한·중·일 세 나라는 어디에 '…의'에 해당하는 말을 넣을까요?

먼저 일본어부터 해볼까요? 우리말의 '…의'에 해당하는 것이 일본말로는 'の(노)'인데요, 일본말에서는 이 'の'를 빼먹지 않고 써요. 그러니까 위의 예문은 일본말로 하면,

나の여자の친구の남の동생の초등학교の동창생の오빠

이렇게 됩니다. 우리말은,

내 여자 친구 남동생 초등학교 동창생'의' 오빠

이렇게 쓰죠? 뒤에 '…의' 하나만 넣어서요. 그럼 중국어는 어떻게 쓰냐하면,

我 女朋友 弟弟 小学 校友'的'哥哥

이렇게 씁니다. 우리말하고 같죠?

여기에서 한 걸음 나아가면 관형어가 여러 개 쓰일 때, 그 순서는 어떻게 되나? 하는 문제도 있습니다. 어려운 말로 하면 다항(多项) 관형어의 순서라는 거지요. 시중의 어법 책들을 보면 제한성 관형어가 먼저고 설명성 관형어가 나중이고, 이렇게도 설명하더군요. 그럼 그런 거 또 외워야 하잖아요?

그런 건 다 필요 없고요, 그저 이것 역시 우리말 순서대로 하면 돼요. 다만 우리말은 중국어하고 달리 수량사가 명사 뒤로 가잖아요? 요것만 주의해야죠. 예를 들어 볼게요.

이거 내가 어제 시장에서 산 나무로 만든 학생용 책상이야.

우리 보통 위의 예문처럼 얘기하지요? 물론 위의 예문처럼 한꺼번에 이렇게 많은 관형어를 쓰는 예는 드물지만, 그래도 순서는 대체로 이렇지 않나요? 중국어도 딱 이래요. 이제 직접 중국어로 옮겨보죠.

우선 "이거는 책상이야"부터 해보면 "这是书桌"지요? 나머지는 '书桌'를 꾸며주는 관형어고요. 수량사가 어디로 들어가는지 잘 보세요.

(这是)＋我＋昨天＋在市场里买的＋一张＋用木头做的
＋学生用的＋(书桌。)

어떤가요? 똑같죠?

부사어

부사어는 문장에서 술어의 앞에 쓰여 술어를 꾸며 주거나 또는 문장 맨 앞에 쓰여 문장 전체를 꾸며 주는 요소입니다.

그럼 얘는 어떤 내용을 꾸며주느냐? 다음과 같은 내용입니다.

他被妈妈骂了一顿以后，第二天起得很早。
(그는 엄마한테 꾸지람을 들은 후, 다음날 일찍 일어났다.)(시간)

教学研讨会在礼堂召开。(교육학술회는 강당에서 열린다.)(장소)

我们都热爱自己的祖国。(우리는 모두 우리의 조국을 열렬히 사랑한다.)(범위)

大家对这个节目没有兴趣。
(모든 사람들은 이 프로그램에 대해 흥미가 없다.)(대상)

他们都为实现民主化而努力工作。
(그들은 민주화를 실현하기 위하여 열심히 일한다.)(목적)

这一年的清明节，分外寒冷。(올해 청명절은 유난히 춥다.)(정도)

他有一点醉意，可是仍然规规矩矩地把酒放在老夫人的面前。
(그는 약간 취기가 있지만, 여전히 예의바르게 노부인의 앞에 술을 내려놓았다.)(상태)

请让我歇歇吧，可累死了。(저 좀 쉬게 해주세요. 정말 힘들어 죽겠어요.)(어감)

这位小姐果然利害。(이 아가씨는 과연 대단하다.)(긍정)

我不想带他去。(나는 그를 데려가고 싶지 않다.)(부정)

부사어 뒤에는 일반적으로 구조조사 '地'를 씁니다. 그런데, '地'는 언제 쓸까요?

관형어의 '的'는 우리말에 넣고 싶을 때 넣으라고 했었죠? 그런데 부사어의 '地'는 그렇게 딱 떨어지지 않아요. 우리말의 부사어로 쓰이는 조사하고 대응시키기가 만만치 않거든요. 그럼 어쩔까요? 중국어법 책에서 말하는 대로 그대로 베껴서 좌아악 늘어놓을까요? 그렇게는 성격상 아니 승질상 할 수 없고요, 간단하게 말하고 지나가죠.

먼저 품사별로 구분을 하자면,

① "부사는 부사어로 바로 쓰이니까 '地'를 쓸 필요가 없다."
② "나머지 품사들은 부사어를 만들려면 '地'를 붙인다."

그리고 둘째, 요건 음절하고 관계있는 문제인데, 단음절 형용사가 부사어로 쓰일 경우에는 일반적으로 '地'를 쓰지 않아요. '快去', '慢走', '大叫', '大热' 처럼요.

그럼, 다음절일 때는 어떻게 하나?

답: 부사어 글자의 수가 좀 길다 싶으면 그냥 '地'를 붙이세요.

이 나머지 사항은 그 때 그 때 보면 다 아는 것들입니다. 염려마세요.

끝으로 여러 개의 부사어가 쓰일 경우 그 순서는 어떻게 될까요?

부사어는요, 관형어와 달리 성격상 여러 개가 한꺼번에 쓰이기가 어렵습니다. 그러니까 별로 문제가 안 되지요. 굳이 알아야 하시겠다면, 이건 우리말 순서대로 배열하시면 됩니다. 예를 하나 들게요.

(他们) + 昨天 + 在教室里 + 对考试问题 +热烈地 + (讨论了。)
그들은 어제 교실에서 시험문제에 대해 열렬히 토론했다.

위의 예문에서 '어제' · '교실' 이런 건 꼭 부사어라고 하기에 좀 그렇고요, '시험문제에 대해' '열렬히' 이런 정도가 진짜 부사어잖아요? 이런 정도예요. 왜 자꾸 우리말 순서대로 하라고 하는지 아시겠죠?

이제까지는 문장을 이루는 요소를 설명했으니, 지금부터는 문장 자체를 이야기하도록 하죠. 낱말에서 품사, 품사에서 문장 구성 요소 그리고 이제 문장을 시작할 차례니까 이 책도 종착역을 향해서 가는 듯하군요.

나의 사랑, 중국어법

단문과 복문

단문

문장은 단순한 문장하고, 복잡한 문장하고 둘로 나뉩니다. 이걸 단문과 복문이라고 하죠. 그런데 세상일 다 그런 것처럼 단순한 게 단순하지 않아요. 세상에 단순한 사람 있나요? 단순하게 보이는 거 뿐이죠. 또 문장 짧다고 단순한가요? 아무리 조그만 동물이라도 오장육부는 다 있다잖아요?!

복문은 오히려 간단해요. 왜냐? 단문을 끝내고 가면 얘네들을 연결하는 게 복문이니까요, 단문을 알면 복문은 그냥 주욱 진도 나가게 됩니다.

의문문

영문법을 보면 단문은 그 내용에 따라 평서문, 의문문, 명령문 그리고 감탄문 등 네 가지로 나눈다고 그럽니다. 중국어도 그렇긴 한데 이런 걸 다 설명할 필요는 없고, 의문문만 얘기하도록 하죠. 중국어에는 묻는 방식이 몇 가지가 있어서 그래요.

(1) 의문대사를 쓰는 방식

이건 영문법에도 있는 거니까 다들 쉽다고 느낍니다.

谁是你们的游泳教练? (누가 너희들의 수영코치시니?) (who)
他什么时候回来? (그는 언제 돌아오나요?) (when)
他结婚的条件是什么? (그의 결혼 조건은 뭐야?) (what)

(2) 의문 어감조사 '吗'·'呢'·'吧' 등을 쓰는 방식

这个月三十天吗? (이번 달은 30일인가요?)
我好不容易做完了今天的作业, 你呢?
(나는 간신히 오늘 숙제를 끝마쳤어. 너는?)
现在快十二点了吧? (지금 12시가 거의 다 되었지요?)

또한 이 방식은 반문을 할 때도 쓰여요. 우리말도 그렇잖아요.

你整天买东西不烦吗? (당신 하루 종일 물건 사는데, 지겹지도 않은가요?)

他不是这个会的一员吗? 怎么会这样做?
(그는 이 모임의 회원 아니야? 어떻게 이럴 수 가 있어?)

你还以为你能管住我吗? 休想!
(네가 나를 말릴 수 있을 거라 생각하니? 단념해!)

어감조사 '呢'는 홀로 명사나 대사 뒤에 쓰여 소재를 물을 수 있다고 했었죠? 이 때는 '…在哪儿?'의 뜻이 되고요.

我的帽子呢? (=我的帽子在哪儿?)(내 모자는? = 내 모자가 어디 있지?)

小王呢? (=小王在哪儿?)(샤오왕(小王)은? = 샤오왕은 어디 있나요?)

때로는 어감조사를 쓰지 않고 문장의 끝만 올려서 물을 수도 있어요. 요건 들어보면 아는 거라, 문장에서는 잘 구별이 안 가죠.

他已经出国了? (그는 이미 출국했나요?)

听说最近他的情绪不大好? (듣자하니 최근 그 사람 컨디션이 좋지 않다면서요?)

(3) "A不A" 또는 "A…还是B" 방식

이건 대답하는 사람에게 어떤 한 가지를 선택해서 대답하게 하는 방식이죠.

老公, 你饿不饿? (여보, 당신 배고파?)

暑假你是回上海还是留在北京?
(여름방학에 너는 상해로 돌아갈거야 아니면 북경에 남아있을 거야?)

그런데 무슨 말을 한 다음 맨 끝에 "A不A" 방식으로 묻는 경우도 있어요. 이때는 자기 말에 긍정하라는 뜻이에요. 이 때 자주 쓰이는 말로는 '是不是', '对不对', '好不好' 등이 있어요.

你住在北京, 是不是? (너는 북경에 살고 있지, 그렇지?)

对我来说, 这是一个难得的机会, 对不对?
(제 입장에서 말하자면, 이것은 매우 얻기 어려운 기회입니다. 맞죠?)

我们明天早上动身, 好不好? (우리 내일 아침에 출발해요, 좋죠?)

위와 같은 말을 들었는데 앞에 뭐라고 했는지 잘 못 알아들었을 때, 또는 수업 중에 딴 생각하다가 선생님께 위와 같은 형식의 질문을 받았을 때는 무조건 "是!", "对!", "好!" 하면 됩니다. 만약 분위기 한 번 바꿔보겠다고 혼자 "不是!", "不对!", "不好!" 했다가는 정말 분위기 바뀌게 됩니다.

(4) "…了没有?" 방식

이 방식은 '没有'가 들어갔으니까 당연히 어떤 일이 있었는지 없었는지를 물을 때 씁니다. 대체로 이건 말이 간단한 경우에 써요.

你吃饭了没有? (니 밥 묵은나?)

水开了没有? (물 끓었나?)

끝으로 가끔씩 학생들이 하는 질문.

① "你好!"는 우리말로 "안녕하세요?"인데, 왜 책에서는 물음표를 안 쓰고 느낌표를 쓰나?
② TV 방송에서는 여러 나라 인사말 소개할 때, 중국어는 "你好吗?"라고 하는데, 왜 학교에서는 "你好!"라고 가르치고 "你好吗?"라고는 안 가르치나?
③ "您贵姓?"(성함이 어떻게 되시나요?)이라고 할 때 위에서 배운대로 하면 의문문 방식 어디에도 안 속하는데, 얘는 왜 묻는 말인가?

이제부터 제가 하는 말은 위의 질문에 대한 중국 정부의 공식 답변이 아니라, 제 생각을 말하는 거니까 한 수 접고 들어주시기 바랍니다.

① "你好!"는 단순한 인사말이어서, 정말 "안녕하시냐?"고 묻는 게 아니예요. 예전에는 "식사하셨어요?"라는 말도 인사말이었어요. 정말 "밥 먹었냐?"고 묻는 게 아니죠. 경상도에서는 아직도 "밥 무(그)었서예?"라고 하는 거 같던데요… 아침에는 "안녕히 주무셨어요?"라고 해도 진짜 "잘 잤냐?"고 묻는 건 아니잖아요? 그냥 인사지. 그래서 "你好!"에는 물음표를 쓰지 않고 느낌표를 쓰는 겁니다.

② "你好吗?"는요, 인사말이 아니라 "잘 지내냐?", "너 괜찮냐?" 하는 정말 안부를 묻는 말이예요. 그러니까 얘는 정식 의문문입니다. TV에서 인사말이라고 소개하는 건 제가 뭐라 답할 성질이 아닌 것 같고요.

③번에 대한 답은 "그러게 말이예요"입니다.

다 아시는 얘기지만, '姓'은 명사로 쓰면 '성씨(姓氏)' 할 때의 '姓'이고, 동사로 쓰이면 '姓이 뭐다'라는 뜻으로 쓰입니다. "我姓李."(나는 성이 이씨입니다.) 이렇게요. "您贵姓?"에서의 '姓'은 명사로 쓰인 겁니다. 그런데 얘 앞에 '您'도 들어가고 '贵(귀할 귀)'라는 존칭도 들어가면 우리말에 "저, (죄송하지만) 성함이…?" 요 정도에 해당하는 게 아닌가 합니다. "어떻게 되시나요?"는 굳이 말 안 해도 알잖아요? 이와 비슷한 예로는 "您贵庚?"이 있습니다. '庚(gēng)'은 글말로서 나이를 뜻하니까, 우리말로 옮기면 "저, 연세(또는 춘추)가…?" 정도에 해당합니다.

알아두어야 할 중국어의 몇 가지 문장 형식

이제부터는 알아두어야 할 중국어의 몇 가지 문장 형식을 이야기하도록 하겠습니다. 예전에 제가 어법책을 썼을 때는 얘네들 이름을 "특수한 단문들" 이랬어요. 그런데 한 십 년쯤 가르치다 보니까 이게 특수한 게 아니더라고요, 그냥 나름대로 자기 특징을 가지는 거지요.

"그게 그거 아니냐?"라고 하실 지도 모르겠지만, '특수'라는 말은 일반하고 상대적으로 쓰이는 말이잖아요? 근데 얘네들은 그저 약간 다른 정도지 그렇게 '특수'한 게 아니거든요.

만약 목적어 두 개 나오는 문장을 '특수한 단문'이라고 소개하면 어떠시겠어요? "그게 무슨 특수한 단문이야? 다 아는 걸…" 이러시지 않겠어요? 그럼 '주제문' 이러면 어떤 느낌인가요? '특수' 한가요? 얜 술어 앞에 명사가 두 개 오는 문장입니다. 술어 뒤에 명사가 두 개 오는 건 '일반'이고 앞에 두 개 오는 건 '특수'고, 이런 건 아닙니다. 그저 익숙하지 않다는 것 뿐입니다.

왜 이렇게 입장하는 말이 기냐? 긴장하시지 말라는 겁니다. 얘네들도 그냥 대충 쓰는 거지, 별다르지 않다는 거죠. 자 그럼 주제문부터 시작하죠.

주제문

주제문은 주제어가 쓰인 문장이에요.

먼저 주제문의 구조를 살펴보면요,

$$N_1 + N_2 + V$$

이렇게 되어 있거든요. 여기서는 N_1을 주제어, N_2를 주어 그리고 V를 술어라고 하기로 했었죠?

그런데 중국에서는 N_1을 주어, N_2+V를 하나로 묶어서 술어라고 분석합니다. 이런 술어를 중국어로는 '주위위어(主谓谓语)'라고 하고요. 동사술어, 형용사술어 이런 것처럼 '주어하고 술어로 구성된 술어'라고 하는 거죠. 이걸 우리말로 번역해서 '주술술어'라고도 하고요. 그럼 왜 같은 걸 이렇게 각자 따로 말하냐 하면, 그건 가방끈 긴 사람들 때문입니다.

중국 어법학자들은요, 문장의 구성 요소는 주어, 술어, 목적어, 보어, 관형어 그리고 목적어, 요렇게 6가지여야 되는 걸로 머리 속에 딱 박혀 있었습니다. 이래야 마음도 편하고 집에 가서 잠도 잘 오는데, 그런데 주어 앞에 뭔가가 있을 때도 있단 말이예요. 그래서 요걸 뭐라고 해야 할 지 고민이 많았어요.

이걸 주어라고 하자니 뒤에 있는 애가 걸리고, 그렇다고 그냥 모르는 척하고 지나가자니 이 넘이 두 눈 시퍼렇게 뜨고 쳐다보고 있고… 그러던 중에 미국에서 활동하고 있던 조원임(赵元任)이란 학자가 이걸 'full sentence predicate', 우리말로 하면 '문장으로 이루어진 술어'쯤 되겠지요, 이렇게 명명했어요.

중국의 어법학자들은 이 주장을 듣고 장마에 구름 걷히고 햇살을 본 듯, 갈대숲이 좌악 벌어지고 큰 길 나타나듯 기뻐했습니다. 그리곤 곧바로 이 분석법을 받아들여서 공식적인 용어로 '주위위어'라고 이름 붙였어요. 일이 이렇게 된 겁니다. 우리말에서는 이런 걸 이중주어문이라고 하잖아요. N_1, N_2가 다 주어라는 거지요.

아무튼 대주어·소주어면 어떻고, 제1주어·제2주어면 또 어떻고, 그렇다고 주제어·주어면 어디 탈납니까? 그리고 주제를 화제라고 부르면 또 어떻습니까? 다 됩니다. 다 돼요. 그저 축구만 잘하면 됩니다.

주제문은 주제어의 성격에 따라 다음 세 가지로 나뉩니다.

첫째는 주제어와 주어가 의미상으로 전체와 부분의 관계에 있는 경우입니다.

这个女孩眼睛很大。(이 여자아이는 눈이 무척 크다.)

---- 여자아이의 여러 특징 가운데 눈이 크다는 것을 말함.

黄河水急浪大。(황하는 물살이 급하고 물결이 크다.)

这部汽车性能好, 样子美观, 价格便宜。

(이 자동차는 성능이 좋고, 모양도 예쁘고, 가격도 싸다.)

张小姐性格温和。(미스 장은 성격이 온화하다.)

둘째, 주제어는 술어에 대하여 의미상 객체가 됩니다. 즉 지배를 받는다는 거죠.

这个问题, 我认为已经不存在了。

(이 문제는 나는 이미 존재하지 않는다고 여긴다.)

这样的事, 他觉得比死亡更可怕。

(이런 일은 그는 죽는 것보다 더 두렵게 느낀다.)

这件事谁都不知道。(이 일은 아무도 모른다.)

셋째, 주제어는 전체 문장에 대하여 '…에 대해서는', '…에 대하여 말하자면' 등과 같은 뜻을 나타냅니다.

这两个问题, 你就放心吧。(이 두 문제에 관해서는 당신은 안심하세요.)

这件事，我们公司已经办过好几次了。
(이 일에 대해서는 우리 회사는 이미 몇 차례 처리한 적이 있습니다.)

象棋我下不过他，可是围棋他下不过我。
(장기는 내가 그를 못 이기지만, 바둑은 그가 나를 이기지 못한다.)

做人，老实第一。(사람은 성실이 제일이다.)

중국의 어법책을 보면 주제문은 주제어가 뒤에 있는 주어와 술어, 즉 전체 문장에 대해서 내용상 판단 또는 평가의 대상이 되기 때문에 서술성보다는 판단성을 강하게 띤다고 설명하고 있습니다. 이 말을 우리말에 접목시켜 이해하자면 주제어의 뒤에 우리말의 주격조사 '은(/는)'을 넣어 해석하는 것이 가장 합당한 방법이 아닌가 생각해요. 아래의 예문을 보시죠.

水饺我不吃。(물만두는 나는 안 먹어.)

现在的世界潮流，民主是主流。(현재의 세계 흐름은 민주가 주류이다.)

电脑，我是外行。(컴퓨터에 대해서는 나는 문외한이다.)

张三女朋友多。(장삼은 여자 친구가 많다.)

위의 주제문의 종류에서 두 번째를 말할 때, 주제어가 술어의 지배를 받는다고 그랬죠? 비슷한 얘긴데요, 주제문의 주어는 술어가 행동동사인 경우 내용상 행동의 주체가 됩니다.

(예1) 这本书我看过了。(이 책은 난 본 적이 있다.)

(예2) 我这本书看过了。(나는 이 책을 본 적이 있다.)

위의 예문에서 (예1)은 주제문이고요, (예2)는 목적어가 도치된 문장입니다. 목적어를 강조하려고요.

뭐가 다를까요? (예1)이나 (예2) 모두 동사 '看' 앞에 명사가 두 개 있는데요? 이건요, 내용으로 판단해야 합니다.

주제문은요, 말하는 사람이 주제를 먼저 띄워 놓고 "내가 어떻게 생각한다", 또는 "그가 어떻다"라고 말하는 문장이라고 했잖아요? 그러니까 주어는 실제 그 생각이나 행동을 하는 사람이어야 하죠. 그런데 (예2)는 술어 '看' 앞에 비록 '我'와 '这本书'라는 두 개의 체사가 쓰였지만 '这本书'가 '看'이라는 행동을 할 수 없기 때문에 이 문장은 주제문이 아니라 보통 "주어+술어+목적어"로 이루어진 문장인데, 목적어가 술어 앞으로 나온 문장으로 간주하는 겁니다.

다음 예문을 보세요. 주제문으로 이야기하면 의미가 달라집니다.

(예3) 她肚子大了。(그 여자는 배가 커졌다.)

(예4) 她的肚子大了。(그 여자의 배는 커졌다. 또는 크다.)

위의 예문에서 (예3)은 주제문으로, 그 여자는 (본래 배가 그렇게 나오지 않았었는데) 임신 등의 이유로 해서 배가 커졌다는 뜻이고, (예4)는 형용사술어문으로 단지 그 여자의 배가 크다는 사실을 말하고 있는 거예요.

(예5) 炸酱面我不吃。(짜장면, 나 안 먹어.)

(예6) 我不吃炸酱面。(난 짜장면 안 먹어.)

(예7) 这个问题, 我没有意见。(이 문제는 난 의견이 없어.)

(예8) 对於这个问题, 我没有意见。(이 문제에 대해서 난 의견이 없어.)

위의 예문에서 (예5)는 주제문으로 다른 것은 몰라도 '짜장면'은 먹지 않겠다는 뜻이고요(평상시는 잘 먹었는데 그날따라 무슨 사정이 있나 봐요), (예6)은 그저 짜장면을 먹지 않는다는 사실을 말하는 겁니다.

(예7)과 (예8)의 경우도 마찬가지예요. (예7)은 다른 문제는 몰라도 이 문제에 대해서는 다른 의견이 없다는 것이고요, (예8)은 이 문제에 대해서 의견이 없다는 평범한 동사술어문이예요.

다술어문

다술어문이란 말 그대로 술어가 여러 개인 문장입니다. 술어는 대부분 동사예요. 그래서 중국에서는 연동구(连动句)라고도 해요. 중국어의 구(句)는 우리의 문(文)이니까요.

그리고 다술어문은 술어는 여러 개지만 주어는 하나고요, 또 술어들은 지들 사이에 순서가 있으니까 함부로 바꾸면 안 됩니다.

다술어문은 앞 뒤 술어 사이의 의미 관계에 따라 다음과 같이 몇 가지로 나누어집니다.

(1) 선후관계

어떤 행동이나 상황이 연속적으로 일어날 때, 그 사이에는 시간적으로 선후관계가 있게 마련이죠.

他们吃过晚饭散步去了。(밥 먹은 다음 산책 나가고)

他回头看我一眼。(고개 돌려서 보고)

大家听到这个消息都叹了一口气。(듣고 나서 한 숨 쉬고)

(2) 목적관계

뒤에 있는 술어의 행동이 앞에 있는 술어의 목적이 되는 겁니다. 우리말로 하자면 "…하려는데, 그것은 …하기 위해서이다"에 해당하는데, 우리는 이렇게 말하지 않으니까 해석할 때는 뒤의 술어부터 먼저 해석해서 "…하기 위해서 …하다"로 하면 됩니다.

아래의 예문에다가 직접 한 번 실험을 해보세요.

他打电话叫代理驾驶。(그는 대리운전을 부르기 위해서 전화를 한다.)

我们马上召开会议讨论这个问题。
(우리는 당장 이 문제를 토론하기 위해 회의를 소집한다.)

上午他到仁川机场迎接中国代表团了。
(오전에 그는 중국대표단을 맞이하기 위해 인천공항에 간다.)

그런데 목적관계하고 선후관계는 어법에서 이렇게 나눌 수도 있다는 거지, 사실 일상생활에서 말할 때는 구분할 필요가 없을 때가 많습니다. 예를 들어서 위의 예문에서 "他打电话叫代理驾驶."는 "그는 대리운전을 부르기 위해서 전화를 한다"(목적관계)라고 해석할 수도 있고, 또는 "그는 전화를 걸어서 대리운전을 부른다"(선후관계)라고 해석할 수도 있거든요. 물론 이때는 일반적으로 앞에 있는 동사 뒤에 동태조사 '了'를 쓰죠. 나머지 두 문장도 이와 마찬가지로 두 가지로 해석될 수 있어요.

그러면 '了'가 있고 없고를 가지고 이 관계를 구분하느냐 하면 꼭 그렇지도 않아요. 그건 영문법에서나 그렇게 또박또박 따지지, 중국어에서는 그저 대충 그런 뜻이 되나보다 하고 지나갑니다. 그러니까 영문법에서 'to 부정사' 문제 내듯이, "다음 예문에서 보기의 용법과 다르게 쓰인 문장을 고르시오." 이런 문제는 중국어에서는 못 냅니다.

그럼 목적인지 선후인지 어떻게 판단할까요? 역시 정답은 "말할 때의 상황이나 앞뒤 문장의 맥락을 보고 판단한다"입니다. 맨날 하는 얘기죠?

(3) 방식관계

이건 "뭘 가지고(이용해서) ……한다"는 겁니다. 앞의 술어에는 이런 뜻의 '用', '拿', '靠' 등이 쓰이게 마련이죠.

我们用什么方法来报答母亲的深恩呢? (우린 뭔 방법으로 보답할까?)

我坐飞机去北京, 他坐火车去。(비행기나 기차에 앉아서→타고)

周老师握着我的手说: "鹏程万里, 再见。"(손을 잡고 말씀하시길)

위의 첫 번째 예문에서 '来'는 '오다'라는 뜻을 나타내지 않고 어감을 부드럽게 하는 작용을 하는 애예요.

(4) 앞의 술어가 '有(/没有)'인 경우

앞의 술어가 '有(/没有)'인 경우인데, 우리말로 해석을 할 때는 뒤에 있는 동사술어부터 해서 "…할 …가 있(/없)다"로 하면 됩니다.

你有权利说这种话吗? (너 그런 말 할 권리가 있어?)

现在我没有饭吃, 也没有衣服可以穿。
(난 지금 먹을 밥도 없고, 입을 옷도 없고…)

看了他, 我没有话可说。(그를 보니, 내 할 말이 없네.)

겸직문

겸직문(兼职文)이란 한 문장 안에서 하나의 낱말이 목적어와 주어의 역할을 겸직하는 문장을 말합니다. 예를 들면요,

我请他来。(나는 그를 오라고 초대했다.)

위의 문장에서 '我'는 전체 문장의 주어가 되고 '他'는 술어 '请'의 목적어인 동시에 '来'의 주어가 됩니다.

이건 영문법에서 말하는 사역(使役)동사 쓰는 문장 있죠? 그거랑 비슷해요. 그런데 중국어에서는 내용상 사역만 있는 게 아니니까, 겸직문이라고 하는 겁니다. 중국에서는 겸어구(兼语句)라고 하죠. 주어와 목적어를 겸하는 문장이라는 뜻입니다. 어법적 냄새가 물씬 나죠? 배운 티도 좀 나고요.

겸직문은 그 내용에 따라 다음 몇 가지로 나눌 수 있습니다.

(1) 사역 · 허락

이러한 종류의 겸직문은 첫 번째 술어로 '让', '使', '叫', '派', '许', '准' 등과 같이 남에게 시키거나 부탁 또는 허락하는 뜻을 나타내는 동사가 쓰입니다.

这个消息使我非常惊讶。(이 소식은 나를 아주 놀라게 했다.)

对不起, 让您久等了。(미안합니다. 오래 기다리시게 해서요.)

总经理派他去北京分店。(사장님은 그를 북경 지점으로 파견하였다.)

这家老板不准人家发表和他相反的意见。
(이 회사 사장은 사람들이 그와 상반되는 의견을 발표하지 못하게 한다.)

(2) 호칭 또는 인정(认定)

이러한 종류의 겸직문은 첫 번째 술어로 '称', '叫', '骂', '选', '认为' 등과 같은 호칭이나 인정하는 뜻을 나타내는 동사가 쓰이고, 두 번째 술어로는 대부분 '做', '为(wéi)', '当', '是' 등과 같은 관계동사가 쓰입니다.

历史上称这个时期为春秋战国时期。
(역사적으로 이 시기를 칭해서 춘추전국시대라고 한다.→이 시기를 춘추전국시대라고 부른다.)

我们选他当代表。(우리는 그를 뽑아서 대표로 삼았다.→그를 대표로 뽑았다.)

我认为他是中国人。(나는 그가 중국인이라고 여겼다.)

(3) 애증(爱憎) · 호오(好恶)

이러한 종류의 겸직문은 첫 번째 술어로 대부분 '喜欢', '讨厌', '爱', '恨', '嫌', '佩服', '赞扬', '原谅' 등과 같은 심리상태를 나타내는 동사가 쓰입니다.

大家都喜欢他朴实、浑厚。(모두들 그의 성실하고 순박함을 좋아한다.)

我恨你这样说。(난 네가 그렇게 말하는 거 싫어.)
---- 싫은 대상도 '你', 말하는 것도 '你'

原谅他还没经验。(그가 아직 경험이 없음을 이해해주세요.)

(4) 앞의 술어가 '有(/没有)'인 겸직문

이러한 종류의 겸직문은 '有(/没有)' 뒤의 목적어가 뒤의 술어에 대하여 행위의 주체가 됩니다. 이 점이 위의 '有'가 쓰인 다술어문과 다른 점이죠.

我有一个朋友在台中工作。
(나는 친구 한 사람이 있는데, 그는 타이중에서 일한다.)
---- 나는 친구가 있고, 일은 친구가 함. (겸직문)

大家有决心完成这项任务。(모두가 이 임무를 완성할 결심이 서 있다.)
---- 임무를 완성하는 거나 그걸 결심하는 거나 같은 사람이 함.

일반적으로 '有(/没有)'가 쓰인 겸직문은 주어가 없던가 아니면 '有(/没有)' 앞에 시간사나 장소사가 오는 경우가 많아요.

有些人记忆力特别好。(어떤 사람들은 기억력이 아주 좋다.)
唐代有个女皇叫武则天。(당나라 때 무측천이라는 여황제가 있었다.)

겸직문도 술어가 두 개 쓰이잖아요? 그래서 그런지 겸직문하고 다술어문을 혼동하는 사람도 아주 가끔씩 있어요. 그걸 구별하는 방법은요, 겸직문에서는 두 술어의 행동의 주체가 각각 달라요. 바로 위의 타이중에 있는 친구가 나오는 예문처럼요. 이게 겸직문과 다술어문의 제일 큰 차이점이죠.

그리고 겸직문은 겸직어 뒤에서 끊어 읽어요. 예를 들어 "我请他来."라는 문장은 "我请他 | 来."와 같이 읽는다는 거죠. 이게 겸직문이 주술구를 목적어로 갖는 일반 단문과 다른 점이예요.

예를 들어 "我想他来."라고 할 때는 "我想 | 他来."와 같이 술어 '想'의 뒤에서 끊어 읽습니다. 왜냐하면요, 겸직문의 경우는 앞의 술어 '请'의 대상이 '他'까지일 뿐 '他来'가 아니기 때문에 '他'까지 끊어 읽는 거고요, 일반 단문의 경우는 '想'의 대상이 '他来' 전부이기 때문에 '想' 다음에 끊어 읽는 거예요.

존재문

존재문이란 사람이나 사물의 존재를 나타내는 문장을 말합니다. 중국에서는 존재뿐만 아니라 출현, 소멸 등도 포함된다고 해서 이를 존현구(存现句)라고 불러요. 존재의 '존'에다가 출현의 '현'을 합성한 거죠. 이름 지을 때 언제나 그 이름에 그 뜻이 담기도록 배려하는 중국 사람답습니다.

"아니 방금 소멸도 있다고 하지 않았나?
중국 사람은 그 이름에 그 뜻이 담기도록 배려한다면서,
그럼 '존현멸구'라고 해야지, 왜 존현구라고 했지?"

날카로우십니다. 중국 사람들도 그렇게 하고 싶었을 거예요. 그런데 '존현멸구'라고 하면 무슨 '벼멸구'의 일종 같잖아요? (썰렁한가?) 중국 사람들은 이름 지을 때 두 글자로 많이 지어요. 그래서 '존현구'라고 한 거 같습니다.

그런데, 정말 중요한 건 이겁니다. 중국어의 '존현구'에는 '在' 동사가 포함 안 됩니다. 이상하죠?

"아니 '존재'라고 하면 '있을 存', '있을 在'인데,
어떻게 '在'가 빠지지? 그럼 '있을 有'는 있나?"

예. '有'는 있습니다. 여기에는 눈물 없이는 볼 수 없는 아니 들을 수 없는 피치 못할 사연이 있답니다.

에~, 때는 1949년 중국 공산당이 국민당을 대만으로 몰아내고 중국을 통일한 때로 거슬러 올라갑니다. 통일을 하고나자 중국의 신정부는 중국어에 대해서 여러 가지 개혁적인 정책을 취합니다. 한자를 간단하게 쓰게 하고, 표준어의 기준을 만들어 전국에

보급하고, 발음을 정비하고 등등 말입니다. 진시황도 못했었던 거대한 사업이었지요.

보통화라고 부르는 표준어의 틀을 만들려면 이걸 설명해야 할 어법이 필요한 것은 당연한 이치지요. 그래서 전국의 어법학자들과 중고등학교 국어 선생님까지 불러 모아 어법을 정리하려고 했었습니다. 이 토론회는 1950년에 시작해서 3년 간 계속되었습니다. 3년 내내 했다는 게 아니라 토론회가 1950년에 1차 대회를 시작해서 1952년에 마지막 토론회가 끝났다는 겁니다.

이 때 토론회에서는 품사를 어떻게 구분하나, 또 몇 개로 나누느냐, 실사와 허사는 무슨 기준으로 나눌까, 주어와 목적어의 경계는 어떻게 정하나 등등 여러 가지 문제를 다루었어요. 존현구의 문제는 바로 여기 주어와 목적어의 경계 문제에서 나온 문제입니다. 예를 들어서요,

台上坐着五个人。(단상에 다섯 사람이 앉아 있다.)

이런 예문이 있다고 할 때, '坐'의 주어는 뭘까요? 어떤 사람은 '五个人'이란 사람도 있고, "아니다, 술어 坐 뒤에 있으니 목적어다"라는 사람도 있고요. "그럼 주어는 뭐냐?" "台上이다." "台上이 어떻게 앉냐?" 이런 식으로 싸운 거예요. 마찬가지로

昨天又来了一个人。(어제 또 한 사람이 왔다.)

라는 예문에서 '来'의 주어는요? 똑같이 싸웠죠. "어제[昨天]가 어떻게 오냐?"

한 삼 년 싸우다가 지쳤는지, 헤어질 때 잘가라는 인사도 안 했다네요. 그 후로 한참 지나서 몇 몇 조용한 성격의 어법학자들이 다시 모여서 이 문제를 다루기 시작했습니다. 차분한 성격의 내성적인 사람도 운전대만 잡으면 난폭해지잖아요? 조용한 성격의 어법학자들도 어법문제라면 용어 문제 하나라도 임전무퇴 · 결사항쟁, 절대 양보 안 합니다. 이렇게 치열한 과정을 거쳐 '격론 끝에 내린 결론'은 다음과 같습니다.

① 존재, 출현, 소멸 등의 내용을 표현하는 문장을 '존현구'라고 부른다.
② 존현구에서 술어 뒤에 오는 명사성 낱말은 행위의 주체이지만 목적어로 간주한다. 그리고 이 목적어는 불특정이다.
③ 존현구의 술어 앞에 오는 시간사나 장소사는 주어로 본다.

이렇게 약법삼장(约法三章)이 만들어지고, '존현구'가 탄생했던 겁니다.

위의 조건에 맞는 존현구 몇 문장을 예로 들어 보겠습니다.

桌子上有一本书。(탁자 위에 책 한 권이 있다.)

墙上挂着一幅全家福照片。(벽에 전체 가족사진 한 장이 걸려 있다.)

这家昨天来了很多客人。(이 집에 어제 많은 손님이 왔다.)

最近我们公寓里搬走了三家, 又搬进来两家。
(최근에 우리 아파트에 세 집이 이사 가고, 또 두 집이 이사 왔다.)

这里附近昨天死了一个人。(이 부근에서 어제 한 사람이 죽었다.)

그러면 '在'는 어떻게 되었을까요? 이걸 설명하기 전에 먼저 위에서 예문으로 들었던 "昨天又来了一个人."의 얘기를 해보죠.

만약 이걸 "昨天他又来了."라고 하면, 이건 '他'가 주어고 '来'가 술어인 보통 동사술어문입니다. 존현구가 아니고요. 왜냐하면, '他'는 이미 알고 있는 '그'입니다. 특정인이거나 아니면 알고 있는 사람이죠. 중국어에서는 이럴 때는 이런 사항을 주어로 세우고, 일반적인 "주어+술어" 문장으로 말합니다. 중국어의 존현구는 "불특정한 사람이나 사물의 존재, 출현, 소실"을 말할 때 쓰는 문장입니다. 이런 사항은 동사 뒤에 옵니다.

그래서 '在'가 존현구에 들어가지 못하는 기구한 운명이 되었던 겁니다. 이병관의 『나의 사랑, 중국어법』 제4조가 뭐였죠? "**4 특정? 불특정?**"이었죠? 바로 이 문제 때문입니다.

"그러면 여기 '존재문'에서는 '在'를 취급 안 하나요?"

아니요, 당연히 다루어야죠. 존현구야 중국 어법학자들이 정한 영역이고, 우리야 존재를 표현하는 건 다 다루어야죠. 다만 여기서 '존현구'라고 부를 땐 중국 사람들이 '격론 끝에 내린 결론'에 따르는 거고요, '존재문' 이러면 그냥 '존재를 표현하는 문장'이라고 구분해서 보셔야 합니다.

중국어에서 어떤 장소에 사람 또는 사물이 존재하고 있음을 설명하려 할 때에는 두 가지 표현 방식이 있습니다.

① 소재지＋동사('有' 등)＋존재물(사람/사물)
② 존재물(사람/사물)＋'在'＋소재지

이제는 짐작하시겠지만, ①번은 불특정한 것의 존재를 표현하는 이른바 '존현구' 방식이고요, ②번은 '在'동사를 써서 존재를 나타내는 방식이에요.

어떤 어법책에서는 ①번과 ②번 방식을 설명하면서, ①번은 "뭐가 있다"라고 할 때 쓰고, ②번은 "어디에 있다"라고 할 때 쓰는 방식이므로, 장소가 앞에 오냐 뒤에 오냐를 가지고 '有'를 쓰냐 '在'를 쓰냐가 결정되고, 그래서 이 둘을 바꾸어 쓸 수도 있다고 하던데요, 그건 이 둘의 표현법을 기계적으로 이해한 거예요.

예를 들어 "桌子上有一本书." 이거는 되지만, "一本书在桌子上." 이건 안 되잖아요. 마찬가지로 "那本书在桌子上." 이거는 되지만 "桌子上有那本书." 요건 안 되죠? 그러니까 이 둘은 함부로 바꾸어 쓸 수 있는 것이 아니고요, 이건 "**4 특정**? **불특정**?"에 관계되는 문제랍니다.

이 둘이 어떻게 다르게 쓰이는지 아래의 예문에서 확인해 보겠습니다.

호돌이: "这附近有没有百货公司?"(이 근방에 백화점이 있나요?)
---- 아무 백화점이나 상관없어요. 그냥 백화점이면 돼요.

호순이: "这附近没有百货公司, 只有商店。"
(이 근방에 백화점은 없고, 상점만 있어요.)
---- 상점도 역시 그냥 상점이에요.

호돌이: "那么, 商店在哪儿呢?"(그럼 상점은 어디에 있나요?)
---- 이 상점은 바로 앞에서 호순이가 말한 그 상점이거든요. 이미 둘 사이에 얘기가 되었던 거죠. 이걸 영어로 표현하자면 위 예문의 상점은 'a store'로 쓰고, 여기의 상점은 'the store'로 쓰겠죠. 그래서 '在'를 쓰는 겁니다.

호순이: "商店在前面十字路口左边。"
(상점은 앞의 네거리 왼쪽 편에 있어요.)

한편 '是'동사를 써서 존재의 의미를 나타낸다고 하기도 하는데, 사실 '是'동사를 쓴 경우와 '有'동사를 쓴 경우에 나타내는 '존재'의 의미는 달라요.

'是'동사가 뭐예요? 존재동사인가요? 아니죠?! '是'동사는 죽으나 사나 관계동사입니다. 바로 이 책의 제3조 "**3 남자란?**"에 해당하는 문제입니다. 남자는 죽으나 사나 쪼잔한 동물이지, 다른 데 갖다 놓는다고 대범해지지 않습니다. '是'동사 역시 마찬가지입니다.

'有'를 써서 존재를 나타내는 경우는 단순히 '어디에 무엇이 있다'라는 것을 설명할 뿐이고요, '是'동사를 써서 존재를 나타내는 경우는 말하는 사람이 소재지를 '규정'하거나 그 소재지에 있는 존재물을 '확인'하는 뜻이 있습니다. 아래의 예문을 보시죠.

桌子上有一本书。(탁자 위에 책 한 권이 있다.)

桌子上是一本书。(탁자 위에 있는 것은 책 한 권이다.)

위의 예문에서 '是'동사를 쓴 문장은 비록 존재를 말하고는 있지만 여전히 판단성이 강합니다.('是'동사 지가 어디 가나요?!) 그리고 이 때 '桌子上'은 서술의 직접적인 대상이므로 주어가 됩니다. '是'와 '有'의 이러한 차이점은 묻고 대답할 때 더욱 '확실히' 드러납니다.

桌子上是什么? (책상 위에 있는 거 그거 뭐죠?)

桌子上是书。(책상 위에 있는 건 책이예요.)

桌子上有什么东西? (책상 위에 무슨 물건이 있나요?)

桌子上没有什么东西。(책상 위에는 아무 물건도 없어요)

桌子上有书。(책상 위에는 책이 있어요.)

위의 예문에서 '是'를 써서 물었을 때는 묻는 사람이 이미 탁자 위에 무엇인가가 있는지를 알고 있는 상태에서 그것이 무엇인가를 묻는 거예요. 그래서 대답하는 사람도 그 존재물이 책이라고 답을 한 거고요.

그런데 '有'를 써서 물었을 때는 묻는 사람은 탁자 위에 무엇이 있는지 없는지를 모르고, 또 무슨 물건이 있는지도 모르는 상태입니다. 따라서 대답하는 사람은 "물건이 있다 · 없다"로 답을 할 수도 있고, 또 "무슨 물건이 있다"라고도 답을 할 수 있는 거예요.

처리문

처리문이란 개사 '把(bǎ)'를 써서 "주어+把+목적어+술어(+기타 요소)"와 같은 문장 형태를 만들어서, 목적어가 어떻게 처리되었음을 분명하게 표현하는 문장을 말합니다. 중국 사람들은 '把자를 쓴 문장'이라는 뜻으로 '파자구(把字句)'라고 하죠.

옛날이야기를 하자면요, '把'는 본래 '쥐다', '잡다'라는 뜻의 동사였어요. 우리말 훈도 '잡을 파'잖아요. 그래서 본래 "把+체사(목적어)+동사 …"와 같은 꼴의 문장은 "…을 잡고 …하다"라는 다술어문이었는데, '把'가 동사로서의 뜻이 약해지면서 현재와 같은 처리문의 형태가 된 거예요. '把'가 처리문의 개사로 쓰이기 시작한 것은 대체로 당나라(7~9세기) 때부터라고 합니다.

우리 한국 사람들은 "처리문" 또는 "파자구" 이러면 가슴이 철렁한다고 합니다. 왜 그럴까요?

그건 첫째, "처리문은 어렵다"는 막연한 두려움에서 비롯된 것이고, 둘째는 "언제 써야 하는지를 확실히 모르겠다"고요, 셋째는 "용법이 복잡하다", 그래서 넷째, "시험에 나오면 어떡하나?" 하는 걱정으로 마무리를 합니다.

우선 첫 번째로 "처리문은 어렵다"의 문제인데요, 아마 이건 우리말에 대응되는 말이 없고, 영문법에서도 이런 용법을 찾기 어려워서 생긴 것이 아닐까 생각이 됩니다. 누구나 미지의 세계 앞에서는 막연한 두려움이 있는 법이니까요.

그럼 이 시점에서 여러분께 하나 물어볼게요. 피동문은 어떠세요? 피동문도 두려우신가요? 안 그렇죠? 사실 순수하게 어법적 어려움으로 말하면 중국어의 피동문은 처리문보다 훨씬 더 어렵습니다. 용법도 다양하고요. 그런데 학생들에게 "피동문" 이러면 어렵다고는 해도 두려워하지는 않습니다. 이런 문장은 우리말에도 있고, 영문법에서도 배운 경험이 있기 때문이죠. 그러니까요 "어렵다"는 것은 하나씩 공부해서 이겨나가야 할 과제고요, "두렵다"는 것은 괜한 걱정이니까 마음 편하게 가지시기 바랍니다.

두 번째 문제, "언제 써야 하는지를 확실히 모르겠다"인데요, 이건 중국 사람들에게 물어봐도 자기들도 "잘 모르겠다"고 해요. 사실은 정말 모르는 게 아니라 딱 집어서 말하기가 어렵다는 거죠. 중국의 어법책이나 시중에 나와 있는 중국 어법책을 아무거나 골라서 봐 보세요. 언제 써야 하는 지에 대해서 7~8가지 좌아악 늘어놓고, 언제 쓰면 안 되는 지에 대해서도 좌악 늘어놓고 있을 겁니다. 이런 건 중국 사람도 모릅니다. 어법학자도 다 외우고 있지 못해요. 이런 상황인데 왜 우리만 열심히 "용법①, 용법②, 용법③ …" 이래가면서 외워야 합니까?

혹시 여러분들 중에서요, 중국에 가서 오늘 중국 사람을 상대로 해서 꼭 처리문을 써먹고 싶었는데 못 써먹었다고, 숙소에 들어와서 안타까워가지고 잠을 설치고, "내일은 꼭…." 이러면서 굳은 결심을 하는 한국사람 보셨나요? 그런 사람은 없습니다.

갑자기 왜 이런 말을 하냐 하면요, 우리가 처리문을 언제 써야 하는지를 알고 싶은 것은 중국에 가서 그걸 써먹으려고 해서가 아니라, 시험에 나올까봐 그런 거 아닐까요? 만약 그런 이유시라면 "써야 할 때의 용법①, 용법②, 용법③ …" 중얼거리며… 형광펜으로 밑줄 그어가며… 이렇게 외우지 마세요. 사실 우리는 그런 걸 다 알 필요도 없고요, 시험에도 못 냅니다.

그렇다면 처리문은 도대체 언제 써야 하는가? 그건,

"처리문은 '**특정한 사물**'에 대해 처리를 '**분명하게**' 표현하고자 할 때 쓴다."

이렇게 알아두면 됩니다. 아래의 예문을 보시죠.

我卖了一辆汽车。(나는 차 한 대를 팔았다.)

---- 단순히 어떤 차 한 대를 팔았다는 사실을 말함.

我把一辆汽车卖了。(×)

---- 어떤 차를 처리했는지 대상이 분명하지 않음.

我已经卖了我的汽车了。

---- 단순히 내 차를 팔았다는 사실을 말함.

我已经把我的汽车卖了。

---- 내 차를 어떻게 처리했다는 뜻을 말함.

我已经把我的汽车卖给我的朋友。

---- 차를 처리한 내용을 보다 구체적으로 설명함.

이 경우는 **반드시** 처리문으로 표현해야 해요.

我已经卖我的汽车给我的朋友。(?)

---- 보통 이렇게는 말하지 않음.

위에서 처리문은 "처리문은 '**특정한 사물**'에 대해 처리를 '**분명하게**' 표현하고자 할 때 쓴다."고 했는데요, 이건 "언제 쓰나?"라는 두 번째 물음에 대한 답도 되지만, 셋째 문제인 "용법이 복잡하다"에 대한 답도 포함하고 있어요.

앞에서 처리문의 형식을 말하면서, 처리문은 "주어+把+목적어+술어(+기타 요소)" 이렇게 구성된다고 했죠? 이 구성 요소들이 각자 다 자기 특징을 가지고 있어요. 그래서 용법이 복잡하다고 느낄 수도 있습니다. 만약 처리문에 관한 문제를 낸다면 바로 이 영역입니다. 그러므로 이건 이래저래 어차피 피해갈 수 없는 관문이니까, 부딪쳐서 하나씩 뚫고 지나가도록 하겠습니다.

(1) 주어

일반적으로 처리문의 주어는 목적어를 처리하는 **행동의 주체**가 됩니다. 당연하죠. 뭘 처리하겠다는데, 주어가 지 밥벌이도 못하는 시원찮은 인물이면 안 되잖아요.

我把那个碗打破了。(나는 그 그릇을 깼다.)

他们把鸡蛋放在桌子上。(그들은 계란을 탁자 위에 놓았다.)

(2) 개사 ‘把’의 목적어

처리문에서 개사 ‘把’의 목적어는 특정한 것이거나 또는 누구나 알 수 있는 일반적인 것이어야 합니다. 바로 “**4 특정? 불특정?**”에 해당되는 사항입니다. 여기에서 특정한 것이라는 의미에는 대화하는 사람 사이에 이미 알고 있거나 또는 알 수 있는 것까지를 포함합니다.

처리문에서 목적어가 특정한 것이어야 하는 이유는요, 주어의 경우와 마찬가지입니다. 뭘 처리하겠다고 처리문을 시작했는데, 그 처리 대상이 뭔지 불분명하다? 말이 안 되잖아요. 그럼 처음부터 처리문을 쓰지 말던가, 처리한다고 해 놓고 뭘 처리할지 모른다면, 사람 신용 없어지죠.

他从我的书架上把那本书拿走了。
(그가 내 책장에서 그 책을 가져갔다.)
---- 대화하는 사람 사이에 알고 있는 책

今年夏天，我把游泳学会了。
(올해 여름, 나는 수영을 배워서 할 수 있게 되었다.)
---- 수영은 누구나 알 수 있는 것

昨天我的两个孩子都生病了，我马上把他们送进了医院。
(어제 내 두 아이가 모두 아파서 나는 곧바로 걔들을 병원에 데리고 갔다.)
---- 걔들은 앞에서 말한 내 두 아이

그런데 불특정한 사물이라도 처리문으로 표현하면 특정한 것으로 변합니다.

我昨天骑车把一个孩子撞了。
(어제 나는 자전거를 타고 가다 한 아이를 치었다.)

위 문장에서의 ‘一个孩儿’는 ‘내 자전거에 부딪혀 넘어진 한 아이’로 특정한 아이를 가리켜요. ‘어떤 아이’가 아니고요. 다음 예문도 같은 경우예요.

客人不少，宰两只鸡吧。(손님이 적지 않으니, 닭 두 마리를 잡거라.)

---- 집에 있는 닭 가운데 아무거나 두 마리를 잡으라는 것.

客人不少，把两只鸡宰了吧。(손님이 적지 않으니, 그 닭 두 마리를 잡아라.)

---- 대화하는 사람끼리는 이미 어떤 닭 두 마리를 잡을 건지 얘기가 되어 있거나, 아니면 집에 있는 닭이 전부 두 마리여서 두 마리를 다 잡으라는 뜻임.

다만 습관적인 행동, 도리상의 문제 그리고 아직 일어나지 않은 일을 말할 때는 예외로 불특정한 것도 목적어로 쓰일 수 있습니다.

他这个人太马虎，从不把事情放在心上。

(그는 너무 대충대충이어서 여태까지 일이란 걸 마음에 둔적이 없다.) ---- 습관적인 행동

把一个青年培养成有用的人材不是件容易的事。

(청년 한 사람을 유용한 인재로 키우기란 쉬운 일이 아니다.) ---- 도리

我想把一本英语小说译成汉语，你说哪一本好？

(나는 영어소설을 중국어로 번역하고 싶은데, 어떤 책이 좋을 것 같니?)

---- 아직 일어나지 않은 일

항상 잘 나가다가 예외적인 거 튀어 나오죠? 어법에서는 '절대'라거나 '꼭'이라는 말은 절대 안 씁니다. 늘 예외가 있기 마련이거든요. 사람 사는 거 하고 비슷해요. 인생 꼭 규칙대로 살아지나요? 그러니까 사람이 쓰고 사는 말도 사람 닮기 마련이어서, 언제나 예외가 있기 마련이랍니다.

(3) 술어

처리문은 목적어를 어떻게 처리했다는 것을 표현하는 문장이니까요, 술어는 당연히 목적어에 직접 영향을 끼치는 타동사이면서 행동동사여야 합니다.

따라서 목적어를 가질 수 없는 자동사('帮忙', '休息' 등), 관계동사와 존재동사('是', '姓', '有', '在' 등), 심리상태나 감각을 나타내는 동사('知道', '希望', '相信', '看见',

'听见' 등), 방향을 나타내는 동사('上', '下', '进', '出' 등) 그리고 능원동사 등은 처리문의 술어가 될 수 없어요.

그리고 술어는 단음절 동사로 문장이 끝나면 안 돼요. 이건 왜냐하면요, 단음절 동사는 처리성을 나타내는 정도가 아무래도 약하거든요. 그리고 이건 음절 문제와도 관련이 있습니다.

현대 중국어는요, 이미 대부분의 낱말이 두 음절로 이루어져 있기 때문에, 말을 할 때나 글을 읽을 때 두 음절로 박자를 맞춰서 띄어 읽습니다. 그런데 만약 한 음절로 된 낱말을 써서 문장의 끝을 맺게 되면, 듣는 사람은 문장이 아직 끝나지 않은 듯한 느낌을 갖게 되거든요.

그래서 처리문에서 한 음절로 된 동사는 '了'나 '着'와 같은 동태조사를 덧붙이거나 아니면 최소한 겹쳐 쓰기라도 해서 문장을 끝내야 합니다. 이렇게 해야 음절 문제도 해결하고, 또 목적어에 대한 처리의 의미도 좀 더 분명하게 할 수 있기 때문이죠.

我把他忘了。(나는 그를 잊었다.)

请你把这本书拿着! (이 책 들고 계세요.)

你把这句话再想一想。(너 이 말을 다시 생각해보렴.)

같은 이유로 해서요, 보충구조로 이루어진 두 음절 동사는 단독으로 술어로 쓰일 수 있습니다. 예를 들어 '证明' · '打倒' · '延长' · '扩大' · '约定' · '取消' · '消灭' · '解散' · '降低' 등과 같은 동사들은 자신의 구조 안에 이미 결과나 완성의 의미를 담고 있기 때문에, 뒤에 다른 요소가 오지 않고 문장을 끝맺어도 된다는 거죠. 나름 말이 되잖아요?

我建议把这条规定取消。(나는 이 규정을 취소하라고 건의합니다.)

把室内温度降低。(실내 온도를 낮춰라.)

(4) 술어 뒤에 오는 요소들

처리문에서는 술어 동사만으로 문장을 끝맺는 경우도 있지만, 대부분은 술어 뒤에 다른 요소들이 옵니다. 이 같은 이유는 술어가 어떻게 목적어를 처리했는가 하는 결과를 좀 더 분명하게 설명하기 위해서죠. 술어 뒤에 오는 요소들은 몇 가지가 있어요.

① 보 어

처리문에서 보어는 술어 뒤에 쓰여 목적어를 처리한 결과 · 방향 · 정도 · 수량 · 장소 등을 보충 설명합니다.

你把今天的作业做完了再去玩。
(너 오늘 숙제를 다 하고나서 놀러가거라.) --- 결과보어

老师亲自动手把帐棚搭了起来。(선생님께서 직접 텐트를 치셨다.)
--- 방향보어

汽车轮子把泥浆溅得很高。(차바퀴가 진흙을 높게 튀겼다.) --- 정도보어

我把周老师的话在心里重复了好几遍。
(나는 주선생님의 말씀을 마음속으로 여러 번 되뇌었다.) --- 수량보어

我们把输赢置於脑后。(우리는 승패를 뒷전에 두었다.) --- 개사구보어(장소)

그런데 잘 보시면 보어 가운데 가능보어가 빠졌죠? 그건 가능보어는 처리문에 쓸 수 없기 때문이예요.

我把那本书买得到。(×)
我把这碗饭吃不下。(×)

왜 그럴까요? 이건 중국 사람들도 잘 설명을 안 해주는데요, 그렇다고 그냥 지나갈 수는 없고요, 나름대로 짐작을 함 해보죠.

앞에서 보어 설명할 때 다른 보어들은 술어의 행위가 있은 다음에 그걸 보충 설명한다고 했었죠? 그리고 가능보어는 '가능'에 대한 거라고 했고요. 그런데 '가능'이 뭔가요?

아직 일어나지 않은 일에 대해서 그걸 할 수 있냐 없냐 하는 게 '가능'이잖아요?

그런데 처리문을 왜 쓰죠? 목적어를 어떻게 '처리하였음'을 나타내려고 쓰는 거잖아요? 그렇다면 위의 문장에서와 같이 술어의 뒤에 가능보어가 오면, 그 책을 사서[买] 어떻게 처리를 했다는 것이 아니라, 다시 살 수 있나 없나 하는 술어 행동의 가능성을 말하고 있으니, 문맥의 앞뒤가 맞지 않기 때문이죠. 그래서 그런 게 아닌가 생각합니다.

그래서 만약 처리문에서 처리의 가능성을 얘기하려면, 즉 이 목적어를 처리할 수 있는가 없는가를 말하려면, '把' 앞에 능원동사를 써서 표현해야 합니다.

我能把那本书买到。(나는 그 책을 살 수 있다.)

我不能把这碗饭吃下。(나는 이 밥을 먹어낼 수 없다.)

② 목적어

처리문에서 술어의 뒤에 명사가 또 오기도 해요. 이른바 목적어죠. 얘들은 접수자(간접목적어), '把'의 목적어가 처리된 후의 결과나 장소, 처리할 때 쓰인 도구 등을 나타냅니다.

上午我把昨天的作业交给老师了。

(오전에 나는 어제의 숙제를 선생님께 제출하였다.) --- 접수자

他的头脑真超人，所以我们把他叫做'走路的电脑'。

(그의 머리가 아주 좋아서, 우리는 그를 '걸어 다니는 컴퓨터'라고 부른다.) --- 인정

他把墙挖了一个洞。(그는 벽에 구멍을 뚫었다.) --- 결과

看完后，请把书放回原处。(다 보고 책을 제자리에 놓아주세요.) --- 장소

老板把茶叶过过秤。(사장님은 찻잎을 저울로 달아보았다.) --- 도구

(5) 술어 앞에 오는 요소

술어 앞에 오는 요소로 대표적인 것은 범위부사 '都'·'也' 등이 있습니다.

범위부사는 특징이 그들이 나타내고자 하는 대상의 뒤에 쓰여 그 대상의 범위를 표시하고, 또 부사니까 술어의 앞에 쓰여 술어를 꾸며 주죠. 그래서 얘들이 나타내는

범위의 대상이 '把'의 목적어라면, 얘들은 '把'자 목적어의 뒤, 술어의 앞에 위치합니다. 위치가 다르면 대상이 달라지니까요.

他把这件事都(/也)办好了。
(그는 이 일을 모두 끝마쳤다; 그는 이 일도 끝마쳤다)

他也把这件事办好了。(그도 이 일을 끝마쳤다.) ---- 대상이 다름.

(6) '把' 앞에 오는 요소들

① 능원동사는 '把' 앞에 씁니다. 그 이유는 위에서 설명한 바와 같습니다.

② '不', '没有' 등 부정부사

처리문을 부정하려면 부정부사 '不' 또는 '没有'를 '把' 앞에 써서 부정을 해야 해요. 이유는 가능보어를 못쓰는 것과 같습니다.

다시 말하자면, 만약 술어 앞에 '不' 또는 '没有'를 써서 부정을 하게 되면요, 목적어를 '학실히' 처리하겠다고 앞에서 이미 '把'를 썼는데, 뒤 술어에서 처리를 하지 않겠다고 다시 부정을 하는 것이 되잖아요. 문장의 논리가 맞지 않다는 거죠. 그래서 처리문을 부정하려면 처음부터 처리를 하지 않겠다는 뜻을 나타내기 위해서 '把' 앞에 '不' 또는 '没有'를 써야 합니다.

我不把这个消息告诉他。(나는 이 소식을 그에게 알려주지 않았다.)

他没有把他的护照带来。(그는 그의 여권을 가져오지 않았다.)

③ '已经', '赶快' 등 시간부사도 '把' 앞에 올 수 있어요.

我已经把门打开了。(나는 이미 문을 열었다.)

你赶快把这报告写完。(너 어서 이 보고서를 다 써라.)

피동문

중국어의 피동문이란 '被(bèi)'로 대표되는 피동 의미의 개사를 써서, "주어+被+목적어+술어(+기타 요소)"와 같은 형태의 문장을 만들어서, 주어가 '被'의 목적어에 의하여 어떠한 영향을 받았는가를 나타내는 문장을 말합니다. 꽤 길죠?

'피동문', 이러면 그냥 '주어가 당하는 문장'이지, 뭔 설명이 이렇게 긴가? 이렇게 생각할 수도 있겠습니다. 그런데 중국어에서는요, 때때로 '被'를 쓰지 않고도 '당하는' 뜻을 나타내는 경우도 있어요.

他很可爱。(그는 매우 사랑할 만하다. → 그는 매우 귀엽다.)

信写好了。(편지 다 썼다.)

这本书已经出版了。(이 책은 이미 출판되었다.)

今天的报放在哪儿了?(오늘 신문 어디에 두었어요?)

위와 같은 문장은 의미상으로는 피동문이라고 할 수도 있지만, 중국 어법학계에서는 이런 건 피동문이라고 안 해요. 의미상 객체(客体) 주어가 쓰인 주술문(主述文)이라는 거죠. 이 말은 주어 설명할 때 들어보셨죠?

현대 중국어의 피동문은 개사 '被'를 써야 피동문으로 인정하고, 이걸 '피자구(被字句)'라고 부릅니다. 이런 구조를 갖춰야 한다는 거죠. 만약 그냥 '피동문' 이렇게 부르면 중국 사람들, 특히 중국 어법학자들은 내용적으로 '주어가 당하는 것'을 몽땅 다 인정해야 하니까, 범위가 너무 넓어질까봐 그게 걱정되는 겁니다. 걱정도 팔자라고 할 수도 있지만, 이건 나름대로 약간의 이유가 있기도 합니다. 요 문제는 쪼끔 뒤에 가서 다시 얘기할게요.

그런데 피동문, 피고(被告), 피습(被袭), 피해(被害) …… 이렇게 당하는 뜻의 말에는 왜 '被'자가 쓰일까요?

'被'가 본래부터 '당하다'라는 뜻을 가진 건 아니었어요. '被'는 본래 '이불'이라는 뜻입니다. 이걸 동사로 쓰면 '(이불을) 덮다'라는 뜻이 되죠. 그런데 고대 중국어에서는 능동과 피동의 구별이 없었거든요. 그래서 '(이불에게) 덮이다'라는 뜻도 있어요. 오늘날 피동문에서 피동의 표지로 쓰이는 개사 '被'는 바로 '덮이다'라는 뜻의 동사에서 비롯된 거예요.

"아니! 그럴 수가?! 무슨 말이 그렇게 경우가 없을까?"

놀라지 마시고요, 다음 설명을 들어보세요.

옛날 중국어에서는 주고 받는 거, 팔고 사는 거, 구별 없이 썼어요. 예를 들어 '受'는 '받을 수'잖아요? '授'는 '줄 수'고요. 옛날에는 '受'자 하나로 어떤 때는 '준다'는 뜻으로, 어떤 때는 '받는다'는 뜻으로 썼어요. 팔고 사는 것도 마찬가지로 '买(살 매)'자 하나로 두루 통용했지요. 그러다가 자기들도 헷갈렸는지, 나중에 '授'자하고 '卖(팔 매)'자를 만들어냈습니다.

'被'가 현재와 같은 피동의 뜻을 나타내는 개사로 쓰이기 시작한 것은 대체로 남북조(南北朝)시대(4~6세기)부터라고 합니다.

한편 피동문을 정의할 때, '被'로 대표되는 피동 의미의 개사를 쓴다고 했죠? 피동 의미를 나타내는 개사로는 '被' 외에도 '让', '叫', '给' 등이 있어요. 이들은 회화체에서 많이 쓰입니다.

그런데 얘들은 겸직문에서 사역의 의미를 나타내는 동사로도 쓰이잖아요? 그러니까 이러한 개사들이 쓰이면 피동문인지 사역문인지 앞 뒤 문맥을 잘 살펴보아야 해요. 앞에서 "언제?", "어데?"가 "when?", "where?"인지 아니면 "NO!"인지 들으면 안다고 했던 그 얘기예요.

우리말에서 "당했다!" 이러면 그다지 좋은 느낌은 안 들지요? 중국어에서도 피동문은 '대부분' 주어가 좋지 않은 상황이나 어쩔 수 없는 경우를 당했을 때 써요.

我被老板派到外地去了。(나는 사장님에 의해 외지로 파견되어 갔다.)

他叫狗咬了。(그는 개한테 물렸다.)

我买来的鲤鱼给猫吃了。(내가 사온 잉어가 고양이한테 먹혔다.)

他被大家选作代表了。(그는 사람들한테 대표로 선발되었다.)

위의 예를 보면 다 좋지 않은 일이거나, 아니면 주어가 어쩔 수 없는 상황이라는 걸 아시겠죠? 그런데 '대부분'이라고 한 것은 반드시 그렇지는 않다는 뜻이예요. 아래의 예들을 보면 꼭 나쁜 경우일 때만 쓰는 것은 아님을 알 수 있을 거예요.

在台中的每一天，我都被一些事情感动着。
(타이중에서의 하루하루, 나는 여러 가지 일들로 감동을 받았다.)

大使被这个友好的玩笑逗笑了。
(대사님은 이 우호적인 농담에 웃음을 지으셨다.)

青蓝色的雪岳山岭，被落日的红光染成了紫色。
(청남색의 설악산 봉우리가 일몰의 붉은 색에 의해 보라색으로 물들여졌다.)

위와 같은 예문들은 외국어 특히 영어의 영향을 받아서 그런 거예요. 영어에서는 멀쩡한 문장도 'have been'을 쓰고, 동사는 과거분사 형태로 만들고, 의미상의 주어는 'by' 뒤로 돌리고, 이러면서 기계적으로 피동문을 만들잖아요? 중국어도 요걸 배워서 이런 문장을 쓰기도 하죠.

그래도 중국어의 피동문은 예나 지금이나 좋지 않은 일 또는 어쩔 수 없는 일을 당한 경우에 많이 쓰입니다. 이건 우리말도 그렇고 일본말도 그렇고, 또 베트남어나 태국어도 그렇다는 군요. 아마 동양의 언어에서는 '당했다'는 피동문은 언어감정상 좋지 않은 경우에 쓰는 것인가 봅니다. 중국어 역시 바로 이런 경우에 처했을 때 '被'자를 써서 '정식 피동문', 즉 '피자구'를 만드는 거랍니다.

이런 의미에서 의미상의 피동문은 정식 피동문이 아닌 거죠. 왜냐하면 의미상의 피동문은 내용상 좋지 않거나 어쩔 수 없는 일이 아닐 때가 많거든요. 다시 위로 올라가서 의미상의 피동문의 예문을 보시면 느낄 수 있을 겁니다.

피동을 표현하는 방식에는 다음 네 가지가 있어요. 이러면 또 밑 줄 긋고 외울까봐 걱정됩니다. 그러지 마시고요, 편한 마음으로 아래의 설명을 읽어주세요.

먼저 (1) "주어+'被'+목적어(행위의 주체)+술어"식이 있어요.

요게 가장 일반적인 방법입니다. '被' 말고도 '让', '叫', '给' 등을 쓸 수도 있다고 했고요. 아래의 예문처럼요.

那本书已经 + 被 + 人借走了。(그 책은 이미 다른 사람이 빌려갔다.)
让
叫
给

(2) "주어+'被'+술어"식

이건 '被'하고 술어를 바로 연결하는 방법입니다. 행위자가 안 나타나죠? 그러니 누가 했는지 모르거나 알 필요가 없을 때 씁니다. 이 방식에는 '被'자만 쓰이는데, 남방에서는 '给'자를 쓰기도 해요.

门被撞开了。(문이 부딪혀 열렸다.)

我的杯子昨天给打破了。(내 컵이 어제 깨졌다.)

(3) "주어+'被'+목적어+'所'+술어"식

이 방식은 고대 중국어의 피동 방식인 "주어+为(wéi)+명사+所+동사"식에서 온 거예요. '为'가 '被'로 바뀌었을 뿐입니다. 이렇게 쓰면 약간 문장체적인 어감이 난다네요. 딱딱하거나 공식적인 느낌이라는 거죠. 아무래도 그렇겠죠, 옛날에 쓰던 방식인데…

这种产品只被少数人所喜好，可是多数人不需要。
(이런 상품은 소수의 사람들만 선호할 뿐 대다수의 사람들은 필요로 하지 않는다.)

我被这本小说所感动。(나는 이 소설에 감동을 받았다.)

从前他每天为生活所迫。(예전에 그는 매일 생활에 찌들었다.)

他不为金钱所动。(그는 돈으로 움직여지지 않는다.)

그리고 이러한 표현법을 쓰면 행동의 주체, 즉 '被'의 목적어가 강조된다고도 해요. 중국 사람들이 그렇다고 하니까 우리야 그런가 보다 해야죠.

(4) "주어+'被'+목적어+'给'+술어"식

이건 (1)에다가 술어 앞에 '给'를 걍 넣는 거예요. '给'는 아무런 뜻이 없어요. 그런데 왜 넣느냐고요? 그러게 말이예요, 저도 모르죠. 중국 사람들이 그냥 넣는다고 하는데 뭐라고 하겠어요, 외국인이… 그런데 '给'를 쓰면 회화체적인 어감이 강해지기는 하는 것 같아요.

这个孩子被他的婆婆给惯得越来越不听话了。
(이 아이는 할머니에게 응석받이로 키워져서 갈수록 더 말을 듣지 않는다.)

那本小说被我的朋友给拿走了。(그 소설책은 내 친구가 가져갔다.)

자 그럼 이제부터는 처리문에서와 마찬가지로 피동문을 구성하는 요소들의 특징을 알아보도록 하죠.

피동문을 구성하는 요소들의 특징은 처리문을 구성하는 요소들의 특징과 거의 같아요. 왜냐하면 처리문은 주어가 목적어를 처리하고 피동문은 주어가 목적어에 의해서 영향을 받으니까, 내용적으로 보면 정반대이지만 사실상 주체와 객체의 입장만 다를 뿐 기본적인 틀은 같기 때문이죠. 요걸 수학문제처럼 식으로 나타내면 아래와 같이 되겠죠.

N_1＋把＋N_2＋술어＋기타요소

N_1＋被＋N_2＋술어＋기타요소

위에서 보듯이 이 두 방식은 '把'를 쓰냐 '被'를 쓰냐만 다르지 구조는 똑 같습니다. 다만 내용상 처리문에서는 처리를 해야 하니까 N_1이 행위의 주체이고, N_2가 처리를 해야 하는 특정한 것이어야 했지만, 피동문에서는 당하는 거니까 N_1이 당하는 특정한 것이고, N_2가 행위의 주체가 되는 거죠.

앞에서 존재문 설명할 때 '有'를 쓰느냐 '在'를 쓰느냐에 따라서 소재지가 앞에 오냐 뒤에 오냐 이렇게 기계적으로 바꾸어 쓸 수 있는 게 아니라고 했었죠? 그런데 처리문과 피동문의 이 N_1와 N_2의 특징은 영어의 X자 모양으로 바꿔 쓸 수 있습니다.

처리문과 피동문, 얼핏 들으면 정 반대의 문장인 것 같지만, 사실 굉장히 가까운 사이입니다. 이게 중국어의 특징이기도 합니다. 그럼 이제 사실 확인에 들어가겠습니다.

(1) 주어의 특징

피동문의 주어는 대부분 특정한 것이거나 일반적인 것이어야 합니다. 이것은 처리문에서 '把'의 목적어가 특정한 것이어야 하는 이유와 마찬가지로 영향을 받는 대상이 분명해야 하기 때문입니다.

<u>我的汽车</u>被小偷偷走了。(내 차는 도둑이 훔쳐갔다.)

<u>一辆汽车</u>被小偷偷走了。(×)

<u>他</u>被大家说服了。(그는 모두에게 설득 당했다.)

<u>一个人</u>被大家说服了。(×)

(2) 개사 '被'의 목적어의 특징

피동문에서 개사 '被'의 목적어는 술어 행동에 대한 의미상의 주체입니다.

张三被医生救活了。(장싼은 의사에 의해 살아났다.)

这个秘密后来被人发现了。(이 비밀은 훗날 사람들에 의해 발각되었다.)

(3) 술어의 특징

피동문의 술어는 처리문의 술어와 마찬가지로 타동사이면서 대부분 행동동사가 많이 쓰입니다. 다만 그 범위는 처리문에 비해 넓은 편이예요. 그 이유는 처리문은 무얼 처리하려면 행동이 뒤따라야 하지만, 피동문은 꼭 행동을 통해서만 당하는 게 아니라, 감정이 상하거나 누구에게 들켰다거나 하는 것도 피동문이 되잖아요? 그래서 동사의 사용 폭이 넓다는 겁니다.

또한 단음절 동사술어의 경우에는 그 자체로만 문장을 끝맺을 수는 없고, 반드시 앞이나 뒤에 다른 요소가 있어야 합니다. 이건 음절 문제하고 관련이 있다고 했었죠? 현대 중국어는 두 글자 낱말이 많아서, 대체로 두 글자씩 끊어 읽는데, 딸랑 한 글자로 문장을 끝내면 왠지 어색하다네요.

(예문1) 昨天他忽然被警察捕。(×)

(예문2) 昨天他忽然被捕。(어제 그는 갑자기 체포되었다.)

(예문3) 公安当局发表那个凶手当场被警察逮住了。

(공안당국은 어제 그 흉악범이 현장에서 경찰에 의해 체포되었다고 발표하였다.)

위의 예문을 보면, (예문1)에서는 술어부분이 딸랑 '捕(bǔ)' 한 음절이니까 안 된다는 거고요, (예문2)와 (예문3)에서는 술어부분이 밑줄을 그었다시피 '被捕'와 '逮住(dǎizhù)' 두 음절이니까 가능하다는 겁니다.

(4) 술어 뒤에 오는 요소들

피동문에서 술어 뒤에 오는 요소들의 종류와 그 특징도 처리문의 경우와 거의 같습니다.

① 동태조사 '了'·'过'

我被那场电影给感动了。(나는 그 영화에 감동되었다.)

我们的棒球队从来没有被外国队打败过。
(우리 야구팀은 이제까지 외국팀에게 진 적이 없다.)

② 보 어

我昨天买的那件衣服被弟弟穿破了。
(어제 산 그 옷이 동생이 입어서 뜯어졌다.) --- 결과보어

我被这个消息吓坏了。(나는 그 소식에 깜짝 놀랐다.) --- 정도보어

他的皮夹被小偷偷走了。(그의 가죽지갑이 도둑에게 털렸다.) --- 방향보어

小王被妈妈骂了一顿。(샤오왕은 엄마한테 한바탕 혼났다.) --- 수량보어

可怜的老李被他的妻子在家里关了一个星期。
(불쌍한 이씨는 그의 아내에 의해 한 주 동안 집 안에 갇혔다.) --- 시간보어

他觉得自己好像正在被一股强大的力量推向前方。
(그는 자기 자신이 마치 강력한 힘에 의해 앞으로 밀리고 있다고 느낀다.) --- 개사구보어

가능보어는 처리문에서와 같은 이유로 피동문에서도 술어 뒤에 쓰이지 못합니다. 왜냐하면 피동문은 주어가 어떤 일을 당했음을 나타내기 위한 문장인데, 술어 뒤에 가능보어가 오게 되면 그 술어 행동이 가능한 것인지 아니면 불가능한 것인지를 다시 한 번 보충 설명하는 꼴이 되므로, 피동문을 쓴 이유와 논리적으로 맞지 않기 때문이예요. 그래서 피동문에서 가능을 나타내려면 '被' 앞에 능원동사를 써서 표현합니다. 처리문에서 설명한 것을 복사한 거 같죠?

③ 목적어

피동문에서 술어 뒤에는 일반적으로 목적어를 다시 쓰지 않는데, 가끔 목적어를 쓰는 경우도 있어요. 이것도 처리문과 비슷해요.

我的汽车被卖给了<u>别人</u>。(내 차는 다른 사람에게 팔렸다.) --- 접수자

十个馒头被他吃了<u>九个</u>。(만두 열 개중 아홉 개는 그에게 먹혔다.) --- 주어의 일부분

他的衣服被钉子挂了<u>一个大口子</u>。
(그의 옷이 못에 걸려 큰 구멍이 났다.) --- 결과

地中海沿岸被称为<u>西方文明的摇篮</u>。
(지중해 연안은 서방문명의 요람이라고 불린다.) --- 인정

他们被送进<u>医院</u>, 大夫治好了他们的病。
(그들은 병원에 후송되어, 의사가 그들의 병을 치료했다.) --- 장소

他被<u>撤</u>了<u>职</u>。(그는 해고되었다.) --- 술목구조 관용구

(5) '被' 앞에 오는 요소들

① 능원동사

능원동사가 '被' 앞에 오는 이유는 처리문에서 설명한 바와 같아요.

他不可以被选为我们会的代表。(그는 우리 모임의 대표로 선출될 수 없다.)

我们决不能被困难吓倒。(우리는 결코 어려움에 놀라 쓰러지지 않을 것이다.)

② 부정부사

부정부사 '不'나 '没有'가 '被' 앞에 오는 이유 역시 처리문의 경우와 같습니다.

他不被表面现象迷惑。(그는 표면적인 현상에 의해 미혹되지 않는다.)
他的建议没被大家接受。(그의 건의는 모두에 의해 받아들여지지 않았다.)

③ 시간부사

这种意见已被我们拒绝了。(이런 의견은 이미 우리에 의해 거절당했다.)
那本小说已经被他翻译成英文了。
(그 소설은 이미 그에 의해 영어로 번역되었다.)

어떠신가요? 구조와 내용 그리고 설명하는 순서까지 처리문하고 별 차이 없죠? 그래서 처리문하고 피동문은 언제나 같이 공부해야 해요. 그게 능률적입니다.

비교하는 방식

"이제까지는 주제문이니 다술어문이니 무슨 문, 무슨 문….
이러더니 여기는 왜 '방식'이지?"

감사합니다. 이렇게 열심히 읽어주고 계시니….

참으로 옳으신 지적입니다. 그러니까 이제까지 해온 대로 하자면 '비교문' 이러면 저도 좋죠. 그런데 중국어에는 비교문이라고 할 게 없습니다.

"어라? 비교문이 없어? 이건 또 뭔 얘긴지… 그런 언어도 있나?"

"중국어에 비교문이 없다"는 말은 중국어에 비교하는 내용의 문장이 없다는 게 아니고요, '비교문' 이렇게 특징지을 만한 문장 형식이 없다는 말입니다.

다시 말해서 주제문은 주제어가 쓰이고, 존재문은 특정 불특정 문제가 있고, 처리문은 '把'를 쓰고 하는 등등의 각자 나름대로의 특징을 가지고 있잖아요? 그런데 중국어에서 비교를 한다고 하면 '같다', '다르다', '……하고 비교해서 어떻다'라는 뜻을 가지는 낱말이 문장에서 쓰일 뿐이지, 그 안에 구조면에서나 또는 내용면에서 무슨 제한 조건이 없습니다.

그러니까 일반적인 주어와 술어가 쓰인 문장인데, 그 내용이 비교를 담고 있다는 것뿐입니다. 그래서 중국 어법학자들도 '비교문' 이렇게 말하지 않고, '비교하는 방식'이라고 말하는 겁니다. 아주 드문 일이지만, 가방끈 긴 사람들도 가방끈이 그냥 괜히 길어진 게 아니라는 걸 보여주는 대목입니다. 여기서는 편리하게 걍 '비교문' 이렇게 부르도록 하겠습니다. 우리야 외국인인데 아무렇게나 부르면 어떻겠어요? 축구만 잘하면 되지…

현대 중국어의 '비교문'에는 몇 가지 비교하는 방식이 있는데, 그것들을 하나 하나 살펴보면 다음과 같습니다.

(1) '一样'을 쓰는 방식

'一样'은 '같다'는 뜻이잖아요? 그러니까 '같다'라고 할 때는 얘를 쓰면 돼요.

그러면 "A는 B하고 같다"를 중작하면 "A B 一样." 이럴 수는 없겠죠? 아무리 중국어하고 우리말하고 같다고 해도요. '… 하고'라는 말이 빠졌잖아요? '… 하고' 즉 'with'에 해당하는 중국어 단어는 '跟', '和', '同' 이런 애들이죠? 그걸 넣으면 됩니다.

그런데 어디다 넣죠?

이 책의 제2조 제1항 즉 "**❷ 순서는?**"의 '**음양의 조화**'입니다.

"**체사+ 용사+ 체사+ 용사**"니까요, 'A' 명사, 'B' 명사, '一样' 동사, 이러면 들어갈 곳은 A와 B 사이 밖에 없죠? 왜 이렇게 간단한 걸 길게 설명하냐고요? 저 중국어 처음 배울 때 이 '跟'자를 자주 빼먹고 썼어요. 바보같다는 얘기도 많이 들었죠. 그래서 한이 맺혀서 그래요.

这个字的声调跟那个字的声调一样。
(이 글자의 성조는 저 글자의 성조와 같다.)

我的意见跟他的意见完全一样。(내 의견은 그의 의견과 완전히 같다.)

이 방식의 부정은 술어 '一样' 앞에 '不'를 써서 "A+跟B+不一样"으로 합니다.

这个字的声调跟那个字的声调<u>不一样</u>。
(이 글자의 성조는 저 글자의 성조와 다르다.)

我的意见跟他的意见完全<u>不一样</u>。
(내 의견은 그의 의견과 완전히 다르다.)

때로는 "A+不+跟B+一样"으로 부정을 하기도 합니다. 중국어의 개사는 동사성이 풍부해서요, 개사를 부정하는 이런 일은 종종 벌어져요. 본래 부정사는 부정하고 싶은 거 앞에다 놓고 부정하잖아요? 그러니까 이건 '같다(一样)'는 것을 부정하는 것이 아니라 '…하고(跟)'를 부정하는 거예요.

他<u>不跟</u>我一样大, <u>跟</u>你一样大。
(그는 나하고 나이가 같은 것이 아니라, 당신하고 같다.)

때로는 '一样' 뒤에 형용사나 동사가 쓰이기도 해요. 그러니까 "A는 B하고 똑같이 …… 하다"라는 뜻이 되죠. 좀 전에는 '一样'이 "같다"라는 술어였지요? "跟B"가 부사어였고요. 지금은 '跟B一样'은 "B하고 똑같이"라는 뜻이 돼서, 뒤에 있는 형용사술어 또는 동사술어를 꾸며 주는 부사어가 됩니다.

我<u>跟你一样</u>高。(나는 너하고 똑같이 (키가) 크다→나는 너만큼 키가 크다.)
去<u>跟不去一样</u>不好。(가는 것은 가지 않는 것하고 똑같이 좋지 않다.)
他<u>跟我一样</u>喜欢狗。(그는 나하고 똑같이 개를 좋아한다.)

(2) '比'를 쓰는 방법

'比'는 본래 사람이 나란히 있는 모양의 글자예요. 사람이 나란히 있다 보면, 크고 작고, 잘생기고 못생기고, 등등을 비교하게 되죠. 그래서 "A는 B에 **비해서** 어떻다"라고 할 때 '比'자를 씁니다.

형식은 당연히 음양의 조화에 따라 ① "A+比+B+술어" 이렇게 됩니다. 어법적으로 말하면 '比B'는 술어를 꾸며 주는 부사어고요.

我比你高。(나는 너 보다 키가 크다.)

我比你大三岁。(나는 너 보다 세 살 많다.)

---- 나이가 '많다'고 해서 '多'를 쓰는 것이 아니라 '大'를 쓰는 것에 주의해야 합니다.

他比我早来半个小时。(그는 나보다 삼십분 일찍 왔다.)

爷爷比爸爸更疼我一些。(할아버지는 아버지보다 나를 더 예뻐하신다.)

他对这儿的情况比我了解得多。
(그는 이곳 상황에 대해 나보다 더 많이 안다.)

我比你身体好。(나는 너보다 건강하다.)

그럼 이 시점에서 작문이나 하나 해 볼까요?
"갑자기 뭔 작문?"
매번 저 혼자 얘기하는 것보다야 같이 참여하는 것도 잠 깨는데 도움이 되니까요.

문제: 북경의 겨울은 서울보다 더 춥다.

그럼 슬슬 시작해 볼까요?
'북경의 겨울'은 '北京的冬天'이고, '서울'은 '首尔'이고, '비해서'는 '比', '더욱'은 '更', '춥다'는 '冷'이니까, 이걸 음양의 조화에 따라 '比'만 '首尔' 앞에 쓰고 나머지는 우리말 순서대로 엮으면,

北京的冬天 比 首尔 更 冷。

이렇게 됩니다. 쉽죠? 뭘 외워서 하지 마시고, 그냥 우리말 순서대로 엮어보세요.
그리고 이건 이렇게도 말할 수 있을 것 같아요.

"북경의 겨울은 서울의 겨울보다 더 춥다."

이렇게요. 이건 중국어로 "北京的冬天比首尔的冬天更冷." 이렇게 되겠죠. 그렇지만 이렇게 길게 말하는 사람은 열에 한 사람도 안 될 거예요. 우리는 뻔히 알거나 반복되는 건 생략해서 말하지요? 중국어도 똑 같아요.

그런데 줄여서 말을 하더라도 함부로 마구 줄여서 의미가 달라진다면 이건 안 되겠죠?

他的儿子比我的(儿子)高。(그의 아들은 내 아들보다 키가 크다.)
他的儿子比我(的儿子)高。(그의 아들은 나보다 키가 크다.)
---- 비교의 대상이 달라짐. 이렇게 되면 안 되죠.

그리고 생략하는 문제에서 짚고 넘어가야 할 게 한 가지가 더 있어요.

위의 "북경의 겨울은 서울보다 더 춥다"라고 할 때, 어떤 분은 "이런 말이 어딨어? 북경의 겨울하고 서울을 어떻게 비교할 수 있나? 비교를 하려면 서울의 겨울하고 비교를 해야지. 정 안 되면 영어처럼 대명사라도 써서 '북경의 겨울은 서울의 그것보다 더 춥다'라고 해야 말이 정확하지!"라고 말씀하시기도 합니다.

글쎄요, 말씀은 논리적이고 틀리지도 않은 것 같은데요, 제가 좀 전에 "북경의 겨울은 서울의 겨울보다 더 춥다"라고 말하는 사람이 열에 하나가 될까나 했었죠? 그러면 "북경의 겨울은 서울의 그것보다 더 춥다"라고 말하는 분 만나보셨나요? 일상생활에서 이렇게 말하는 분이 정말 있을까요? 전 방송에서는 들어본 적 있어요. 더군다나 뉴스할 때요. 그런데 이게 우리말 습관에 맞는 건지는 정말 모르겠어요. 중국 사람들은요, 이렇게 얘기하면 틀린 문장이라고 합니다. 즉 "北京的冬天比首尔的那个更冷."과 같이 영문법식으로는 말하지 않는다는 거죠.

참, 말이 나온 김에요, 좀 전에 "더 춥다"고 했었죠? 이렇게 다른 것하고 비교해서 "더욱"이라고 할 때는 '更', '还(hái)', '再' 등과 같은 '상대성' 정도부사를 씁니다. '很'이나 '非常' 등과 같이 '매우'라는 '일반적'인 정도를 나타내는 것은 쓰일 수 없어요. 말이 어렵죠? '상대성'이라고 하니까요. 무슨 아인슈타인의 상대성 이론 비스므리하게 들리기도 하고 말이죠. 이 문제는 한 때 각종 시험에 단골손님으로 등장하곤 했었습니다. '한 때'라고 하는 것은 요즘은 잘 안 나온다는 의미이기도 합니다. 이미 냈던 것은 당분간은 다시 안 낸다는 '시험 출제의 제1원칙'이 있거든요. 암튼 그렇더라도 아래의 예문을 보시죠.

他对这个问题比你更了解一些。
(그는 이 문제에 대해 너보다 더 이해하고 있다.)

他比我还聪明。(그는 나보다 더 똑똑하다.)

明年的经济状况不会比今年再坏。
(내년 경제상황은 올해보다 더 나빠지지 않을 것이다.)

他对这个问题比你很了解一些。(×)

他比我非常聪明。(×)

明年的经济状况不会比今年很坏。(×)

위에서 "A+比+B+술어" 형식을 말했는데요, 이 'A+比+B'가 통째로 술어를 꾸며주는 부사어로 쓰이는 형식도 있어요. 그러니까 형식은 ② "주어+A比B+술어" 이렇게 되는 거죠.

이 문형은 같은 사람(또는 사물)에 대한 다른 시간 또는 다른 장소에서와의 비교를 하는 방식이에요. 말이 어렵죠? 이럴 때는 항상 예문으로 이 어려움을 커버해야 합니다.

他现在比以前进步多了。
(그는 지금 이전에 비해 많이 나아졌다.)

这支队伍在国外比国内表现好。
(이 팀은 국외에서 국내에서 비해 잘 한다.)

你的报告这次比上次差得多了。
(너의 리포트는 이번 것이 먼저 것에 비해 훨씬 못하다.)

'一天比一天', '一年比一年' 등과 같은 관용구도 이러한 종류에 속합니다.

他身体一天比一天好了。(그의 몸은 나날이 좋아지고 있다.)

首尔的人口一年比一年增加。(서울의 인구는 해마다 증가하고 있다.)

他考试的成绩一次比一次差。(그의 시험 성적은 매번 나빠져 간다.)

(3) '有'를 쓰는 방식

드디어 나왔네요. 부록 <중국 현대어법 교육에 대한 몇 가지 제안> "제3. 나무를 쫓지 말고 숲을 보라"에서 '有'동사 얘기를 하면서 '有'가 비교할 때도 쓰인다고 얘기했었죠? 이제 이 문제를 본격적으로 말할 때가 되었습니다.

그런데, '有'가 어떻게 비교의 뜻을 가질까요? 이것은 이 책의 제3조 "**3 남자란?**"에 해당하는 문제입니다. 존재문 설명할 때 '是'동사 생각나세요? '是'동사가 존재를 표시하나요? 그 때 한 말이 있죠?

"남자는 죽으나 사나 쪼잔한 동물이지, 다른 곳에 갖다 놓는다고 대범해지지 않는다."

'有'동사 역시 마찬가지입니다. '有'는 그저 '있다' 아니면 '가지고 있다'지, 이거 어디 안 갑니다.

예를 하나 들어보죠. 예전에 제 친구 중에 나이 많은 노총각이 있었어요. 직업도 괜찮고요, 키도 그만 하면 작지 않고, 학벌도 우습지 않고요. 그런데 장가를 못가고 있었어요. 이 대목에서 잠깐 인터넷에서 본 유머 한 가지를 소개할게요.

한 유명 여론조사 기관에서 한・미・일 젊은 여성들의 이상적 남성상을 조사했다네요. 미국 여성들의 이상형은 의외로 간단하더군요. ①돈 많고, ②섹시하고. 이러면 된다네요. 그럼 일본은 어떨까요? 일본의 경우는 좀 많아서 ①키 크고, ②학벌 좋고, ③능력 있고, ④돈 많고, ⑤성격 좋고, ⑥집안 좋고. 어떠세요? 대충 우리와 비슷하죠? 그런데 이런 남자가 지구상에 존재할까 싶네요.

하지만 우리는 여기에다가 한 가지가 더 있어야 한대요. 뭘까요?

⑦번은요, "재미있게 해주는 남자"라는 거예요. 점잖게 얘기하면 유머 감각이 있어야

한다는 거고, 쉽게 말하면 "웃겨야 한다"는 거죠. 휴~~, 대한민국 남자들, 정말 어렵죠?

이야기를 다시 돌려서요, 하루는 이 친구 여자 후배가 전화를 해서 여자를 소개시켜 주겠다고 했답니다. 그 친구 왈: "이쁘냐? 너만큼 이뻐?" 이랬다네요. 지 주제를 모르고요. "그러니 그 때까지 노총각 신세지… 쯧쯧" 이러실 분도 계시겠지만, 여기서의 주제는 바로,

"걔 너만큼 이뻐?"

이 말입니다. 이걸 중국어로 어떻게 표현할까요?

'걔'는 '她'고, '너' 이건 쉽죠 '你', '이뻐?'는 '漂亮吗?'고요. 그런데 여기서 '만큼'은 어떻게 될까요? "她 你 漂亮吗?"는 됐으니까, 음양조화의 법칙에 따라 '她'하고 '你'사이에 '만큼'만 넣으면 될 것 같네요.

외국어 공부를 조금 해보신 분은 아시겠지만, 말이 아무리 가까워도 언제나 딱딱 대응이 되서 맞아 떨어지지는 않습니다. 이제 와서 발뺌을 하는 게 아니고요, 사실이 그렇다는 겁니다. 오히려 딱딱 맞아 떨어지는 게 이상한 거죠. 이건 중국어식으로 이해해야 합니다.

바로 이 경우에 '她'하고 '你'사이에 '有'가 들어가는 겁니다.

"她 有 你 漂亮吗?"

이렇게요. 이걸 문자 그대로 번역하면 "그 여자는 당신이 이쁜 것을 가지고 있나요?" 이렇게 됩니다. 어색하죠? 그래도 이 뜻입니다. '有'는 여전히 '가지고 있다'라는 걸 유지하고 있는 겁니다. 이걸 우리식으로 말하면 "걔 너만큼 이뻐?" 이렇게 되는 거죠.

그런데 중국 사람들은 각각의 예문에 따라서 '有'가 '도달'의 뜻이 있느니, '비교'의 뜻이 있느니 하고 얘기하거든요. 이 전술에 휘말리면 힘 한 번 못 쓰고 5대0으로 집니다.

그리고 중국 사람들은 이 용법을 설명하면서, "B도 어느 정도 수준에 도달하였음을 나타내는 방식"이라고 하거든요? 이건 뭔 말인고 하면요, 위의 대화 내용을 보세요. "너만큼 이뻐?" 이렇게 물으면 '너'라는 상대방이 들을 때 기분이 그렇게 나쁘지는

않을 겁니다. 바로 이 뜻이예요. 여기에다가 '这么'나 '那么'까지 넣어주면 더욱 좋겠죠. 아래의 예문을 보시죠.

"她有你那么漂亮吗?"(걔 너만큼 그렇게 예뻐?)

이럴 경우 여자분들의 대답은 대략 다음과 같이 나옵니다.

"他哪儿有我这么美丽啊!"(걔가 어디 나만큼 이렇게 미모가 될까!)

아니면 단순한 부정으로,

"她没有我这么漂亮。
(걔 나만큼 이렇게 예쁘지는 않아.)→(걔 나 이 정도는 안 되지.)

(4) '不如'를 쓰는 방식

'如'는 우리말 훈으로 '같을 여'잖아요, 그러니 '不如'는 '같지 않다'→'못하다'라는 뜻을 나타냅니다. 즉 "A 不如 B" 이러면 "A는 B보다 못하다"라는 뜻입니다. 이때 '不如'는 술어고요. 이 방식은 옛날에 썼던 건데, 지금도 잘 쓰여요. 생명력이 긴 편입니다.

晚去<u>不如</u>早去好。(늦게 가는 것은 일찍 가는 것의 좋음만 못하다.)
→ (늦게 가는 것은 일찍 가는 것보다 좋지 못하다.)

我<u>不如</u>他念得流利。(나는 그가 유창하게 읽는 것에 못 미친다.)
---- 유창하게 읽느냐 못 읽느냐의 비교.

我念得<u>不如</u>他流利。(내가 읽는 것은 그의 유창함에 못 미친다.)
---- 읽는 것과 유창함과의 비교.

복문

복문은 영문법에서 배운 그 복문과 같습니다. 주절이니, 종속절이니 했던 거 있죠? 그거랑 똑 같아요. 또 평등복문하고 주종복문 둘로 나뉘는 것까지도요. 한 번 경험이 있어서 그런지 이건 학생들도 쉽게 이해하더군요.

(1) 평등복문은 각 절 사이의 내용에 따라 병렬, 계승, 점층 그리고 선택 등 네 종류로 나눌 수 있습니다.

① 병렬복문

'병렬'이라는 게 "나란히 줄지어 있다"는 거니까, 얘는 어떤 사실을 각자 나누어서 묘사하거나, 또는 상반적이거나 대조적인 사실을 설명합니다.

병렬복문에서 자주 쓰이는 연결시켜주는 말 즉 접속어로는 '也', '既…, 又…', '不是…, 而是…', '一边…, 一边…', '一方面…, 另一方面…' 등이 있는데, 때로는 안 쓰기도 해요.

중국어에서 문장을 연결시켜주는 역할을 하는 것은 접속사뿐만 아니라 부사도 잘 쓰입니다. 이게 중국어의 특징이기도 하죠.

风也停了，雨也住了。(바람도 그치고, 비도 멎고.)

이렇게 짧은 것도 있지만, 다음 예처럼 긴 애도 있어요. 복문이잖아요.

美，既不是虚无缥缈的，也不是不可捉摸的，而是存在于五光十色的自然中，存在于万紫千红的艺术作品中，存在于生活活泼的社会生活中。
(아름다움, 뜬구름 같은 것도 아니고, 만져지는 것도 아니지만, 오색찬란한 자연 속에, 다채로운 예술작품 속에, 활기 넘치는 사회생활 속에 존재하고 있는 것이다.)

我们在生产中，一方面要不断地提高产品质量，另一方面也还要努力降低成本，这样才能把生产搞上去。
(우리는 생산과정에 한편으로는 끊임없이 상품 품질을 높여야 하며, 또 한편으로는 원가를 낮추려고 노력해야 한다. 이렇게 해야만 생산을 향상시킬 수 있는 것이다.)

② 계승복문

'계승'은 "뭘 잇는다"는 거니까, 앞에서 일어난 일이 있고, 그 다음 어떤 일이 이어서 일어난다는 내용을 담습니다.

접속어는 두 번째 절에만 '便', '就', '又', '也', '於是', '后来', '接着', '然后' 등을 쓰기도 하고, 때로는 안 쓰기도 해요.

他听了这个消息，一句话都没说，转身就出了门。
(그는 이 소식을 듣고, 한 마디도 하지 않고는, 곧바로 몸을 돌려 문을 나갔다.)

韩国大使讲了几句话，然后中国外交部长也讲了一段话。
(한국 대사가 몇 마디 말을 하였고, 그 후에 중국 외교부장도 말을 했다.)

我开了门，走进礼堂去，向大家致敬。
(나는 문을 열고, 강당에 들어가서, 모두에게 인사를 하였다.)

③ 점층복문

'점층'은 "점점 높아져 간다"는 거니까, 두 번째 절이 첫 번째 절보다 정도가 한층 더 높아 가고 있음을 나타냅니다. 학생들이 작문할 때 잘 써먹는 "不但…, 而且…"가 대표적이죠.

그런데 이런 걸 외우려는 학생도 많더라고요. 밑줄 치고, 형광펜으로 표시하고….

등등 말이죠. 그런데 이런 건 외울 것들이 아니예요. 그냥 낱말 있는 그대로잖아요. 자 보세요.

'不但'은 "단지 …가 아니다"라는 뜻이고요, '而且'는 "그리고서 이러하기도 하다"라는 말이예요. 낱말 그 자체로 그런 뜻을 표시하는 거지, 무슨 특별한 관용어가 아닙니다. 영어도 이렇게 말하잖아요. "not(不) only(但) …, but(而) also(且) …" 어때요? 똑 같죠? 이렇게 보면 이 접속어는 영어에서 배운 거 같다는 생각마저 듭니다. 그렇지만 이런 말은 공자님 시대에도 있었어요. 그 때는 '不但'을 '非独'으로 썼어요. 글자는 다르지만 의미는 같습니다.

점층복문에서 자주 등장하는 접속어로는 첫 번째 절에는 '不但' · '不仅' 등을 쓰고, 두 번째 절에는 '而且' · '并(且)' · '也' · '还' · '更' · '甚至(於)' 등을 씁니다. 접속어는 두 절 모두에 쓸 수도 있고, 두 번째 절에만 쓸 수 도 있습니다.

他不但写了有关中国历史的小说, 而且创作了许多中国歌曲。

(그는 중국역사와 관련된 소설을 썼을 뿐만 아니라, 수많은 중국노래를 창작하였다.)

现在针灸技术不仅得到普遍采用, 而且有了新的发展和创造。

(현재 침구 기술은 보편적으로 사용되고 있을 뿐만 아니라, 새로운 발전과 창조가 있다.)

后边还有要买的, 而且人数很多。

(뒤쪽에 사야 될 것이 아직 있고, 게다가 사람 수도 매우 많다.)

我爱北京, 我更爱今天的北京。

(나는 북경을 사랑하고, 오늘날의 북경을 더욱 사랑한다.)

从前人们总以为北极上面不会有什么生物, 甚至赫赫有名的南森也认为是这样的。

(이전에 사람들은 줄곧 북극에는 어떤 생물도 있을 수 없다고 여겼다. 심지어 그 유명한 난센도 그렇게 여겼다.)

그런데 첫 번째 절에서 접속사 '不但' · '不仅' 등을 쓰느냐 안 쓰느냐에 따라 의미상 약간의 차이가 있어요.

他不但会说英语，而且还会说法语。
(그는 영어를 할 수 있을 뿐만 아니라 프랑스어도 할 줄 안다.)

他会说英语，而且还会说法语。
(그는 영어를 할 줄 하는데, 게다가 프랑스어도 할 줄 안다.)

위의 예문에서 첫 번째 절에 접속어를 쓰면 말하는 사람의 의도는 첫 번째 절의 내용은 별 상관없이 두 번째 절만 강조하려는 것이고, 첫 번째 절에 접속어를 쓰지 않으면 두 절의 내용을 모두 이야기하되 두 번째 절을 보다 강조하는데 있습니다.

④ 선택복문

선택복문은 선택하는 거죠 뭐. 다른 게 있겠어요?

다만 선택에는 여러 개 중에서 하나를 고르는 다중 택1 방식과 둘 중에서 하나를 고르는 2중 택1 방식이 있습니다. 다중 택1 방식에는 '或(/或是 · 或者)…, 或(/或是 · 或者)…', '要么…, 要么…', '(是)…, 还是' 등이 쓰이고, 2중 택1 방식에는 '不是…, 就是…'가 쓰인다.

或者你去，或者我去，或者他去，我看都可以。
(네가 가거나 내가 가거나 혹은 그가 가거나, 내가 보기엔 모두 괜찮아.)

路那么远，我们要么坐车去，要么骑车去，步行走就太累了。
(길이 그렇게 머니, 우리 차를 타고 가거나 자전거를 타고 가자. 걸어가면 아마 많이 힘들 거야.)

他每天不是下棋，就是看电视。
(그는 매일 바둑을 두지 않으면, TV를 본다.)(신선 아니면 백수)

병렬복문에서의 '不是A, 而是B'는 'A가 아니라 B이다'라는 뜻이고, 선택복문에서의 '不是A, 就是B'는 'A가 아니면 B이다'라는 뜻이므로 혼동하지 마세요.

是你过来，还是我过去? (네가 올래, 아니면 내가 갈까?)

不是我错，就是你错。(내 잘못이 아니라면, 네 잘못이다.)

(2) 주종복문은 영어에서 주절, 종속절 하는 말하는 바로 그 복문이예요.

종류는 몇 가지가 되는데, 이것도 영문법하고 비슷해요.

① 반전(反转)복문

'반전'이라고 해서 전쟁에 반대하는 '反战'이 아니고요, 영어의 'but'로 연결되는 복문입니다. 영문법에서는 이 걸 주종복문에 안 넣죠? 그건 영어 사정이고요, 중국어에서는 주종복문으로 취급해요. 늘 하는 얘기지만, 우리야 뭐 아무러면 어떤가요, 축구만 잘하면 되지.

반전복문에 자주 쓰이는 형태로 강한 반전의 뜻으로는 '虽然(/虽说 · 虽是 · 尽管 · 固然)…, 但是(/但 · 可是 · 然而 · 却)…', '否则', '不然', '然而', '反而', '但是', '可是' 등이 쓰이고, 약한 반전의 뜻으로는 '不过', '却', '只是' 등이 쓰입니다.

虽然天气冷, 但是河水还没有结冰。
(비록 날씨가 춥지만, 강물은 아직 얼음이 얼지 않았다.)

许多人反对他的主张, 然而他还是坚持自己的想法。
(많은 사람들이 그의 주장을 반대하는데, 그렇지만 그는 여전히 자신의 견해를 고수한다.)

我今天休息了一天, 反而觉得疲倦起来了。
(나는 오늘 하루를 쉬었는데, 오히려 피곤해지는 것 같다.)

他并没有什么过人之处, 不过为人率直罢了。
(그는 결코 어디 뛰어난 곳이 없지만, 그러나 사람 됨됨이는 솔직한 편이다.)

② 인과복문

'인과(因果)'란 '원인'과 '결과'잖아요. 그걸 나타내는 복문입니다. "사랑했기 때문에 헤어져야 했다"는 눈물 없이는 설명할 수 없는 그런 내용의 복문입니다. 대표적인 형식으로는 누구나 반겨하는 '因为…, 所以…'가 있고, 그 밖에 '由于', '因而', '因此', '以致', '既然…, 就…' 등이 쓰이는데, 이들은 두 절 모두에 쓸 수도 있고, 하나에만 쓸 수도 있으며, 때로는 안 쓰기도 합니다.

他因为身体好，所以平日很少生病。
(그는 건강하기 때문에 그래서 평소 병에 잘 안 걸린다.)
---- 전형적인 원인과 결과.

他身体好，所以平日很少生病。
(그는 건강해서 그래서 평소 병에 잘 안 걸린다.)
---- 주절에만 접속어를 씀.

他平日之所以很少生病，是因为身体好。
(그가 평상시 병에 잘 걸리지 않는 까닭은 몸이 건강하기 때문이다.)
--- 결과를 두고 그 원인을 설명함.

既然他身体好，平日就很少生病。
(그는 몸이 건강하므로, 평상시 병에 잘 걸리지 않는다.)
--- 원인에 따른 결과를 추정.

因为天气冷，所以河水结了冰，因此交通受到了阻碍。
(날씨가 추워서, 그래서 강이 얼었고, 그로 인해서 교통에 지장을 주었다.)
--- '所以'의 반복을 피함.

河水结了冰，以致轮船不能如期出港了。
(강이 얼어서, 배들이 시간에 맞춰 출항할 수 없게 되었다)
---- 대부분 결과가 좋지 않은 경우에 쓰임.

又有强冷空气从北方南下，气温因而继续下降。
(또 강력한 찬 공기가 북쪽에서 남하해서, 이에 따라 기온이 계속 내려가고 있다.)
---- 결과에 대하여 논리적 추론을 하는데 자주 쓰임.

③ 조건복문

조건복문은 종속절은 조건을 말하고, 주절은 그 결과가 어떻게 되었나를 말하는 복문입니다. 이것도 사람 사는 것과 비슷해서, 조건에는 특정조건과 무조건 두 가지로 나뉩니다.

먼저 특정조건이란 "요것 만 되면…" 또는 "요것 만 있으면…"이라는 거지요. 이 형식으로는 '只要…, 就…', '只有…, 才…', '除非…, 才…', '除非…, 不…' 등이 있습니다.

그러나 사실 이런 조건문은 "이런 게 있다~"고 소개하는 거지, 현실에서는 조심해서 써야 합니다. 말이 쉽지, 이런 조건을 충족시키기란 여간 어려운 일이 아니기 때문입니다.

一个人只要肯努力，就什么事都能够做成功。

(사람은 노력만 하면 무슨 일이든 이루어 낼 수 있다.)(이론으로는 이럴 수 있을지 모르지만, 현실과는 맞지 않는 조건 같네요.)

---- 일정한 요건만 갖추면 결과를 얻을 수 있음.

只有掌握了汉语，才能研究中国研究得彻底。

(중국어를 마스터해야만 비로소 중국을 철저하게 연구할 수 있다.)

---- 유일한 조건으로 이 조건이 없으면, 결과를 얻을 수 없음.

除非到了春天，你才能看到这遍山的杜鹃花。

(봄이 되어야만 이 산에 만발한 두견화를 볼 수 있다.)

둘째, '무조건'은 无조건입니다. 무슨 조건 없이 "어쨌든 간에…."지요. 그 형식은 '不管(/不论·无论)…, 却(/也·总·还)…' 대충 이렇게 씁니다.

무조건이 특정 조건보다 훨씬 더 어려울 거 같지요? 그런데 무조건이 실생활에서는 더 쉽게 쓰입니다. 예문을 보세요.

不管大家同意不同意，我还要継续写这本小说。

(모두가 동의를 하든 한하든, 나는 계속 이 소설을 써나갈 것이다.)

无论谁参加这个研究会，我们都欢迎。

(이 연구회에 누가 참석을 하든지, 우리는 모두 환영한다.)

④ 가정복문

가정복문은 영어의 'if' 복문입니다. "만약에……"지요. 그 형식은 '如果(/倘若·要

是・假如)…, 就(/便)…'이 많이 쓰이는데, 접속어는 주절에만 쓰기도 하고, 때로는 안 쓰기도 합니다.

如果明天下雨, 我就不去了。(만일 내일 비가 온다면 나는 안 간다.)

明天下雨, 我就不去了。

明天下雨, 我不去了。

明天下雨的话, 我(就)不去了。

--- '的话'의 '话(hua)'는 경성으로 발음합니다.

⑤ 양보복문

가정복문은 영어의 'though' 복문입니다. "비록 … 한다 할지라도…" 이거요. 그 형식은 '即使(/就是・纵然・尽管・固然・哪怕)…, 也(/都)…'와 같은데요, 종속절의 접속어는 안 쓸 수도 있어요.

他固然不对, 你的态度也不好。(걔가 틀렸어도, 니 태도도 글렀어!)

---- 있었던 사실에 대한 양보.

尽管天气再冷, 我们也要把这段路铺好。
(날씨가 아무리 춥더라도 우리는 이 길을 다 포장해야 한다.)

---- 미래의 사실에 대한 양보.

对於蔬菜这样的生活必需品, 我们公司赔钱也不涨价。
(채소와 같은 이런 생활필수품은 우리 회사가 손해를 보더라도 값을 올리지 않는다.)

---- 종속절 접속어의 생략.

⑥ 취사(取舍)복문

취사복문은 밥 짓는 '炊事'가 아니라 하나를 취하고, 하나를 버리는 취사선택의 결정을 내리는 복문입니다. 이런 점에서 보면 취사복문은 평등복문에서의 선택복문과 비슷한 면도 있죠. 그렇지만 선택복문은 각각의 선택 사항들이 평등하게 나열된 상태에서 어느 하나를 고르는 것이고, 취사복문은 이미 선택을 한 상태에서 취한 것을 강조하기 위해 버린 것과 대비를 시킨다는 점이 다릅니다.

취사복문의 형식은 "与其 A, 不如 B"("A하는 것은 B하는 것만 못하다")와 "宁可 A, 也(/决)不 B"("차라리 A할지언정, 결코 B는 안 하겠다") 등 두 가지가 있는데, '与其'식은 B를 택할 때 쓰고, '宁可'식은 A를 택할 때 쓴다고 시중의 어법책에서는 설명하고 있습니다. 설명이 여기에 다다르면 이제 여러분은 벌써 밑줄을 그었거나, 형광펜을 찾을 겁니다.

"不但, 而且" 생각나세요? 제가 뭐라고 했었죠? 얘네들은 낱말 그 자체로 그런 뜻을 표시하는 거지, 무슨 특별한 관용어가 아니라고 했었죠? "与其 A, 不如 B"하고 "宁可 A, 也(/决)不 B" 경우도 똑 같아요. 다만 얘네들의 말뜻을 이해하려면 "不但, 而且" 보다는 쪼끔 복잡해서요, 약간의 어법적 내공이 필요합니다.

먼저 "与其 A, 不如 B" 얘 얘기부터 하죠.

'与'는 간체자로는 이렇게 쓰지만, 정식으로는 '與'라고 씁니다. 두 사람이 손을 맞잡고 있는 모양으로, 두 손을 그린 '臼(곡)'과 '与(여)'로 이루어진 글자입니다. 그래서 '주고 받다'→'주다'라는 뜻과 '함께 하다'라는 뜻이 동시에 있습니다. '함께 하다'라는 뜻에서 '참여(参与)'라는 뜻도 생겨나고, 정부와 함께 하는 당을 '여당(与党)'이라고 부르는 것도 여기서 나온 겁니다.

눈치 빠르신 분은 벌써 짐작하시겠지만, 취사복문의 '与其'의 '与'는 '함께 하다'의 뜻입니다. 그럼 '其'는 뭐냐? 얘는 '그'죠 '그'. 즉 '그 무엇'의 '그', 영어의 'the'와 '그 무엇하는 것'의 '그', 즉 옛날에 용사를 체사로 만드는 역할을 하는 '그'입니다. 따라서 '与其 A'이러면 "A와 함께 하는 것"이라는 뜻이 되는 겁니다. 여기서의 'A'는 용사고요. '不如'는 앞의 비교하는 방식에서 했었죠? '… 보다 못하다'라는 뜻이라고요. 그러니까 얘 둘을 묶어서 "与其 A, 不如 B" 라고 하면 "A와 함께 하는 것은 B만 못하다." 이런 뜻이 되는 겁니다. 아래의 예문을 보시죠.

> <u>与其</u>未做先说, <u>不如</u>做了再说。
> (일은 하지 않고 말부터 먼저 하는 것은 일하고 난 다음 말하는 것만 못하다.)
>
> <u>与其</u>等死, <u>不如</u>起义反抗。
> (기다렸다가 죽는 것은 의롭게 일어나 항거하는 것만 못하다.)→(앉아 죽느니 서서 싸우자.)

이제 "宁可 A, 也(/决)不 B"를 설명할 차례네요.

'宁'은 본래 '寧'으로 씁니다. "그릇[皿(명)]이 집 안[宀(면)]에 있으니 마음[心(심)]이 놓인다"는 뜻의 글자입니다. 그릇이 바깥으로 나돌면 아무래도 흠집이 나기 마련이죠. 그래서 우리말 훈도 '편안할 녕'이고요. '안녕(安宁)하세요?'는 여기서 나온 말입니다. '可'는 '할 수 있다', '할 만하다', '해도 된다' 이런 뜻이고요. 그러니까 '宁可'는 "편안하게 뭘 하겠다"는 뜻이 됩니다. 그 다음에 '也'는 '도'(also)고, '不'는 당연히 '안 하는' 거니까, "宁可 A, 也(/决)不 B"는 "편안하게 A는 해도, B는 (决코) 안 한다."→"차라리 A 할지언정, (결코) B는 안 한다." 이런 뜻이 되는 겁니다. 아래의 예문을 보시죠.

> <u>宁愿</u>自己麻烦千遍, <u>决不</u>让顾客失望而归。
>
> (내 자신이 천 번 귀찮을지언정, 결코 고객을 실망시켜 돌려보내지는 않겠다.)
>
> <u>宁可</u>起义反抗, <u>决不</u>等死。
>
> (맞서 싸울지언정, 결코 죽음을 기다리지는 않겠다.)
>
> (바로 위의 '与其' 예문하고 비교해 보세요.)

이해가 가시나요? 가야 되는데….

⑦ 목적복문

이건 말이 목적복문이니까 "뭐하기 위해서 뭐 한다"는 내용의 복문이예요. 일반적으로 접속어는 종속절에 '为(wèi)' · '为了(wèile)' 등이 쓰이거나, 주절에 '以便' · '以免' · '免得' 등이 쓰이는데, 때로는 안 쓰기도 합니다.

> <u>为了</u>保障工人们的健康, 我们公司今年上半年成立了一家工人医院。
>
> (근로자들의 건강을 보장하기 위해, 우리 회사는 올 상반기에 근로자 병원을 설립하였다.)
>
> 行车时不要把头伸出车窗, <u>以免</u>发生意外。
>
> (차 달릴 때 차 창 밖으로 머리 내밀지 마세요, 그렇게 함으로써 의외의 일이 발생하는 것 면하세요.)

말이 어렵죠? 그냥 "머리 내밀면 사고나요." 이러면 될 텐데 말이죠.

이 문장을 보니까 몇 년 전에 동해 해수욕장에서 열린 음주수영 방지 캠페인에서 1등으로 당선된 문구가 생각나는군요.

"술 잡숫고 바다에 들어가지 마세요. 뒈집니다."

ㅎㅎㅎ, 예문 계속 보시죠.

明天你早点来, 免得我们等你。(너 내일 일찍 와, 우리 기다리지 않게.)

人们纪念他, 在这里种上了许多松柏树。
(사람들은 그를 기념하기 위해 여기에 수많은 소나무와 측백나무를 심었다.)

이상에서 설명한 복문을 표로 정리하면 아래와 같습니다. 제가 본래 이런 표를 잘 못 만드는데, 낑낑 거리고 만든 거니까 예쁘게 봐주시기 바랍니다.

		연결형식	
		종속절	주절
평등복문	병렬복문	① 접속어 생략 가능 ② · · · · · · · · · , ③ 又 · · · · · · · · · , ④ 既 · · · · · · · · · , ⑤ 不是 · · · · · · · · · , ⑥ 一方面 · · · · · · · · · ,	① ② 也 · · · · · · · · · . ③ 又 · · · · · · · · · . ④ 又 · · · · · · · · · . ⑤ 而是 · · · · · · · · · . ⑥ 另一方面 · · · · · · · · · .
	계승복문	① 접속어 생략 가능 ② · · · · · · · · · ,	① ② 便(/就,然后 · · · ·) · · · · .
	점층복문	① (不但, 不仅) · · · · · · · , ② (不但) · · · · · · · · · , ③ · · · · · · · · · ,	① 而且(/并且) · · · · · · · · · . ② 也 · · · · · · · · · . ③ 更(/还,甚至) · · · · · · · · .
	선택복문	① (或,或者,或是) · · · · · , ② (是) · · · · · · · · · , ③ 要么 · · · · · · · · · , ④ 不是 · · · · · · · · · ,	① 或(/或者,或是) · · · · · · · . ② 还是 · · · · · · · · · . ③ 要么 · · · · · · · · · . ④ 就是 · · · · · · · · · .
주종복문	반전복문	① (虽, 虽然) · · · · · · · · · , ② (虽然) · · · · · · · · · , ③ · · · · · · · · · , ④ 尽管 · · · · · · · · · ,	① 但是(/可是) · · · · · · · · . ② 却 · · · · · · · · · . ③ 然而(/不过 · · · ·) · · · · . ④ 然而(/但是,却) · · · ·
	인과복문	① 접속어 생략 가능 ② (因为) · · · · · · · · · , ③ 之所以 · · · · · · · · · , ④ 由於 · · · · · · · · · , ⑤ · · · · · · · · · , ⑥ 既然(/既) · · · · · · · · · ,	① ② 所以(/因此,因而) · · . ③ 是因为 · · · · · · · · · . ④ · · · · · · · · · . ⑤ 以致(/可见) · · · · · · · · . ⑥ 就(/便) · · · · · · · · · .
	조건복문	① 只要 · · · · · · · · · , ② 只有(/除非) · · · · · · · , ③ 不论(/无论,不管) · · · · · ,	① 就 · · · · · · · .(특정조건) ② 才 · · · · · · · .(유일조건) ③ 也(/都) · · · · .(무조건)
	가정복문	① 접속어 생략 가능 ② 如果(/要是,假如 · ·) · · · , ③ · · · · · · · 的话,	① ② 就 · · · · · · · · · . ③ (就) · · · · · · · · · .
	양보복문	即使(/纵然 · · · ·) · · · ,	也 · · · · · · · · · .
	취사복문	① 与其 · · · · · · · · · , ② 宁可 · · · · · · · · · . (주절)	① 不如 · · · · · · · · · . ② 也(/决)不 · · · .종속절
	목적복문	① 为了(/为) · · · · · · · · · , ② · · · · · · · · · ,	① · · · · · · · · · . ② 以免(/免得 · · ·) · · · · .

축약문

축약문은 '단문의 형식'으로 '복문의 내용'을 표현하는 문장을 말합니다.

여기에서 '단문의 형식'이란 축약문에서는 두 개의 술어가 사용되는데, 그 사이에 접속어를 사용해서 전체를 하나로 묶어요. 이래서 말할 때 잠시 멈추거나 또는 문장에서 쉼표를 써서 나누지도 않기 때문에, 구조면에서 보면 하나의 단문처럼 보인다는 뜻입니다.

또 '복문의 내용을 표현한다'는 것은 축약문에서의 두 개의 술어는 두 개의 독립된 서술 내용을 표현하는데, 그 서술 내용 사이에는 병렬, 계승, 인과, 가정, 조건, 양보 등 복문적인 의미 관계를 나타낸다는 뜻입니다.

这个人要是不问他，他是不会开口的。
(이 사람은 그에게 묻지 않으면, 그는 입을 열지 않는다.) ---- 가정복문

这个人不问不开口。(이 사람은 묻지 않으면 입을 열지 않는다.) ---- 축약문

即使下雨，我们也去。(만약 비가 오더라도, 우리는 간다.) ---- 양보복문

我们下雨也去。(우리는 비가 와도 간다.) ---- 축약문

축약문은 구조면에서 보면 단문의 형식에 두 개의 술어가 있기 때문에, 다술어문과 흡사하다고 볼 수도 있어요. 얘들의 구별은 접속어의 사용 여부를 따지면 쉽게 알 수 있습니다. 왜냐하면 절대 다수의 축약문은 접속어를 사용하여 두 개의 술어를 하나로 묶어서 표현하거든요. 그러니까 접속어를 쓴 것은 축약문으로 간주하고, 안 쓴 것은 다술어문으로 보면 됩니다.

他推开门出去了。(그는 문을 열고 나갔다.) ---- 다술어문

他推开门就出去了。(그는 문을 열고는 바로 나갔다.) ---- 축약문

张三哭着说几句话。(장삼은 울면서 몇 마디 말을 했다.) ---- 다술어문

张三哭着还说几句话。(장삼은 울면서도 여전히 몇 마디 말을 했다.) ---- 축약문

축약문은 때때로 두 개의 주어가 쓰이기도 합니다. 이 점 역시 하나의 주어만을 가지는 다술어문과 다르다고 할 수 있습니다.

你不去难道他能吃了你? (네가 안 간다고 설마 그가 너를 잡아먹겠니?)

站住, 不站住就开枪了。(서라, 서지 않으면 쏘겠다.)

위의 문장의 뜻을 풀이하면 "站住! 如果你不站住, 我就开枪了."(서라! 만약 네가 서지 않는다면, 나는 총을 쏘겠다.)의 뜻이잖아요? 그러니까 '站住'와 '开枪'의 주어가 모두 생략된 꼴이죠. 하긴 범인 도망가는데, 이렇게 길게 얘기하는 경찰은 없겠죠?

축약문은 내용 면에서 보면 병렬 · 계승 · 인과 · 선택 · 조건 등 복문의 내용과 같고, 구조면에서 보면 접속어를 사용하는 일정한 형식이 있습니다.

(1) 축약문의 내용

雪怕太阳草怕霜。(눈은 해를 무서워하고, 풀은 서리를 무서워한다.) --- 병렬관계

斧头打凿凿打木。(도끼는 끌을 때리고, 끌은 나무를 때린다.) --- 계승관계

偷鸡不着蚀把米。(도둑닭은 못 잡고 쌀만 축낸다.) --- 점층관계

不是渔死就是网破。(물고기가 죽지 않으면 그물이 찢어진다.) --- 선택관계

称砣虽小压千斤。(저울추는 비록 작지만 천근을 단다.) --- 반전관계

家藏狐狸鸡不剩。(집 안에 여우를 숨기니[면] 닭이 남아나지 않는다.)
--- 인과관계 또는 가정관계

小树不扶容易弯。(작은 나무는 붙잡아 주지 않으면 쉽게 구부러진다.)
--- 가정관계

有风方起浪。(바람이 있어야 파도가 인다.)→(아니 땐 굴뚝에 연기 나랴.)
--- 조건관계

내용이 격언이나 속담 같은 게 많죠? 간결하면서 심오한 뜻을 담는 데는 이런 축약문이 잘 맞으니까요.

(2) 축약문의 고정 형식

① '不…不…': "…하지 않으면 …하지 않는다."

鼓不打不响。(북은 치지 않으면 울리지 않는다.)

我们在电影馆门口见，不见不散!
(우리 영화관 입구에서 만나자. 안 나타나면 안 간다!)(나타날 때까지 기다린다!)

今天我们喝酒，不醉不归!
(오늘 우리 술 마시자, 안 취하면 (집에) 안 가는 거다!)(이러면 쫓겨납니다.)

② '越…越…': "…할수록 …하다."

刀越磨越亮。(칼은 갈수록 빛이 난다.)

雨越下越大。(비가 내릴수록 거세진다.)

③ '再…也…': "…하더라도 …한다."

泥鳅再滑也逃不出渔人手。
(미꾸라지가 아무리 미끄럽다 해도 어부의 손에서 빠져나올 수는 없다.)

困难再大也不怕。(고난이 아무리 커도 두렵지 않다.)

④ '非…不可(/行)': "…하지 않으면(아니면) 안된다."

学习语言非下苦功不可。
(언어를 배우는 데는 각고의 노력을 하지 않으면 안 된다.)

要解决这个问题，非我不行。(이 문제를 해결하는데 내가 아니면 안 된다.)

⑤ '不…也…': "…하지 않더라도 …한다."

他不说我也知道。(그가 말하지 않아도 나는 안다.)

我不想去也得去。(나는 가고 싶지 않아도 가야 한다.)

⑥ '一…就…': "…하면 곧 …한다."

一经作出决议就要坚决执行。(결정을 하면 바로 끝까지 실행해야 한다.)

我一听别人的口音就知道他是什么地方人。
(나는 다른 사람의 말투를 들으면 그가 어느 지방 사람인지 알 수 있다.)

(3) 축약문에는 이 밖에도 접속어로 부사 하나만을 쓰거나 또는 접속어를 아예 안 쓰는 형식도 있습니다.

① 하나의 부사만을 쓰는 형식

이러한 형식에 자주 쓰이는 것으로는 '就'·'也'·'再'·'又'·'都'·'还'·'才' 등이 있는데, 이들은 두 술어 사이에 놓입니다.

说干就干。(한다면 한다.)

你说什么也不听你的。(네가 뭐라 해도 네 말은 안 듣겠다.)

有意见以后再说，现在不是时候。
(의견이 있으면 다음에 다시 말하시오, 지금은 적당한 때가 아니니까.)

这种旅行袋背又好背，提又好提。
(이런 여행 가방은 매기도 좋고, 들기도 좋다.)

怎样做都没有用。(어떻게 해도 다 소용없다.)

我知道还来问你呀? (내가 알면 당신에게 묻겠소?)

飞得高才能看得远。(높이 날아야 먼 곳을 볼 수 있다.)

② 접속어를 안 쓰는 형식

이러한 축약문은 회화체에서 많이 쓰입니다.

要管管到底。(관여하려면 끝까지 관여해야 한다.)

出了问题找我。(문제가 생기면 나를 찾아라.)

你愿意去去吧! 怕什么? (네가 원한다면 가라. 뭐가 무섭냐?)

来一个拿一个。(한 사람당 하나씩 가져가라.)

不同意别勉强。(동의하지 않더라도 강요하지 말라.)

축약문은 글자 수는 많지 않아도 그 뜻이 매우 다양할 뿐만 아니라 같은 접속어를 쓰더라도 다른 의미를 나타내기도 해요. 그렇기 때문에 축약문의 뜻을 정확하게 이해하기 위해서는 말할 때의 상황이나 앞뒤의 문맥을 잘 살펴보아야 합니다. "그 때 그 때 다르다"는 이 말 참 많이 하죠?

자 이제 얘기 할 건 대충 다 한 것 같네요. 여기까지 읽어 주신 독자 여러분께 감사드립니다. 도움이 되셨는지 모르겠습니다.

이 정도면 중국어 어법을 이해하거나 무슨 시험을 보는데, 그다지 부족하지 않은 내용이라고 생각하는데요, 혹시나 이 이상의 내용을 공부하고 싶으신 분을 위해서 딱 두 권만 추천할게요.

하나는 유월화(刘月华) 등이 지은 『실용현대한어어법』(2004)이고요, 다른 하나는 여숙상(吕叔湘)이 펴낸 『현대한어팔백사(八百词)』(2004)예요. 둘 다 상무인서관(商务印

书馆)에서 나왔습니다.

『실용어법』은 어법을 설명하는 일반적인 어법책하고 스타일은 비슷하지만 내용이 뛰어납니다. 설명을 자세하면서도 쉽게 잘 해주고 있어요.

『팔백사』는 어법을 설명한 책이 아니라, 현대 중국어에서 자주 쓰이는 800개 낱말의 용법을 설명한 책입니다. 2004년에 나온 책은 여기에다가 200개 낱말을 더해서 1000개를 만들었는데, 그러면 『현대한어일천사(一千词)』로 해야 하지만 『팔백사』라는 이름이 워낙 유명하니까 그냥 『팔백사』로 했답니다.

중국에는 어법 관계 책이 수 백 수 천 종이나 되기 때문에 이걸 다 볼 수는 없고요, 또 그럴 필요도 없습니다. 어법책은 다 거기서 거기거든요. 그럼에도 불구하고 이 두 책은 군계일학입니다.

어법책은 소설책처럼 처음부터 끝까지 읽는 게 아니라서요, 그저 한 번 쉬익 훑어보신 다음, 필요할 때마다 그 대목을 찾아보면 됩니다. 그러니까 부담 가지시지 말고 사두셔도 좋을 것 같습니다. 두 권 합해서 중국 돈으로 100원 정도 하니까, 현재 환율로 따지면 아마 우리나라 돈으로 2만원이 안될 거예요. 값도 이만하면 싼 편이죠. 시중에 번역본도 나와 있으니까 중국어가 서투신 분에게는 좋을 겁니다.

끝에 가서 책 선전을 한 거 같네요. ㅎㅎㅎ

감사합니다.

부록

- "一點兒"과 "有點兒"의 용법 비교
  A comparison of uses between "yidiar(一点儿)" and "youdiar(有点儿)"
- 中國現代語法 教育에 대한 몇 가지 제안
  (The Several Proposals for Teaching Modern Chinese Grammar)

"一點兒"과 "有點兒"의 용법 비교

A comparison of uses between "yidiar(一點兒)" and "youdiar(有點兒)"

李 炳 官
Lee Byeong Kwan
(공주대학교 중어중문학과 교수)
bklee@kongju.ac.kr

목 차

1. 들어가기

"一點兒"과 "有點兒"은 둘 다 우리말로는 '약간'·'조금'에 해당하는 낱말이다. 그런데 용법에서는 서로 다른 면이 있기 때문에 이 둘을 쓸 때는 약간의 주의가 필요하다. 중국 사람들은 이 두 낱말의 용법 문제에 대해서 그다지 관심을 보이지 않는다. 그들에게는 이들의 용법이 너무 간단하거나 쉬운 문제여서 그런지는 모르겠지만, 우리와 같은 외국인에게는 그렇게 용이하지만은 않다. 또 이 두 낱말의 용법은 학생들이 말을 할 때나 작문을 할 때 자주 틀리는 사례 가운데 하나이다.

본 논문은 "一點兒"과 "有點兒"의 구조와 내용을 서로 비교해서 그 異同을 살펴보고, 非文을 통하여 구체적인 용례를 분석함으로써 이 두 낱말의 용법을 숙지하는데 도움을 주고자 한다.

2. "一點兒"와 "有點兒"의 용법 비교

2.1 "一點兒"의 용법

2.1.1 "一點兒"은 구조적으로 보면 「數詞+量詞」로 이루어져 있다. 이 구조는 일반적으로 뒤에 명사가 오게 되는데, 이 때의 "一點兒"은 그 명사를 꾸며주는 관형어[1]의 역할을 한다.

내용적으로는 '수량이 적다'는 뜻을 나타내는데, '一'은 때때로 생략되기도 한다.

我太太去買(一)點兒水果.
今天我有(一)點兒事.
這個電腦常出了一點兒毛病.

2.1.2 "一點兒"은 동사나 형용사의 뒤에 쓰여 정도나 수량의 약간의 增減을 나타내는 보어의 역할을 한다. 이 때는 "一點兒"의 뒤에 다른 요소가 오지 않는다.

用錢節省一點兒.
這次旅游你可小心一點兒.
我的表快了一點兒.

2.1.3 "一點兒"은 구조상 직접 동사나 형용사의 앞에 쓰이지 못한다. "一點兒"이 동사나 형용사의 앞에서 부사어로 쓰이려면 否定 형식을 취해야만 한다. 이 때 "一點兒"의 뒤에는 종종 '也'나 '都'가 오며, "조금도 …… 않다"라는 뜻을 나타낸다.

這本書我一點兒還沒看呢.
我一點兒都不要.
我的表一點兒也不快.

2.2 "有點兒"의 용법

1) 관형어란 문장에서 주어나 주제어 또는 목적어 앞에서 이들을 꾸며주는 요소를 말한다. 중국에서는 이를 定語라고 부르고, 우리나라에서는 限定語라고 부르기도 한다.
이 논문에서 쓰는 모든 어법 용어는 拙著『중국현대어법』(대전 도서출판 보성 2002)을 따랐다.

2.2.1 "有點兒"은 구조적으로 보면 「動詞+量詞」로 이루어져 있다. 이 구조는 述目구조로서 그 자체로 "약간 ……한 것이 있다"라는 뜻이 된다. 그러므로 "有點兒" 뒤에 명사가 오면 이 때 '有'는 술어가 되고 '點兒+명사'는 목적어가 된다.

碗裏有點兒水.
這幅漫畫倒有點兒意思.
這要有點兒勇氣.

"有點兒" 뒤에 오는 명사에는 약간의 제한이 있다.

① 無生物이어야 한다.

有點兒錢, 有點兒紙, 有點兒香蕉, 有點兒力氣
*有點兒人, *有點兒鷄, *有點兒牛, *有點兒學生

② 장소 · 시간 등을 나타내는 명사와는 같이 쓰이지 못한다.

*有點兒地方, *有點兒學校, *有點兒工場, *有點兒銀行
*有點兒天, *有點兒月, *有點兒年, *有點兒時候

③ 고유명사와는 같이 쓰이지 못한다. "有點兒"은 정도나 수량이 적은 것을 뜻하는데, 고유명사는 그 수가 몇 개 있는 것이 아니기 때문이다.

2.2.2 "有點兒"은 동사나 형용사의 앞에 쓰여 그 동사나 형용사를 꾸며주는 부사어의 역할을 한다. 이 때의 "有點兒"은 더 이상 나누어지지 않는 하나의 고정 형식으로 간주된다. 따라서 이 경우의 '有'는 더 이상 '소유'나 '존재'를 뜻하는 동사로서의 기능을 하지 않는다. 예를 들어 "我感到有點兒熱."라고 할 때의 '有'는 "我有熱."라는 뜻을 나타내지는 않고, 단순히 '熱'을 꾸며주는 '有點兒'로서의 역할만 할 뿐이다.

"有點兒"는 내용적으로는 정도가 높지 않거나 미약하다는 뜻을 나타내는데, 이 때 쓰이는 동사나 형용사는 내용상 대부분 어쩔 수 없거나 좋지 않은 뜻을 가지는 경우가 많다.[2)]

這個人有點兒糊涂.
那個人有點兒面熟.
這個問題提得有點兒太突然.

2) 呂叔湘主編, 『現代漢語八百詞』, 홍콩 商務印書館 1984, p.559.

那件事情我有點兒後悔.
我有點兒想去又有點兒不想去.

위의 경우와는 반대로 「有點兒+不+동사/형용사」의 구조로 쓰이는 동사나 형용사는 대부분 적극적이거나 좋은 뜻을 가진다.

心理有點兒不安.
他今天有點兒不高興.
最近天氣有點兒不好.
這個人眞有點兒不懂事.
你這句話太不講道理.

그런데 문장 끝에 변화를 뜻하는 '了'가 쓰이면 이러한 제약이 없어진다.

他在班上已經有點兒不受歡迎了.
(그는 반에서 이미 약간 환영을 받지 못하게 되었다.)
他在班上已經有點兒受歡迎了.(그는 반에서 이미 약간 환영을 받게 되었다.)

我有點兒不會唱了.
我有點兒會唱了.

她的眉毛有點兒立不起來了.
她的眉毛有點兒立起來了.

위와 같은 현상에 대하여 張林林은 이 때의 "有點兒"은 막 변화가 시작되었다는 뜻을 나타낼 뿐 어쩔 수 없거나 좋지 않은 뜻을 나타내는 것과는 직접적인 관계가 없기 때문이 아닌가 하였다.[3]

2.1.3과 2.2.2와 같이 "一點兒"과 "有點兒"이 동사나 형용사의 앞에 놓여 부사어로 쓰이는 상황에 대해서는 다음 <2.3 "一點兒"과 "有點兒"의 부사어 용법 비교>에서 좀더 자세히 다루겠다.

---

3) 張林林, <說"有點V">, 『語言文字學』 1989년 1월호, 北京 人民大學 書報資料中心, pp.113~114.

2.2.3 "有點兒"은 단독으로 묻는 말에 대답을 할 수 있다.

你不覺得疼嗎?有點兒.

他是不是後悔了?有點兒.

2.3 "一點兒"과 "有點兒"의 부사어 용법 비교

2.3.1 "一點兒"의 부사어 용법

"一點兒"이 부사어로 쓰이는 경우는 대부분 「一點兒+也/都+不/沒」의 형식으로 쓰인다.

(1) 「一點兒+也/都+不/沒+동사」

① 「一點兒+也/都+不/沒+동사+목적어」

「一點兒+也/都+不/沒」의 형식 뒤에 동사가 목적어를 가질 때 이 때의 동사는 사람의 태도나 감정 등을 나타내는 동사가 많이 쓰인다.

예를 들면 同意, 贊成, 支持, 尊重, 尊敬, 佩服, 欣賞, 喜歡, 熱愛, 同情, 愛護, 愛惜, 惋惜, 關心, 心疼, 討厭, 反對, 憎恨, 忌妒, 恨, 煩, 愛, 怕, 想 등이 그러한 동사에 속한다.

他一點兒都不愛我.

我一點兒也沒有同情他.

你一點兒都不尊重我.

② 「一點兒+也/都+不/沒+述目구조 동사」

이 형식에 쓰이는 동사는 자기 몸 안에 이미 목적어를 가지고 있기 때문에 또 다시 목적어를 취하지 않는다.

이러한 동사의 예로는 認輸, 服輸, 講理, 解渴, 討癮, 放手, 放心, 要臉, 吃惊, 費力, 費勁, 吃力, 攙假, 幇忙, 知趣, 愛面子, 講情面 등이 있다.

這種飮料一點兒都不解渴.

他直到現在仍然一點兒也不認輸.

③ 「一點兒+명사(뒤에 나오는 동사의 목적어)+也/都+不/沒+행동동사」

이 형식에 쓰이는 동사는 일반 행동동사인데 그 목적어가 내용상 "一點兒"의 수식을 직접 받으면서 셀 수 있는 명사일 때, 습관상 그 목적어를 "一點兒"의 바로 뒤에 놓는다.

昨天去雙安商場，我一點兒東西也沒買.
我愛人從來一點兒酒都不喝.
這一個星期，他一點兒水果也沒吃.

④「一點兒+也/都+不/沒+有동사+목적어」
'有'동사가 오는 경우 "조금도 ……가(/이) 없다"라는 뜻을 나타내는데, 이 형식의 목적어는 추상명사여야 한다.

我一點兒都沒有這個想法.
你對辦好這件事一點兒都沒有信心.
他一點兒也沒有男子漢的氣質.

만약 목적어가 구체적인 명사라면 그 목적어를 "一點兒"의 바로 뒤에 놓는다.

那時，他是個流浪少年，一點兒錢都沒有.

(2)「一點兒+不+형용사」

「一點兒+不+형용사」의 형식으로 쓰이는 형용사는 일반적으로 별다른 제약 조건이 없다. 다만 '雪白(눈처럼 희다)'·'筆直(붓처럼 곧다)'·'冰凉(얼음처럼 차다)'·'火紅(불처럼 붉다)' 등과 같이 명사성 어소가 동사성 어소를 꾸며주는 구조로 이루어진 형용사와 '綠油油'·'水靈靈'·'白茫茫'·'紅彤彤' 등과 같이 ABB 형식으로 이루어진 다음절 형용사는 "一點兒"과 같이 쓰일 수 없다. 이에 대해 李鶯은 이러한 형용사는 자신의 몸 안에 이미 정도를 표현하는 요소를 가지고 있기 때문이라고 하였다.4)

2.3.2 "有點兒"의 부사어 용법

(1)「有點兒+동사」

①「有點兒+行動動詞+목적어」
이 때 쓰이는 동사는 긍정문으로 쓰일 경우에는 내용상 대부분 어쩔 수 없거나 좋지 않은 뜻을 가지는 경우가 많고, 부정문으로 쓰일 경우에는 대부분 적극적이거나 좋은 뜻을 가진다.

4) 李鶯, <也說"一點兒"和"有點兒">, 『語文研究』 2001년 제2기, 山西省 社會科學院, p.32.

這沙發有點兒占地方.
這件事有點兒傷我的心.
這位領導有點兒不了解情况.
他在班上有點兒不受歡迎.

②「有點兒+상태・변화동사」
이 형식은 대부분 긍정 형식으로 많이 쓰인다.

樣子確乎有點兒象偵探.
好似撤的人手有點兒哆嗦.
你有點兒變了.
他的眼神有點兒改變了光度和神度.

③「有點兒+心理활동동사」
이 형식은 긍정과 부정 형식이 모두 있다. 그렇지만 대부분의 경우 서로 상응하는 긍정 또는 부정 형식은 성립하지 않는다.

我心裏有點兒埋怨我愛人. → *我心裏有點兒不埋怨我愛人.
他只說有點兒想"小李". → *他只說有點兒不想"小李".
老人似乎有點兒不滿意孫子. → 老人似乎有點兒滿意孫子.(?)

④「有點兒+動補구조+목적어」
이 형식은 대부분 부정 형식으로 많이 쓰인다.

你有點兒摸不淸頭腦了.
她就有點兒對不起丈夫和老人們.
抓筆的那雙手有點兒把不穩起來.
有點兒不過氣來.

⑤「有點兒+能願動詞+用詞[5]」

5) 用詞란 동사적인 성격을 갖는 낱말을 뜻한다. 용사에는 동사・형용사・부사・대사의 일부분('這麽'・'那麽'・'這麽樣'・'那麽樣'・'怎麽'・'怎麽樣' 등) 그리고 양사 가운데 동량사(動量詞) 등이 이에 속한다.

이 방식으로 쓸 때는 언제나 否定 형식으로 써야 한다. 이 때 쓰이는 능원동사는 일부분은 가능하다는 뜻을 나타낸다.

你是有點兒不該這樣.

(2) 「有點兒+형용사」

「有點兒+형용사」의 형식에 쓰이는 형용사는 반드시 그렇지는 않지만 내용상 어쩔 수 없거나 좋지 않은 뜻을 가지는 경우가 많다. 그리고 위의 「一點兒+不+형용사」의 경우와 마찬가지로 '雪白'·'筆直'·'冰凉'·'火紅' 등과 같이 명사성 어소가 동사성 어소를 꾸며주는 구조로 이루어진 형용사와 '綠油油'·'水靈靈'·'白茫茫'·'紅彤彤' 등과 같이 ABB 형식으로 이루어진 다음절 형용사는 "有點兒"과 같이 쓰일 수 없다. 그 이유는 위의 「一點兒+不+형용사」에서 설명한 것과 같이 자신의 몸 안에 이미 정도를 표현하는 요소를 가지고 있기 때문이다.

2.3.3 「一點兒+不+동사/형용사」·「有點兒+동사/형용사」·「有點兒+不+동사/형용사」 형식 용법 對比

李鶯은 「一點兒+不+동사/형용사」·「有點兒+동사/형용사」·「有點兒+不+동사/형용사」 등 세 가지 형식을 나란히 대비시켜 "一點兒"과 "有點兒"이 어떤 동사 또는 형용사의 부사어로 쓰이는가 또는 쓰이지 못하는가 하는 것을 구체적으로 예시하고 있다.[6] ("一點兒"은 직접 부사어로 쓰이지 못하므로 「一點兒+동사/형용사」 방식은 제외하였다.) 우리와 같은 외국인에게는 좋은 참고자료가 될 것으로 생각되어 이에 소개한다.

(1) 「一點兒+不+동사」·「有點兒+동사」·「有點兒+不+동사」 대비

① 행동동사

一點兒不看	*有點兒看	*有點兒不看
一點兒不吃	*有點兒吃	*有點兒不吃
一點兒不考察	*有點兒考察	*有點兒不考察
一點兒不保留	*有點兒保留	*有點兒不保留
一點兒不睡	*有點兒睡	*有點兒不睡
一點兒不飛	*有點兒飛	*有點兒不飛

6) 李鶯, 앞의 논문, pp.31~32.

一點兒不休息	*有點兒休息	*有點兒不休息
一點兒不哭泣(?)	*有點兒哭泣	*有點兒不哭泣
*一點兒不游泳	*有點兒游泳	*有點兒不游泳
*一點兒不游行	*有點兒游行	*有點兒不游行
一點兒不咳嗽	有點兒咳嗽	*有點兒不咳嗽

행동동사는 대부분 「一點兒+不+동사」의 방식으로 쓰인다. 다만 '游泳'이나 '跑步' 등과 같이 체육 활동을 표현하는 동사나 '游行'·'示威'·'騰飛' 등과 같이 文言體의 색채가 짙은 동사들은 예외이다.

② 상태동사(심리활동 동사)

一點兒不愛	有點兒愛	有點兒不愛
一點兒不恨	有點兒恨	*有點兒不恨
一點兒不高興	有點兒高興	有點兒不高興
一點兒不厭惡	有點兒厭惡	*有點兒不厭惡
*一點兒不懊惱	有點兒懊惱	*有點兒不懊惱

상태동사는 대부분 「一點兒+不+동사」와 「有點兒+동사」 방식으로 쓰일 수 있다. 다만 「有點兒+동사」의 방식으로 쓰이는 상태동사는 '愛'나 '恨'과 같이 적극적인 심리 활동을 표현하는 동사들이 많다.

③ 능원동사

一點兒不能	*有點兒能	有點兒不能
一點兒不會	有點兒會(?)	有點兒不會
一點兒不可以	*有點兒可以	有點兒不可以

"一點兒"과 같이 쓰이는 능원동사는 완전히 불가능하다는 뜻을 나타내고,"有點兒(+不)"과 같이 쓰이는 능원동사는 일부분은 가능하다는 뜻을 나타낸다.

④ 관계동사

一點兒不像	有點兒像	有點兒不像
一點兒不如	*有點兒如	有點兒不如

관계동사 가운데 '像'과 '如'는 위와 같은 방식으로 쓰이는데, '如'는 현재 대부분 '不如'의 형태로 쓰이기 때문에 긍정 형식에서는 잘 나타나지 않는다.

(2) 「一點兒+不+형용사」·「有點兒+형용사」·「有點兒+不+형용사」 대비

① 일반적으로 「一點兒+不+형용사」의 형식에 쓰이는 형용사는 별다른 제한이 없다. 한편 「有點兒+형용사」의 형식에 쓰이는 형용사는 반드시 그렇지는 않지만 내용상 어쩔 수 없거나 좋지 않은 뜻을 가지는 경우가 많다. 아래의 예를 보고 비교하기 바란다.

一點兒不好	有點兒好	有點兒不好
一點兒不壞	有點兒壞	*有點兒不壞
一點兒不遠	有點兒遠	*有點兒不遠
一點兒不近	有點兒近	有點兒不近
一點兒不多	有點兒多	*有點兒不多
一點兒不少	有點兒少	*有點兒不少
一點兒不大	有點兒大	*有點兒不大
一點兒不小	有點兒小	*有點兒不小
一點兒不早	有點兒早	*有點兒不早
一點兒不晚	有點兒晚	*有點兒不晚
一點兒不累	有點兒累	*有點兒不累
一點兒不困	有點兒困	*有點兒不困
一點兒不全	*有點兒全	有點兒不全
一點兒不渺小	有點兒渺小	*有點兒不渺小
一點兒不懦弱	有點兒懦弱	*有點兒不懦弱
一點兒不偉大	*有點兒偉大	*有點兒不偉大
一點兒不勇敢	有點兒勇敢	*有點兒不勇敢
一點兒不聰明	有點兒聰明	有點兒不聰明
一點兒不優秀	*有點兒優秀	*有點兒不優秀
一點兒不緊張	有點兒緊張	*有點兒不緊張
一點兒不興奮	有點兒興奮	*有點兒不興奮
一點兒不激動	有點兒激動	*有點兒不激動

② '雪白'·'筆直' 등과 같이 명사성 어소가 동사성 어소를 꾸며주는 구조로 이루어진 형용사와 '綠油油'·'水靈靈' 등과 같이 ABB 형식으로 이루어진 다음절 형용사는 「一

點兒+不+형용사」·「有點兒+형용사」·「有點兒+不+형용사」 등 어느 형식에도 쓰일 수 없다.

*一點兒不雪白	*有點兒雪白	*有點兒不雪白
*一點兒不筆直	*有點兒筆直	*有點兒不筆直
*一點兒不綠油油	*有點兒綠油油	*有點兒不綠油油
*一點兒不水靈靈	*有點兒水靈靈	*有點兒不水靈靈

③ 李鶯은 '許多'·'好些' 등과 같은 不定數量을 표시하는 다음절 형용사 역시 「一點兒+不+형용사」·「有點兒+형용사」·「有點兒+不+형용사」 등 어느 형식에도 쓰일 수 없다고 하였다.7)

*一點兒不許多	*有點兒許多	*有點兒不許多
*一點兒不好些	*有點兒好些	*有點兒不好些

그런데 이것은 음절 문제가 아니고 형용사의 술어성과 비술어성의 문제라고 생각한다.8) '許多'는 비술어성 형용사이고, '好些'는 '비교적 낫다'라는 뜻으로 쓰일 때는 술어로 쓰이지만, '많다'라는 뜻으로 쓰일 때는 관형어로 쓰인다. "一點兒"이나 "有點兒"이 부사어로 쓰일 때는 술어를 수식하는 역할을 하는 경우를 말한다.

---

7) 위의 논문, p.32.

8) 이 문제에 관해서는 拙著 p.69의 내용을 인용하겠다.
형용사는 술어(述語)가 될 수 있는가 없는가에 의하여 일반(一般)형용사와 비술어성(非述語性) 형용사로 나뉜다.
(1) 일반 형용사
대부분의 형용사는 일반 형용사에 속한다. 일반 형용사는 문장의 구성 요소인 술어, 보어, 관형어, 그리고 부사어로 쓰일 수 있으며 때로는 주어나 목적어로도 쓰인다.
또한 대부분의 일반 형용사는 '很紅', '非常好', '十分可愛' 등과 같이 정도부사(程度副詞)의 수식을 받을 수 있다.
(2) 비술어성(非述語性) 형용사
비술어성 형용사는 문장에서 명사를 수식하는 관형어로만 쓰이며, 술어나 보어로는 쓰이지 못하는 형용사를 말한다. 이러한 형용사의수는 그다지 많지 않다. 이들을 가나다 순으로 열거하면 다음과 같다.
個別 共同 根本 基本 多項 大型 萬能 慢性 新生
新式 人爲 一切 正 主要 彩色 天然 初級

3. 非文 분석

본 절에서는 학생들이 작문이나 회화를 할 때 틀리기 쉬운 용례를 가지고 위에서 나온 "一點兒"과 "有點兒"의 용법을 다시 한 번 정리해보고자 한다.

*(예1) 昨天晚上我睡得太晚，所以我現在一點兒困.
→ 昨天晚上我睡得太晚，所以我現在有點兒困.

*(예2) 因爲沒吃早飯，所以我現在一點兒餓.
→ 因爲沒吃早飯，所以我現在有點兒餓.

*(예3) 春天到了，但天氣却一點兒冷.
→ 春天到了，但天氣却有點兒冷.

2.1.3에서 말한 바와 같이 "一點兒"는 동사나 형용사의 앞에 쓰이지 못한다. 그러므로 위의 *(예1), *(예2) 그리고 *(예3)의 "一點兒"은 "有點兒"로 고쳐 써야 한다.

*(예4) 最近幾天冷得要死，但是今天一點兒暖和了.
→*最近幾天冷得要死，但是今天有點兒暖和了.
→ 最近幾天冷得要死，但是今天暖和了一點兒.
→ 最近幾天冷得要死，但是今天暖和一點兒了

*(예5) 他穿了這件衣服就一點兒漂亮了.
→*他穿了這件衣服就有點兒漂亮了.
→ 他穿了這件衣服就漂亮了一點兒.
→ 他穿了這件衣服就漂亮一點兒了.

"一點兒"이 동사나 형용사의 앞에 못온다고 해서, 이 경우에 쓰인 모든 "一點兒"을 기계적으로 "有點兒"로 바꾸어서는 안된다.

2.2.2에서 말한 바와 같이 "有點兒"이 동사나 형용사를 꾸며줄 때, 이 때 쓰이는 동사나 형용사는 내용상 대부분 어쩔 수 없거나 좋지 않은 뜻을 가지는 경우가 많다. 위의 *(예1), *(예2) 그리고 *(예3)에서 쓰인 형용사 술어의 내용을 잘 살펴보면 그 내용이

모두 '피곤하다[困]' · '배고프다[餓]' · '춥다[冷]' 등 대체로 좋지 않은 뜻을 가지고 있다. 그런 경우에는 "一點兒"을 "有點兒"로 고쳐 써야 하지만, *(예4)와 *(예5)의 경우처럼 동사나 형용사가 '따뜻하다[暖和]' · '예쁘다[漂亮]' 등과 같이 좋은 뜻을 가질 때는 "一點兒"을 "有點兒"로 고쳐 쓰는 것이 아니라 "一點兒"을 술어로 쓰인 동사나 형용사의 뒤에 놓는다.

(예6) 我的同事這幾天一點兒不舒服.(?)
→我的同事這幾天有點兒不舒服.
→我的同事這幾天一點兒也(/都)不舒服.

(예7) 他今天一點兒不高興, 不知爲什麽.(?)
→他今天有點兒不高興, 不知爲什麽.
→他今天一點兒也(/都)不高興, 不知爲什麽.

(예8) 他對我一點兒不熱情.(?)
→他對我有點兒不熱情.
→他對我一點兒也(/都)不熱情.

2.1.3에서 말한 바와 같이 "一點兒"은 동사나 형용사의 앞에 쓰이기도 하는데, 이 때는 대부분 否定 형식으로 쓰인다. 그런데 이 때는 두 가지의 경우가 있다. 하나는 「一點兒+不+형용사」가 정도가 약하거나 낮다는 뜻을 나타낼 때는 "一點兒"은 "有點兒"로 바꾸어서 써야 한다.

다른 하나는 「一點兒+不+형용사」가 "조금도 …… 않다"라는 뜻을 나타낼 경우이다. 이 때는 "一點兒" 뒤에 '也'나 '都'가 와서 「一點兒+也(/都)+不+형용사」로 쓰이는 것이 常例인데, 口語에서는 '也'나 '都'를 생략하기도 한다. 이렇게'也'나 '都'를 생략해서 말할 때는 "一點兒"을 강하게 발음한다.

*(예9) 他昨天看書一點兒, 然後馬上睡覺了.
→ 他昨天看(了)一點兒書, 然後馬上睡覺了.
→ 他昨天看書看了一點兒, 然後馬上睡覺了.

*(예10) 爸爸每天晚上喝白酒一點兒, 然後喝威士忌一點兒.
→ 爸爸每天晚上喝了一點兒白酒, 然後喝一點兒威士忌.
→ 爸爸每天晚上喝白酒喝了一點兒, 然後喝威士忌一點兒.

*(예11) 最近下雨一點兒.
→ 最近下(了)一點兒雨.
→ 最近下雨下了一點兒.

*(예12) 我會說英語一點兒.
→ 我會說一點兒英語.
→ 我說英語會說一點兒.

"一點兒"이 述目구조와 함께 쓰여 그 목적어의 수량이 적다는 뜻을 나타낼 때는 두 가지 방법이 있다.

하나는 2.1.1에서 말한 바와 같이 "一點兒" 뒤에 명사가 오도록 하여, "一點兒"로 하여금 그 명사를 꾸며주는 관형어의 역할을 하게 하는 방법이다. 즉 「동사(술어)+一點兒(관형어)+명사(목적어)」의 꼴로 쓴다.

다른 하나는 술목구조의 동사를 반복해서 쓰는 방식이다. 즉 「동사(술어)+명사(목적어)+동사+一點兒」의 꼴로 되는데, 이 경우는 "一點兒"이 동사 뒤에 쓰여 그 동사의 행위의 정도가 적다는 뜻을 나타내게 된다. 한편 *(예12)의 경우처럼 能願動詞 '會'가 쓰인 경우에 동사를 반복하는 방식을 취하려면 '會'는 중복하는 동사의 앞에 놓인다.

*(예13) 這沙發有點兒占了一大塊地方.
→ 這沙發占了一大塊地方.

*(예14) 分析例句有點兒費了我一番心血.
→ 分析例句費了我一番心血.

*(예13)과 *(예14)의 경우와 같이 述目구조에서 목적어가 수량사의 수식을 받으면 "有點兒"은 쓸 수 없다. "有點兒"은 "這沙發有點兒占了地方."과 같이 述目구조 앞에서 그 양이 적다는 뜻을 나타내는데, *(예13)과 *(예14)의 경우와 같이 목적어가 이미 수량의 제한을 받고 있다면 다시 '조금'이라는 뜻을 나타낸다는 것이 논리상 어울리지 않기 때문이다.

*(예15) 他有點兒沒滿意他兒子.
→ 他有點兒不滿意他兒子.
*(예16) 我有點兒沒受歡迎.
→ 我有點兒不受歡迎.

(예17) 你有點兒沒了解情況.(?)
→ 你有點兒不了解情況.

"有點兒"은 부정문에서 쓰일 경우 대부분 '不'를 쓰고 '沒'은 쓰는 예는 거의 없다. "一點兒"의 경우에는 '不'와 '沒'를 모두 쓴다.(<2.3.1 "一點兒"의 부사어 용법> 참조.)

*(예18) 別有點兒囉嗦!
→ 別囉嗦!

*(예19) 別有點兒埋怨小孩兒!
→ 別埋怨小孩兒!

"有點兒"은 명령문에서는 쓰지 못한다.

4. 小 結

이상에서 우리는 "一點兒"과 "有點兒"의 구조와 용법의 차이점을 살펴보았다. 그것을 정리하면 다음과 같다.

① "一點兒"은 구조적으로 보면 「數詞+量詞」로 이루어져 있다. 이 구조는 일반적으로 뒤에 명사가 오게 되는데, 이 때의 "一點兒"은 그 명사를 꾸며주는 관형어의 역할을 한다.

② "一點兒"은 동사나 형용사의 뒤에 쓰여 정도나 수량의 약간의 增減을 나타내는 보어의 역할을 한다. 이 때는 "一點兒"의 뒤에 다른 요소가 오지 않는다.

③ "一點兒"은 구조상 직접 동사나 형용사의 앞에 쓰이지 못한다. "一點兒"이 동사나 형용사의 앞에서 부사어로 쓰이려면 否定 형식을 취해야만 한다. 이 때 "一點兒"의 뒤에는 종종 '也'나 '都'가 오며, "조금도 …… 않다"라는 뜻을 나타낸다.

④ "有點兒"은 구조적으로 보면 「動詞+量詞」로 이루어져 있다. 이 구조는 述目구조로서 그 자체로 "약간 ……한 것이 있다"라는 뜻이 된다. 그러므로 "有點兒" 뒤에 명사가 오면 이 때 '有'는 술어가 되고 '點兒+명사'는 목적어가 된다. 이 때의 명사는 일반명사이면서 무생물이어야 한다.

⑤ "有點兒"은 동사나 형용사의 앞에 쓰여 그 동사나 형용사를 꾸며주는 부사어의 역할을 한다. 이 때의 "有點兒"은 더 이상 나누어지지 않는 하나의 고정 형식으로 간주

된다. 이 때 쓰이는 동사나 형용사는 내용상 대부분 어쩔 수 없거나 좋지 않은 뜻을 가지는 경우가 많다.

참고문헌

<專書類>
佟慧君編, 外國人學漢語病句分析, 北京 語言學院出版社 1986.
呂叔湘主編, 現代漢語八百詞, 홍콩 商務印書館 1984.
李大忠, 外國人學漢語語法偏誤分析, 北京 語言文化大學出版社 1996.
拙著, 중국현대어법, 대전 도서출판 보성 2002.

<論文類>
楊嘉敏, "一點兒"和"有點兒", 『漢語學習』 1994년 제5기.
李鶩, 也說"一點兒"和"有點兒", 『語文研究』 2001년 제2기, 山西省 社會科學院.
張林林, 說"有點V", 『語言文字學』 1989년 1월호, 北京 人民大學 書報資料中心.
侯友蘭, "有點"·"有些"和"有的是", 『語言文字學』 1987년 5월호, 北京 人民大學 書報資料中心.

提要
"一點兒"和"有點兒"是意義相近但用法有所不同的一組詞. 本稿先考察"一點兒"和"有點兒"的結構與在句子裏的用法, 然後通過偏誤分析來比較在用法上兩者之間的異同.

中心語
一點兒, 有點兒, 構造, 用法比較, 冠形語, 補語, 副詞語

中國現代語法 敎育에 대한 몇 가지 제안

(The Several Proposals for Teaching Modern Chinese Grammar)

中心語: 中國現代語法 教學 用例研究 提案

李 炳 官

Lee Byeong Kwan

(공주대학교 중어중문학과 교수)

목 차

1. 들어가기

우리가 어떤 외국어를 배우고자 할 때 가장 먼저 하는 일은 무엇일까? 여러 가지 방법이 있을 수 있겠지만 대체로 우선 기초 회화책이나 그 언어를 소개하는 입문서부터 읽어 볼 것이다. 그리고 그 책들 안에는 해당 언어의 특징, 字母, 발음 구조, 기초 일상 회화 그리고 어법 등이 소개되어 있을 것이다.

이 가운데서도 우리나라 사람들은 특히 어법이라는 것을 빼놓지 않고 열심히 익힌다. 그것은 어법이라는 것이 하나의 언어를 이해하는데 중요한 요소이기 때문이기도 하지만 어려서부터 접해온 영어 또는 영문법의 영향 또한 적지 않을 것으로 생각한다.

그렇다면 우리는 중국어법을 어떻게 가르쳐야할까? 이 질문은 중국어법을 공부하는 사람이라면 누구나 한 번쯤은 고민해보았을 命題라고 할 수 있을 것이다.[9)]

본인은 중국어의 특질에 대한 설명을 시작으로 몇 가지 제안을 통해 이 문제에 접근해 보고자 한다.

2. 중국어의 특징을 熟知토록 하라.

학생들에게 중국 어법을 가르치기에 앞서 가장 먼저 해야 할 일은 중국어의 특징을 설명하는 일일 것이다. 즉 "중국어는 어떠한 언어인가?"하는 문제이다.

중국어는 이른바 單音節 孤立語(Mono Syllabic Isolating Language)라고 부른다. 이것은 '단음절어'와 '고립어'라는 두 가지 특징을 한꺼번에 일컫는 말이다. 이것을 하나씩 나누어 알아보면 다음과 같다.

2.1 單音節語의 특징

단음절어란 하나의 낱말이 하나의 음절로 이루어진 언어를 말한다. 현재의 중국어가 단음절어인가 하는 문제에 대해서는 아직 토론의 여지가 있지만 李方桂의 주장을 따르자면 현대 중국어의 語素[10)]는 여전히 단음절이라는 것에는 異見이 없다.[11)]

---

9) 呂叔湘은 한 어법 형식은 理論과 用法 두 가지 방면으로 나누어 연구를 할 수 있다고 하였다. 전자는 한 어법 형식이 문장 안에서 어떠한 지위를 갖는가 하는 것을 연구한다. 즉 어떤 어법 단위인가? 문장이나 구에서는 어떤 요소에 속하는가? 그것의 앞이나 뒤에는 어떠한 요소들이 오는가? 하는 등등이다. 후자는 하나의 어법 형식이 출현하는 조건을 연구한다. 즉 어느 경우에 쓸 수 있는가 또는 어느 경우에 꼭 써야 하는가? 어느 경우에 쓸 수 없는가? 어떤 다른 요소의 앞 또는 뒤에 놓여야 하는가? 하는 등등이다.(呂叔湘, <未晩齋語文漫談>, 『中國語文』 1991년 제4기, p.312.)
여기에서 말하는 중국어법이란 바로 후자를 가리킨다. 이를 혹자는 學校文法 또는 敎學語法이라고도 부른다.

10) 語素라는 용어는 이전에는 詞素라고도 불렀고, 우리나라에서는 形態素라고도 부른다. 이 논문에서 쓰는 모든 어법 용어는 拙著 『중국현대어법』(대전 보성출판사 2002)을 따랐다.

11) 중국어의 단음절성 문제에 대해서는 周法高선생의 <中國語單音節性之再檢討>(『中國語文研究』 第五期, 홍콩 中文大學 1984)를 참조.

그런데 한 글자를 하나의 음절로 발음을 한다는 것이 현대 중국어법을 가르치는 것과 무슨 관계가 있을까? 또한 이것은 중국어법에서 가장 기본적으로 다루는 字와 語素 그리고 낱말의 관계를 설명하는 것 외에 더 이상 무슨 설명이 필요할까? 하고 의문을 가지는 분이 많을 것이다.

중국어의 단음절성은 우선 수많은 同音異義語를 낳게 된다. 현재 중국어의 음절수는 중국어의 音節表에 근거하면 약 405개의 음절로 나누어지는데, 이것을 다시 4가지 聲調로 분류해보면 의미의 변별력을 가지는 음절수는 이론상으로는 약 1600여 개가 되지만 실제로는 약 1200여 개의 음절을 가지는 것으로 알려져 있다.[12] 중국의 글자수를 대략 5만 자로 추산할 때 같은 발음을 갖는 글자가 하나의 음절 안에 약 120개, 성조의 차이를 감안하더라도 약 40개 정도의 글자가 같은 발음을 갖는다는 결론이 나온다. 이럴 경우 글로 쓸 때는 의미의 혼란이 덜하겠지만, 말을 할 때는 많은 경우에 어떤 다른 방법을 취하지 않으면 언어의 소통에 문제가 발생할 가능성이 충분하다. 그렇다면 중국 사람들은 어떠한 방법을 취했을까? 필자는 다량의 同音異義語는 量詞의 발달과 낱말의 複音節化를 가져오게 되었다고 생각한다.

2.1.1 量詞의 발달

量詞 또는 單位詞는 사물의 수량 또는 행동의 횟수를 세는 단위를 나타내는 낱말이다. 이러한 종류의 낱말은 세계 어느 언어에서나 존재하기 마련인데, 중국어에서는 다른 언어보다 특히 더 발달하여 현재 어느 어법서를 보더라도 量詞를 하나의 품사로 독립시켜 설명하고 있다. 이 가운데서도 個體量詞의 발달은 더욱 두드러진다.

현재 중국어에서 個體量詞는 대부분 數詞와 名詞 사이에 놓여서 뒤에 오는 명사의 특징이나 종류를 분명하게 해준다. 예를 들어 '一本書', '兩條路'라고 할 때, 만약 양사를 생략해서 '一書', '兩路'라고 쓰면 어색하기는 하겠지만 무슨 뜻인지 보아서 알 수는 있을 것이다. 그렇지만 'yīshū'라고 말한다면 듣는 사람은 그 'shū'가 '書'인지 '梳' 인지 또는 '蔬'인지 알 수 없을 것이다. 또 'liǎnglù'의 경우에도 여기에서의 'lù'가 '路'인지 '鹿'인지 또는 '陸'인지 앞 뒤의 말을 살피지 않으면 어느 것을 지칭하는지 알 수 없을 것이다. 이러한 언어의 혼란을 막기 위해 양사는 뒤에 오는 명사와 의미상 연결이 되는 것을 쓰게 된다. 즉 양사 '本' 다음에는 책 같은 것이 오고, '條' 다음에는 가늘고 긴 것이 오도록 하여 양사와 명사 사이에 연결 고리를 가지도록 함으로써 언어의 혼란도 막고 더 나아가 표현을 보다 명확하게 할 수 있도록 배려하는 것이라고 생각한다.

12) 唐海濤, <也來談談漢語的單音節性>, 『中國語文研究』 第九期, 홍콩 中文大學 1987, p. 60.

2.1.2 낱말의 複音節化

낱말의 복음절화는 이미 先秦 시대부터 시작된 것으로 보여진다. 荀子는『荀子·正名篇』에서 이름을 붙이는 방식에 따라 단명(單名) 즉 단음절어(單音節語)와 겸명(兼名) 즉 복음절어(複音節語)로 나누었는데, 단명(單名)으로 할 수 있으면 단명(單名)으로 하고, 단명(單名)으로 할 수 없으면 겸명(兼名)으로 한다고 하였다.(「單足以喩則單, 單不足以喩則兼.」) 즉 단음절어로 표현할 수 있으면 단음절어로 하고, 단음절어로 표현할 수 없으면 복음절어로 한다는 뜻이다. 程湘淸의 통계에 따르면『論語』에서는 전체 낱말의 25.1%,『孟子』에서는 29%가 복음절어인 것으로 나타나 있다.[13]

중국어 낱말의 복음절화는 꾸준히 계속되어 현대 중국어에서 語素는 여전히 단음절성을 유지하고 있지만 대부분의 낱말은 이미 複音節化하였다고 할 수 있다. Charles N. Li와 Sandra A. Thompson은 王方宇가 지은『國語詞典(Mandarin Chinese Dictionary)』(1967) 가운데 임의로 10쪽을 정해서 그 가운데 있는 129개 낱말 가운데 87개(67%)가 복음절사라는 사실을 밝힌 바 있고[14], 湯廷池는『普通話三千常用詞彙』에 근거하여 명사는 85%, 형용사는 69%, 동사는 61%가 복음절사라는 통계를 내고 있다.[15]

본래 단음절어였던 중국어가 무슨 이유로 낱말을 복음절화 하였을까? 필자는 사회의 발달과 사람의 사고 능력의 발전에 따라 좀더 분명한 언어 표현을 하기 위해서가 아니었을까 하고 생각한다.

고대 중국어는 하나의 글자를 포괄적 개념으로 썼다. 여기에서의 포괄적 개념이란 의미상뿐만 아니라 용법상으로도 넓게 쓰였다는 말이다. 예를 들어 옛날에는 '생각'이라고 하면 '思'자 하나로 썼다. 이 안에는 '思想'·'思考'·'思惟'·'思念'·'思潮' 등 비슷하지만 약간씩 다른 개념을 포괄하고 있다. 만약 이러한 세밀한 차이를 다시 한 글자를 써서 표현하려면 마음 '心'자를 의미부분으로 삼는 글자를 계속해서 만들어 내야하는데, 이것은 인간의 능력으로 불가능한 일일뿐만 아니라 언어생활에도 결코 도움을 주지 못한다.

또 고대 중국어에는 한 글자 안에 명사와 동사 또는 형용사와 명사 등 두 가지 이상의 품사를 포함하거나, 本字와 假借字 등의 구별이 없이 쓰이는 글자도 있었다. 예를 들어 '王'·'傳'·'長'·'舍' 등이 그러한 글자들이다. 이것이 필자가 말하는 용법상 포괄적 개념이다. 고대 중국인들은 이들의 용법을 구별할 때 먼저 聲調의 차이를 두거나(王:

---

13) 程湘淸, <先秦雙音詞硏究>,『先秦漢語硏究』, 山東 敎育出版社 1992, p.110.

14) Charles N. Li, Sandra A. Thompson 공저,『Mandarin Chinese(漢語語法)』, University of California Press 1981, p.14.

15) 湯廷池, <也談漢語是單音節語言嗎?>,『漢語詞法句法論集』, 台灣 學生書局 1988, p.554.

wáng -- 國王, 명사; wàng -- 왕노릇하다→다스리다, 동사), 또는 발음과 성조를 모두 달리하거나(傳: chuán -- 전하다, 동사; zhuàn -- 註釋書, 명사; 長: cháng -- 길다, 형용사, zhǎng -- 성장하다, 동사; 우두머리, 명사)[16], 아니면 部首를 첨가하여 의미를 명확하게 하려고 하였다('舍'는 본래 '집'이라는 뜻이었는데 '버리다'라는 뜻으로 假借되어 두 가지의 뜻으로 쓰이다가, 뒤에 '버리다'라는 뜻은 '手'를 덧붙여 '捨'로 썼다). 이렇게 발음에 변화를 주거나 형태에 변화를 주는 방법 역시 한계가 있을 수밖에 없다. 그러므로 새로운 낱말을 만들거나 의미를 좀더 분명하게 할 필요가 있을 때는 기존에 있는 글자를 활용해서 두 글자 또는 세 글자로 만드는 것이 가장 편리하고 자연스러운 방법이 아니었을까 하고 생각한다.

그렇다면 중국어의 복음절화는 어떠한 방법으로 진행되었을까? 그 내부 결합 방식은 어떠한 특징을 갖는가?

중국어 낱말의 구성은 각 어소의 결합 방식에 따라 組合하기, 덧붙이기[附加式], 겹쳐 쓰기[重疊式] 그리고 줄여 쓰기[縮約式] 등 네 가지의 결합 방식이 있다. 이 가운데서 조합하기란 각각의 어소가 모두 실재하는 자신의 뜻을 가지고 일정한 규칙에 따라 결합하는 방식을 말한다. 중국어를 배우고자 하는 사람들에게는 이 방식의 내부 구조를 자세히 알아두는 것이 중국어의 어법 구조를 이해하는데 매우 중요하다. 이 방식은 竝列, 修飾, 述目[17], 補充 그리고 主述 구조 등과 같은 5가지의 내부 구조를 갖는데, 이러한 방식이 중국어에서 낱말을 만드는데 가장 많이 사용될 뿐 만 아니라 句나 문장도 대부분 이러한 방식으로 이루어진다. 그러므로 이 결합 방식의 구조를 확실하게 알아두는 것이 중국어의 어법 구조를 파악하는 중요한 열쇠라고 할 수 있으며, 나아가 중국어의 문장을 분석하고 이해하는데도 많은 도움이 될 것이다.

---

16) 현재 한 글자 안에 서로 다른 발음을 가지고 각각 다른 뜻을 나타내는 글자를 '破音字'라고 부른다.

17) 술목구조 합성사가 동사로 쓰일 때 대부분은 목적어를 갖지 않는다. 그것은 이미 자신의 구조 안에 목적어를 가지고 있기 때문이다. 이러한 동사의 예를 들면 다음과 같다.

開刀, 照相, 得意, 結婚, 開玩笑, 畢業, 幇忙, 出席, 失望, 生氣 등

위와 같은 동사들이 목적어를 갖는 표현을 하려면 술목구조 사이에 소유(所有)의 뜻을 나타내는 관형어를 더하는 방식을 써야 한다. 예를 들면 아래와 같다.

我開他的玩笑.(나는 그를 놀린다.) (我開玩笑他.×)
我幇他的忙.(나는 그를 도와주었다.) (我幇忙他.×)
他還生我的氣.(그는 나 때문에 아직도 화가 나 있다.)(他還生氣我.×)

이러한 현상을 보면 술목구조로 이루어진 낱말들은 어소와 어소 사이의 結合度가 다른 구조에 비하여 약한 것으로 보여지는데, 이것은 술목구조의 어소 간에는 아직도 어느 정도의 단음절성을 유지하고 있다고도 생각된다.

2.2 고립어의 특징

오늘날 세계의 언어는 膠着語(Agglutinative language), 屈折語(Inflectional language) 그리고 孤立語(Isolating language) 등 크게 세 가지로 나누어진다.

교착어는 '은/는', '이/가', '을/를' 등과 같은 조사들이 다른 낱말에 붙어 쓰이는 말이다. 따라서 이런 언어에서는 조사의 활용이 뜻의 전달에 결정적인 역할을 한다. 우리나라말, 일본어, 몽고어, 터어키어, 핀랜드어, 헝가리어 등이 이에 속한다.

굴절어는 낱말 자체가 변화를 하는 언어이다. 이런 언어에서는 數, 格, 時制 등이 변화를 일으키는 중요한 요소가 된다. 영어·독일어 등 라틴계 언어와 그리스어, 아랍어 등이 이에 속한다.

고립어는 낱말이 문장 안에서 어떠한 요소와 관계를 맺거나 변화를 하지 않고 각자 독립적으로 쓰이는 언어이다. 이런 언어에서는 낱말의 위치가 가장 중요하다. 중국어, 월남어 등이 이에 속한다.

이 밖에도 多合語(Poly-synthetic language)라고 하여 문장 전체가 변화하는 언어도 있는데, 이 말은 에스키모인들 만이 쓰고 있기 때문에 그 사용 영역이 좁아서 세계의 언어를 분류할 때는 크게 다루지 않는다.

2.2.1 중국어의 낱말 배열

위에서 고립어인 중국어는 위치가 의미를 결정하는데 가장 중요한 요소라고 하였는데, 그렇다면 중국어는 어떻게 배열될까?

중국어는 기본적으로 SVO의 구조를 갖는다.[18] 즉 주어+동사+목적어의 순서로 배열된다는 뜻인데, 이를 좀더 구체적으로 설명하면 다음과 같다.

먼저 중국어의 문장을 구성하는 요소에는 主語·述語·主題語·目的語·補語·冠形語·副詞語 등과 같은 기본 요소가 있고, 이 밖에 특별 요소로 同位語와 挿入語가 있다. 이들 문장을 구성하는 기본 요소에 대하여 간단히 설명하면,

① 술어를 중심으로 하여 술어 앞에 오는 體詞[19]는 주어가 되고, 술어 뒤에 오는 體詞는 목적어가 된다.[20]

---

18) 중국어의 구조가 SVO냐 SOV냐 하는 문제는 여기에서는 다루지 않겠다. 이 문제에 관해서는 湯廷池의 <關於漢語的類型特徵>(『漢語詞法句法續集』, 台灣 學生書局 1989)을 참조하기 바란다. 湯廷池는 이 논문에서 중국어는 口語이건 書面語이건 상관없이 SVO 형식의 출현 빈도가 90% 이상을 차지한다고 하였다.

19) 體詞란 명사성 낱말을 뜻한다. 體詞에는 명사·대사·수사·名量詞 등이 포함된다.

20) 흔하지는 않지만 중국어에서 동사와 형용사가 주어나 목적어로 쓰이는 예를 볼 수 있다.(아래의

② 주어 앞에 오는 體詞는 主題語가 된다.

③ 술어 뒤에 오는 用詞[21]는 보어가 된다.

④ 문장 안에서 體詞, 즉 주어·주제어 그리고 목적어를 꾸며 주는 낱말은 관형어가 된다.

⑤ 술어 또는 문장 전체를 꾸며 주는 낱말은 부사어가 된다.

위의 내용을 그림으로 정리하면 아래와 같다.

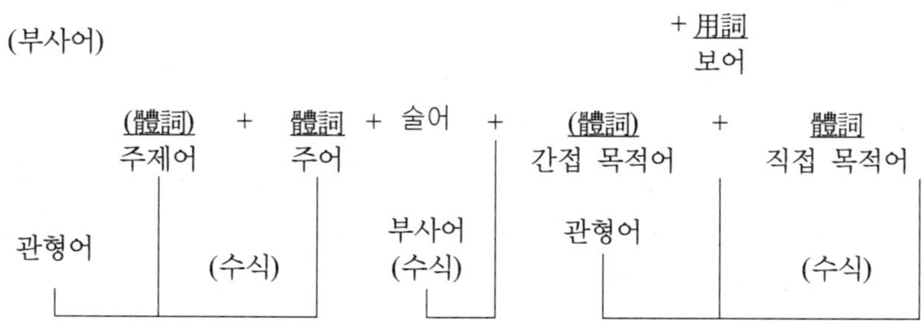

비록 위와 같은 구조가 중국어 배열상의 모든 문제를 해결해주지는 못하더라도, 최소한 기본적인 배열법은 위의 구조에 크게 벗어나지 않으므로 이러한 구조를 학생들에게 주지시키는 것이 바람직하다고 생각한다.

이에 덧붙여서 한 가지를 더 설명하자면 주어와 목적어의 관계이다. 우리는 일반적으로 '주어'라고 하면 무슨 일을 주체적으로 하는 행위의 主體 즉 主動者로 생각하고, '목적어'라고 하면 어떠한 행위를 받는 客體 즉 接受者로 여기지만 중국어에서는 그렇

예 참조) 이럴 경우에는 전제 조건이 있다.

먼저 동사와 형용사가 주어로 쓰일 때는 그 동사의 행동 또는 형용사의 상태가 직접 서술의 대상이 되어야 한다.

聽, 也在你們; 不聽, 也在你們.

虛心使人進步, 驕傲使人落後.

둘째, 이러한 문장에 쓰이는 술어는 대체로 '進行'·'給予' 등 무엇을 처리한다는 내용의 동사이거나 '希望'·'感到'·'認爲' 등 심리 상태를 나타내는 동사들 그리고 '開始'·'繼續'·'打算' 등과 같은 동사들로 이루어진다. 그리고 셋째, 목적어로 쓰이는 동사나 형용사 앞에는 종종 수식 요소가 덧붙여진다.

這個問題我們已經進行了多次研究.

總經理表示同意我們的安排.

他們一家不怕辛苦, 不怕困難.

我已經決定不再彷徨.

이 문제에 관해서는 范曉의 <Vp 作主語 --- 兼論"N的V"作主語>(『語法硏究和探索』(六), 北京 語文出版社 1992)를 참조.

21) 用詞란 동사성 낱말을 뜻한다. 用詞에는 동사·형용사·부사·대사의 일부분·動量詞 등이 포함된다.

지 않다. 위에서도 말한바 있지만 중국어에서의 주어는 그 내용상 행위의 주동자가 되든 말든 술어 앞에 오는 體詞를 말한다.[22] 목적어 역시 마찬가지로 그 내용상 행위의 접수자가 되든 말든 술어 뒤에 오는 體詞가 곧 목적어이다.[23] 이렇게 설명하면 初學者들은 잠시 혼란이 오겠지만 중국어는 위치가 중요할 뿐 그 내용이 어떻다 하는 것은 부차적인 문제인 것이다. 학생들에게 중국 어법을 가르칠 때 이 점을 특히 주지시켜야 할 것이다.

2.2.2 품사의 겸용과 활용

영어의 품사는 이른바 그리스·로마 시대부터 8가지로 분류된 이래 현재까지 변함없이 이렇게 쓰이고 있다. 그렇지만 중국어의 품사는 1898년 중국인이 쓴 최초의 어법책 『馬氏文通』에서 영어의 8품사에다가 중국어 특유의 語助詞를 더한 9품사를 정하기까지 품사 분류란 개념은 존재하지 않았다. 더구나 『마씨문통』에서조차 "중국 글자(또는 낱말)는 뜻이 일정하지 않다. 그러므로 품사도 정해져 있지 않다.(「字無定義, 故無定類.」)"라고 하였고 후에 나온 黎錦熙의 『新著國語文法』에서도 "무릇 낱말은 문장 안에서 그 품사를 판단할 수 있을 뿐 문장을 떠나서는 품사를 논하기 어렵다.(「凡詞, 依句辨品, 離句無品.」)"라고 하였다. 즉 한 낱말의 품사는 미리부터 정해져 있는 것이 아니라 문장 안에서 어떻게 쓰이느냐 다시 말해서 어느 위치에 놓이느냐에 따라 그 낱말의 품사가 정해진다는 말이다. 영문법에 익숙한 사람들은 이러한 현상을 이해하기 어렵겠지만, 중국어는 위치가 중요하기 때문에 그 때 그 때마다 문장 안에서 어떤 위치에 놓여 어떻게 활용되는가 하는 것이 중요하다. 그러면 초기 중국어법학자들이 왜 이런 주장을 폈는지 『마씨문통』에 있는 예를 하나 들어보겠다.

> 人莫監于流水以監于止水. 惟止能止衆止.(『莊子·德虫符』)
> (「사람들은 흐르는 물을 거울로 삼지 않고, 멈추어선 물을 거울로 삼는다. 멈춘 것만이 능히 여러 멈춘 것을 멈추게 할 수 있는 것이다.」)

위의 예를 보면 '止'자가 4 번 쓰였는데, 영문법적 시각으로 보자면 첫 번째 '止'는 형용사로, 두 번째 '止'는 명사로, 세 번째 '止'는 동사로, 네 번째 '止'는 명사로 쓰인 것이다.[24] 이것은 비단 고대 중국어에 국한된 문제가 아니고 현대 중국어에서도 품사의

---

22) 趙元任은 중국어의 문장에서 주어가 행위의 주동자가 되는 경우는 50%가 넘지 않는다고 하였다. 趙元任著, 丁邦新譯, 『中國話的文法』, 홍콩 中文大學出版社, 1982, p.40.

23) 중국어에서 목적어는 술어가 나타내는 행위의 직접적인 지배를 받는 대상일 뿐만 아니라 결과, 도구, 장소, 방향, 수용 범위, 존재 등 다양하다.
拙著 pp.134~136 참조.

兼用과 活用은 그다지 희귀한 현상이 아니다.

일반적으로 우리말이나 영어의 낱말들은 자기 고유의 품사를 가지지만, 중국어에서는 하나의 낱말이 하나의 품사 역할만 하는 것이 아니라 다른 품사를 겸하거나 또는 자신의 품사성은 간직한 채 다른 품사로 활용되기도 한다. 중국어에서 두 개의 품사를 겸하는 현상을 '품사의 兼用'이라고 하고, 이러한 낱말들을 가리켜 '겸품사[兼類詞]'라고한다. 예를 들어 아래에 열거한 낱말들은 동사와 명사를 겸하는 낱말들이다.

間隔 看守 建築 檢討 警衛 計劃 記錄 代表 對話 導演 突起 練習 領導
埋伏 命令 飜譯 病 報告 保管 報導 寫生 說明 聲明 速記 演奏 裝置
裝備 裁判 展覽 點 鳥瞰 組織 組合 註釋 主演 主編 註解 證明 指示
指揮 參謀 稱號 統計 通告 通報 統帥 通知 合奏 合唱

한편 자동사 또는 형용사와 같이 목적어를 가질 수 없는 낱말의 뒤에 명사 또는 대사가 와서 목적어를 갖게 되는 경우가 있다. 이 때 이들 자동사 또는 형용사는 타동사로 활용되었다고 본다. 이 경우 이들 자동사 또는 형용사는 목적어에 대해 '……하게 하다(/만들다)'라는 使役의 뜻을 나타내거나 또는 '……로 여기다'라는 뜻을 갖게 된다.

'感動': 我讀了這本小說, 很感動了.(이 소설을 읽고 나는 매우 감동했다.)
--- 자동사
這本小說感動了我.(이 소설은 나를 감동시켰다.) --- 타동사
'笑': 他笑了一場.(그는 한 차례 웃었다.) --- 자동사
大家都笑他了.(모두가 그를 우습다고 여겼다. =모두가 그를 비웃었다.)
---타동사
'端正': 他的態度很端正.(그의 태도는 매우 단정하다.) --- 형용사
他端正了態度.(그는 태도를 단정하게 하였다.) --- 타동사

이상과 같은 예를 볼 때 과연 중국어에 품사가 존재하는가 하는 의문이 생겨나게 되는 것은 중국인의 경우든 외국인의 경우를 막론하고 어떻게 보면 당연할 일인지도 모른다.

중국어의 품사는 수많은 학자들이 수 십 년에 걸쳐 품사 분류 문제에 관한 많은

24) 현재 중국 어법 분석 방법에 따르면, '止'의 품사는 동사이고, 문장 안에서 첫 번째 '止'는 관형어로, 두 번째 '止'는 주어로, 세 번째 '止'는 술어로, 네 번째 '止'는 목적어로 쓰인 것으로 본다. 또한 굳이 품사를 나누자면 '止'는 본래 자동사인데, 첫 번째·두 번째·네 번째 '止'는 명사로, 세 번째 '止'는 타동사로 활용되었다고 보면 된다.

연구를 진행한 덕분으로 지금은 11품사에서 13품사로 어느 정도 정해진 상태이지만, 다시 그 안을 자세히 들여다보면 각 품사의 한계가 모호한 경우를 발견할 수 있다. 예를 들어 동사와 형용사의 한계가 분명하지 않다는 것은 중국어 어법을 조금이라도 공부한 사람이라면 누구나 접하는 현상이다. 趙元任이 『中國話的文法』에서 형용사를 동사에 포함시켜 설명한 이유도 여기에 있다.

그러므로 중국어의 품사 분류 문제는 한 낱말 개개의 품사 성질을 깊게 따지는 것보다는 그 낱말이 문장에서 어떻게 쓰이느냐 하는 문제를 통해 중국어의 배열법을 이해하는 것이 바람직하다고 생각한다.

3. 나무를 쫓지 말고 숲을 보라.

용법 설명을 위주로 하는 중국 어법책을 보면 어떤 낱말이나 문장에 대한 용례 설명이 무척 자세하게 되어 있다. 이 점은 중국어법을 공부하거나 가르치는 사람에게 매우 유용하기도 하지만 때로는 하나 하나의 용례에 매달려 전체를 이해하기 어렵게 만드는 요인도 된다. 즉 나무 한 그루 한 그루를 좇아가다 보면 전체 숲이 어떻게 생겼는지 모르게 되는 경우가 왕왕 있는 것이다. 따라서 본인은 어떤 낱말이나 문장의 용법을 설명할 때 먼저 그것의 전체적인 개념 또는 원칙적인 쓰임새를 설명한 다음에 그에 따른 용법의 갈래를 분석해주는 것이 좋다고 생각한다.

그러면 이상과 같은 제안을 '有' 動詞의 예를 들어 설명해 보겠다. 중국 어법책에서 有동사의 뜻과 용법을 소개한 내용을 간추리면 다음과 같다.

(1) '소유'를 나타낸다.

「Np_1(일반 사물)+有+Np_2(일반 사물)」의 꼴로 구성되는데, 여기에는 몇 가지 상황이 있다.

① Np_2는 Np_1의 일부분이다.

예) 人人都有兩只手.

② Np_2가 나타내는 사물이 Np_1에 속한 것이라면 Np_2는 구체적인 사물이다.

예) 張老師有很多書.

③ Np_2가 Np_1의 어떤 屬性을 나타내면 Np_2는 대체로 추상적인 명사이다.

예) 干這種事要有決心和勇氣啊!

④ Np_2가 나타내는 사물과 Np_1이 나타내는 사물은 모종의 관계가 있다.

예) 太陽有九大行星.

(2) '존재'를 나타낸다. 「Np_1(處所詞 · 時間詞)＋有＋Np_2(存在物)」의 꼴로 구성된다.

예) 屋裏有人.(처소사)

那天晚上有月亮, 天不太黑.(시간사)

(3) '발생'과 '출현'을 나타낸다. 「Np＋有＋Vp」의 꼴로 구성된다.

예) 幾年沒見, 你跟以前一樣, 沒有甚麽變化.

(4) '열거'를 나타낸다. 여기에는 두 가지 상황이 있다.

① 「Np_1＋有＋Np_2」의 꼴로 구성되는데, Np_2가 가리키는 사물은 Np_1과 같은 종류이다.

예) 今天參加座談會的有工人 · 學生 · 幹部 · 教師等各方面的代表二十多人.

② 두 개 또는 두 개 이상의 '有'를 써서 하나씩 열거한다.

예) 每天早上, 操場上鍛鍊的人多極了, 有跑的, 有打球的, 還有練太極拳的.

(5) '포괄'을 나타낸다. 「Np_1＋有＋Np_2」의 꼴로 구성되는데, 이 때의 Np_2는 數量詞 또는 數量句로 구성되며, 그것은 Np_1이 가리키는 사물의 總數를 나타낸다. 여기에서의 '有'는 '같다(等于)' · '……이다(是)'라고 해석할 수 있다.

예) 一個星期有七天.

(6) '도달' 또는 '비교'를 나타낸다.

① 「Np_1＋有＋Np_1(數量詞)(＋형용사)」의 꼴로 구성되는데, Np_1이 Np_2의 수량 · 정도 등에 도달하였음을 나타낸다.

예) (我看)他大約有三十多歲.

那條河有五百米(寬).

② 때때로 이 경우의 '有'는 비교를 나타내기도 하는데, 그것은 「Np_1＋有+Np_2(比較物)(+這麽/那麽)+형용사」의 꼴로 이루어진다. 이 때 Np_2는 비교의 기준이 되어 어느 정도의 수준을 갖추고 있다는 뜻을 가진다.

예) 這孩子已經有我(這麽)高了.

위에서 본 바와 같이 '有'동사의 용법은 대략 6가지로 구분되고, 그 뜻 역시 '소유' · '존재' · '발생' 또는 '출현' · '열거' · '포괄' · '도달' 또는 '비교' 등과 같은 뜻을 나타낸다고 되어 있다. 그러나 한 낱말의 설명이 이 정도쯤 되면 이미 '詳細'가 아니라 '煩雜'에 가깝다. 과연 '有'는 실제로 이렇게 많은 뜻을 가지는가? 본인은 그렇게 생각하지 않는다.

'有'動詞의 가장 중요한 뜻은 '소유' 또는 '존재'에 있다. 그리고 이 둘도 나누어지는 것이 아니라 하나로 이해될 수 있다. 다시 설명하면 '有'를 쓰는 문장은 구조적으로 「Np_1＋有＋Np_2」의 꼴로 구성되는데, 내용상 Np_1이 Np_2를 가질 수 있는 행위의 主體가 되면 '有'는 '소유'의 뜻이 되고, 그렇지 않으면 '존재'의 뜻을 나타낸다. 위의 (1)과 (2)의 예문들을 비교하면 될 것이다. 그 다음 Np_1과 Np_2 사이의 관계는 그다지 중요한 내용이 아니다. (3)·(4)·(5) 역시 이런 방식으로 이해하면 될 것이다. 다만 (6)의 경우는 약간의 설명이 필요할 것으로 생각된다.

위 (6)의 예문에서 "(我看)他大約有三十多歲."는 '도달'의 뜻을 나타내고, "這孩子已經有我(這麽)高了."는 '비교'의 뜻을 나타낸다고 하였는데, 이것 역시 '有'동사에 본래 '도달'이나 '비교'의 뜻이 있는 것이 아니라, 이렇게 쓰일 때는 '도달' 또는 '비교'로 해석된다는 뜻이다. 즉 "(我看)他大約有三十多歲."는 우리말로 해석하면 "(내가 보기에) 그는 대략 30여 세를 가지고 있는 것 같다."라는 뜻의 문장인데 이렇게 말하지는 않으므로 "(내가 보기에) 그는 대략 30여 세쯤 되었다."라고 해석이 된다는 것이다.(<4>에서 다시 이야기하겠지만 해석을 가지고 원문을 분석하려는 것이 아니라 중국 사람들도 언어 감정상 전자처럼 이해하는 것은 어색하다고 느껴지므로 여기에서의 '有'는 '소유'가 아니라 '도달'로 해석된다고 설명하는 것이라는 뜻이다.)

두 번째의 예문도 마찬가지이다. "這孩子已經有我(這麽)高了."라는 문장은 우리말로 해석하면 "이 아이는 이미 내가 이만큼 큰 것(高)을 가지고 있다."→"이 아이는 나의 이만한 身長을 가지고 있다"라는 뜻의 문장인데 이렇게는 말하지 않으므로 "이 아이는 나만큼 키가 크다."라고 해석이 되는 것이다. 그러므로 중국 사람들도 "이러한 구조를 쓰면 '有'동사 뒤에 있는 Np_2가 비교의 기준이 되어 어느 정도의 수준을 갖추고 있다는 뜻을 가진다"라는 설명을 덧붙이는 것이다.

위에서 본 바와 같이 '有'는 경우에 따라 여러 가지의 뜻으로 해석되기는 하지만 본뜻은 '소유' 또는 '존재'에 있다. 따라서 본뜻과 다르게 해석되는 것처럼 보이는 경우에도 '有'자 본래의 의미를 기초로 하여 문장을 분석해보면 큰 어려움이 없을 것으로 생각한다.

4. 해석을 가지고 원문을 분석하지 마라.

"我是學生."이라는 문장을 학생들에게 분석해주면서 '學生'이 '是'동사의 목적어라고 설명을 하면 대부분의 학생들은 매우 의아해한다. 그 이유는 우선 우리말에 '을/를'이 안 붙는데 어떻게 '學生'이 목적어가 되느냐 하는 것이다. "그러면 '學生'은 무슨 성분이냐?"라고 되물으면 많은 학생들은 "주격보어"라고 대답을 한다. 이것은 영어의 "I am a student."를 연상해서 하는 말일 것이다.

우리가 어법 공부를 할 때 조심해야 할 점은 바로 이렇게 해석을 가지고 원문을 분석하는 오류를 범해서는 안 된다는 것이다. 王力은 白話를 가지고 古文을 분석해서는 안 된다고도 하였는데[25], 하물며 해석을 가지고 원문을 분석해서는 더더욱 안 되는 것이다. 특히 위에서 말한 것처럼 중국어는 고립어이고, 우리말은 교착어 그리고 영어는 굴절어로 서로 유형이 전혀 다른 언어이므로 더욱 조심해야 한다. 참고로 중국어를 분석하는데 종종 영어 해석을 이용하는 경우가 있는데, 이것은 영어가 굴절어 가운데 형태 변화가 가장 적은 편에 속해서 구조상 고립어인 중국어와 비슷한 면이 있기 때문으로 생각된다.

5. 구조 분석과 내용 설명을 병행하라.

위의 <2.2>에서 말한 바 있듯이 중국어는 고립어이기 때문에 각 낱말의 위치가 중요하다. 그래서 어떤 어법 현상을 설명하거나 문장을 분석할 때 먼저 그 구조를 설명하는 것이 편리할 때가 많다. 그러나 구조만을 설명하고 그 내면의 이유 또는 전제 조건을 설명하지 않는다면 학생들은 그 어법 현상의 반도 제대로 이해하지 못하게 될 것이다. 그러면 *存在文*과 *處理文*의 경우를 들어 설명해보겠다.

5.1 *存在文*의 경우

중국어에서 어떤 장소에 사람 또는 사물이 존재하고 있음을 설명하려 할 때에는 두 가지 표현 방식이 있다. 하나는「所在地+동사(有 등)+존재물(사람/사물)」의 방식이고(이하 줄여서 A식으로 부름), 다른 하나는「존재물(사람/사물)+'在'+소재지」의 방식이다.(이하 줄여서 B식으로 부름) 그런데 이 두 가지의 방식의 차이점은 단순히 '有'와 '在'라는 동사의 차이만이 아니라 내용면에서도 조건이 다르다.

A식을 써서 존재를 표시할 경우 존재물은 대체로 불특정한 것이어야 한다. 따라서 이 방식의 존재문에서는 특정한 사람 또는 사물은 '有' 등과 같은 동사 뒤에 오지 못한다.

桌子上有一本書.
牆上掛着一幅全家福照片.
臺上坐着那個人.(×)
桌子上有這本書.(×)

---

25) 王力,『中國語法理論・導言』,『王力文集』第1卷, 山東 教育出版社 1984, pp.3~5.

B식을 써서 존재를 표시할 경우 존재물은 대체로 한정적인 것이거나 듣는 사람이 이미 알고 있는 특정한 것이어야 한다.

那本書在桌子上.
一本書在桌子上.(×)

아래의 대화에서 '有'와 '在'의 쓰임을 주의해서 보기 바란다.

호돌이: "這裏附近有沒有百貨公司?"(이 근방에 백화점이 있나요?)
호순이: "這裏附近沒有百貨公司, 只有商店."
(이 근방에 백화점은 없고, 상점만 있어요.)
호돌이: "那麽, 商店在哪兒呢?"(그럼 상점은 어디에 있나요?)
호순이: "商店在前面十字路口左邊."(상점은 앞의 네거리 왼쪽 편에 있어요.)

일반적으로 중국 어법책에서는 A식은 존재물을 중시하는 표현법이고, B식은 소재지를 중시하는 표현법이라고 설명하고 있는데, 본인은 그와 더불어서 A식은 어떤 불특정한 사물의 존재를 이야기할 때 쓰고, B식은 특정 사물의 존재를 말할 때 쓴다고 덧붙여 설명을 해야 할 것으로 생각한다.26)

5.2 處理文의 경우

처리문이란 일반적으로 개사 '把'를 써서 목적어를 술어 앞으로 이동시켜 「주어+把+목적어+술어 (+기타 요소)」로 쓰는 문장으로 알고 있다. 그러나 처리문의 구조가 비록 이와 같이 이루어진다고 하더라도, 모든 SVO 문장을 S把OV로 바꿀 수 있는 것은 아니다. 처리문을 쓰기 위해서는 주어, 把의 목적어, 술어 등 각 요소마다 일정한 조건이 있다.

먼저 처리문의 주어는 목적어를 처리하는 행동의 주체가 된다.

둘째, 처리문에서 개사 '把'의 목적어는 다른 것과 구별되는 특정한 것이거나 또는

26) 특정한 대상이란 대화를 나누는 사람들 사이에 이미 알고 있거나 누구나 알 수 있는 사항을 가리키고, 불특정한 대상이란 말 그대로 정해져 있지 않은 '어떤 대상'을 가리킨다. 湯廷池는 특정(determinate, 「有定」)이란 '限定(definite, 「定指」)'·'特別(specific, 「殊指」)'·'一般(generic, 「泛指」)'을 포괄하는 개념이고, 불특정(indeterminate, 「無定」)이란 '不限定(indefinite, 「任指」)'와 '未定(non-referring, 「未指」)'을 포괄하는 개념이라고 하였는데(<關於漢語的類形特徵>, 앞의 책, p.577), 굳이 영어를 써서 표현한다면 간단하게 특정한 대상 앞에는 定冠詞 'the'가 붙고, 불특정한 대상 앞에는 不定冠詞 'a'가 붙는다고 이해하면 될 것이다.

누구나 알 수 있는 일반적인 것이어야 한다. 여기에서 특정한 것이라는 의미에는 대화하는 사람 사이에 이미 알고 있거나 또는 알 수 있는 것까지를 포함한다.

처리문에서 목적어가 특정한 것이어야 하는 이유는 불특정한 대상을 처리한다는 것은 그 처리가 다소 모호해질 뿐만 아니라 그 표현도 중립적이 되므로 처리문을 쓰는 목적과 맞지 않기 때문이다.

> 客人不少, 宰兩只鷄吧.(손님이 적지 않으니, 닭 두 마리를 잡거라.)
> ---- 집에 있는 닭 가운데 아무거나 두 마리를 잡으라는 것.
> 客人不少, 把兩只鷄宰了吧.(손님이 적지 않으니, 그 닭 두 마리를 (모두) 잡거라.)
> ---- 말하는 사람은 이미 집에 닭이 몇 마리 있는가를 알고 있음.

셋째, 처리문은 목적어를 어떻게 처리했다는 것을 표현하는 문장이므로, 술어는 당연히 목적어에 직접 영향을 끼치는 타동사이면서 행동동사여야 한다. 따라서 목적어를 가질 수 없는 자동사('幇忙', '休息' 등), 관계동사와 존재동사('是', '姓', '有', '在'등), 심리상태나 감각을 나타내는 동사('知道', '希望','相信', '看見', '聽見' 등), 방향을 나타내는 동사('上', '下', '進', '出' 등) 그리고 能願動詞 등은 처리문의 술어가 될 수 없다.

그러므로 처리문이 개사 '把'를 써서 목적어를 술어 앞으로 이동시켜 「주어+把+목적어+술어 (+기타 요소)」로 쓰는 문장이기는 하지만, 위와 같이 각 요소들의 조건을 만족시켜야만 비로소 쓸 수 있다는 것을 알려주어야 한다.

6. 역사적 변천 과정을 설명하라.

어제 없는 오늘이 없는 것처럼, 한 언어를 이해하는데 있어서 그 언어의 역사적 변천 과정을 살펴보는 것은 너무나 당연한 일이다. 그런데 요즘 어법 연구 성향을 보면 고대어법이면 고대만을, 현대어법이면 현대만을 고집해서 고대어법을 전공하는 사람은 현대어법을 모르고, 현대어법을 전공하는 사람은 고대어법을 忽視하는 경향이 있는데, 이는 잘못된 생각이다. 과거만을 알고 현재를 모른다는 것도 있을 수 없는 일이고, 현재만을 고집해서 과거의 역사를 등한히 한다면 현재 일어나는 현상에 대하여 제대로 분석할 수 없는 경우가 많이 생길 것이다. 따라서 본인은 중국어법을 공부하는 사람들에게 고대어법을 전공하든 현대어법을 전공하든 상관없이 상식 수준 이상의 역사 어법 개념을 가지도록 당부하고 싶다.

그러면 중국어법을 연구하는데 있어서 왜 역사적인 변천 과정의 이해가 필요한가를 몇 가지 예를 들어 설명해보겠다.

6.1 量 詞

중국어에서 양사가 발달한 이유에 대해서는 위의 <2.1.1>에서 이미 밝힌 바 있다. 그런데 중국어를 처음 배우는 사람이건 어느 정도 중국어를 익힌 사람이건 간에 어떤 양사와 어떤 명사가 결합하는가 하는 문제에 접하면 처음에는 하나하나 외우고, 그 다음에는 기본 지식을 유추해서 사용하는 방법 이외에는 별다른 수가 없다. 우리는 중국인들이 가지고 있는 습관적인 언어 감각이 없기 때문이다. 예를 들어 왜 '條'는 가늘고 긴 것에 쓰이고, '張'은 넓고 평평한 물건에 쓰이는가? 이러한 문제는 약간의 역사적인 지식을 통하면 어느 정도까지는 해결이 가능하다.

먼저 양사는 사회적인 산물이라는 사실을 알아야 한다. 다시 말해서 어떤 시대에 어떤 물건이 많이 쓰이면 그에 따른 양사도 생겨나고, 만약 그 물건이 없어지면 그 물건을 위한 특정 양사도 사라진다. 예를 들어 甲骨文의 '貝十朋' · '鬯三卣'라고 할 때의 '朋'이나 '卣' 등은 모두 양사이다. '朋'은 조개의 묶음 단위이고 '卣'는 술통을 세는 단위이다. 殷나라 때는 조개가 귀중한 財貨였고, 또 은 민족은 제사를 중시해서 일상생활에서 술이 차지하는 비중이 컸기 때문에 '朋'과 '卣' 같은 양사가 존재했던 것이다. 후대에 이르러 조개가 더 이상 財貨로서의 가치를 잃고 술통을 세는 단위 역시 다른 글자로 대체되자 이들은 더 이상 양사로서의 기능을 잃게 되었다.

그렇다고 어떤 물건이 새롭게 등장할 때마다 양사를 만드는 것은 아니다. 어떤 물건의 특징이 기존 양사와 결합하더라도 의미상 별 문제가 없다면 기존 양사를 활용하기도 한다. 바로 이 점이 우리가 한 양사의 특징을 알면 그 다음에 오는 명사를 어느 정도는 짐작할 수 있게 하는 것이다.

먼저 현대중국어의 대표적 양사라고 할 수 있는 '個'의 예를 보자.

'個'는 본래 대나무 '竹'자의 반쪽인 '个'로 썼다. 따라서 처음 양사로 쓰였을 때는 대나무를 세거나 또는 화살을 세는 단위로 쓰였다. 그 후 '个'는 각종 사물을 세는 양사로 쓰임새가 넓어졌고, 글자 형태 역시 발음 부분인 '固(gù)'가 더해져 '箇(gè)'로 쓰이게 되었다. 또 근래에는 '箇'가 사람을 세는 단위로 많이 쓰이게 되자 '箇'에서 '竹'을 없애고 대신 '人'을 넣어 현재 사용되는 '個'자로 만들었다. 오늘날 중국에서 사용되는 簡體字에서는 '個'를 '个'로 쓰는데, 이것은 원래의 모습으로 되돌아 간 꼴이라고 하겠다.

양사는 '個'의 경우처럼 처음에는 자신의 본뜻과 관련된 경우에 한해서 쓰이다가 차츰 범위가 넓어져 의미상 관계가 먼 명사와도 결합해서 쓰이는 경우도 있지만, 대부분의 양사는 본래 자신의 뜻과 관련이 있는 명사와 결합한다. 몇몇 양사의 예를 들어보겠다.

'條'는 본래 '작은 나뭇가지'라는 뜻의 명사였다. 따라서 처음 양사로 쓰였을 때는 나무를 세는 단위로 쓰였는데, 후에 가늘고 긴 모양의 사물을 셀 때 쓰이는 양사로 발전하였다. 예를 들면 '一條路', '一條魚', '一條命', '一條河', '一條繩子', '一條蛇' 등이 있다.(이 가운데서 사람의 목숨을 '條'와 연결시킨 '一條命'의 예를 볼 때, '사람의 목숨이란 가늘고 긴 것'으로 이해하는 중국 사람들의 인생에 대한 시각의 일면을 엿볼 수 있다.)

'顆'는 본래 '작은 머리[小頭]'라는 뜻의 명사였는데, 후에 작고 동그란 모양의 사물을 셀 때 쓰이는 양사로 발전하였다. 예를 들면 '一顆心', '一顆星', '一顆珍珠' 등이 있다.

'隻'는 본래 '새 한 마리'라는 뜻의 명사였다. 그래서 처음 양사로 쓰였을 때는 새를 세는 단위로 쓰이다가 점점 다른 동물 또는 무생물을 세는 단위로까지 사용 범위가넓어졌다. 예를 들면 '一隻羊', '一隻狗', '一隻船', '一隻鼻子' 등이 있다.

'塊'는 본래 '흙덩이'라는 뜻의 명사였는데, 후에 네모나고 부피가 있는 물건을 셀 때 쓰이는 양사로 발전하였다. 예를 들면 '一塊氷', '一塊餅干', '一塊點心', '一塊豆腐' 등이 있다.

'張'은 활 '弓'과 긴 '長'자가 합해진 글자로 본래 '활을 잡아당기다'라는 뜻의 동사였는데, 후에 펼칠 수 있는 사물 또는 넓고 평평한 것을 셀 때 쓰이는 양사로 발전하였다. 예를 들면 '一張嘴', '一張弓', '一張紙', '一張牀'등이 있다.

'封'은 본래 '닫다' 또는 '막다'라는 뜻의 동사였는데, 후에 닫거나 막는 물건을 셀 때 쓰이는 양사로 발전하였다. '一封信'이 그러한 예이다.

'把'는 본래 '손에 쥐다' 또는 '잡다'라는 뜻의 동사에서 손에 쥘수 있는 물건을 셀 때 쓰이는 양사로 발전하였다. 예를 들면 '一把刀', '一把梳子', '一把扇子' 등이 있다.

물론 위와 같은 예들로써 양사와 명사의 결합 양상을 모두 설명할 수는 없겠지만, 初學者들에게는 일정 부분 도움이 되는 것도 사실이다.

6.2 是

'是'는 지금은 동사로 분류되고 그 쓰임새도 영어의 'be'동사와 비슷하게 보이기도 한다. 그러나 사실 '是'는 동사와는 전혀 관계가 없는 낱말이었다.

是는 고대에는 '是是非非'에서와 같이 '옳다'라는 의미의 형용사적인 성질과 '이것'에 해당하는 指示代詞적인 성질을 가진 낱말이었다. 현대 중국어에서 '是'가 긍정을 표시하는 것은 '是是非非'에서의 '是'자에서 유래된 것이고, 영어의 'be'동사와 비슷하게 보이는 동사적 용법은 지시대사에서 발전해 온 것이다.

孔子, 魯人也.(공자는 노나라 사람이다.)
孔子, 是魯人也.(공자, 그는 노나라 사람이다.)

위의 예문에서 보는 것처럼 '是'는 앞에 나온 말을 다시 가리키는 역할을 하는 대사적인 성질을 가졌었다. 그런데 시간이 지나면서 지시성이 약해지면서 앞에 어떤 말을 가리키는 것인지가 불분명해지게 되자 '是'는 단지 앞의 말과 뒤의 말을 연결시켜 주는 역할을 하는 '繫詞(copula)'로 간주되었다.

이러한 경향은 1950년대까지도 계속되었는데, 1960년대 초부터 현재와 같이 '긍정'을 나타내거나 또는 "A는 B다"라는 판단 작용을 하는 동사로 분류되기 시작하여 지금은 關系動詞 또는 是動詞라는 이름으로 불려지고 있다.

위와 같은 역사적인 배경을 알면 현재 중국 어법책에서 아래와 같이 열거하고 있는 是動詞에 관한 용법을 이해하기 쉬울 것이다.

① 是동사를 쓰는 문자의 주어와 목적어는 일반적으로 명사성 낱말로 충당되며, 문장의 중점은 목적어에 있다.
② '不'자를 써서 부정한다.
③ 겹쳐 쓰지 못한다.
④ 動態助詞 '了', '着', '過' 등과 함께 쓰일 수 없다.
⑤ 명령문을 만들지 못한다.
⑥ 단독으로 묻는 말에 대답을 할 수 있다.

먼저 ①의 경우 '是'동사를 쓰는 문장의 주어와 목적어는 이론적으로는 부사를 제외한 모든 實詞와 句를 취할 수 있지만, 대부분 體詞 또는 체사적 성격의 句가 담당한다. 用詞 또는 용사적 성격의 句가 주어 또는 목적어가 되는 경우는 내용상 그 사물의 활동 또는 성질, 상태에 대하여 판단을 하는 경우에 국한된다. 이것은 아마도 是가 본래 "A=B"의 역할을 하는 낱말이므로, 판단을 요할 때는 역시 구체적인 사물을 지칭하는 명사성 낱말이 요건에 적합하기 때문일 것이다.

또한 중점이 목적어에 있다는 설명 역시 "A는 B다"라고 할 때 말하는 사람이 판단하고자 하는 대상의 중점이 'B'에 있음은 너무나 명백하다.

②의 경우, 중국어에서 부정을 할 때는 대체로 부정부사 '不'나 '沒有'를 쓰는데, '沒有'는 본래 '……(이/가) 없다'라는 뜻이므로 '……(이/가) 아니다'라는 부정을 하기에는 적합하지 않다. 그러므로 당연히 '不'자를 써서 부정을 하는 것이다.

③에서 ⑤까지의 설명은 본래 是는 일반적인 동사와는 다른 배경에서 출발한 동사이므로 일반 동사가 가지는 특징을 共有할 수 없는 부분이 있는 것이다.

⑥의 경우는 이미 위에서 설명한 바와 같다.

그리고 일부 중국 어법책을 보면 특수한 문장이라고 하여 "是……的" 문장을 소개하고, 그 용법을 자세히 설명하고 있다. 그 용법의 대체적인 요지는 是와 的 사이에 들어가는 요소를 강조한다는 것이다.

> 這本書是<u>1988年</u>出版的.(시간을 강조)
> 我是<u>從北京</u>來的.(장소를 강조)
> 張老師剛才說的那段話, 好像是<u>對我</u>說的.(대상을 강조)
> 我們是<u>坐公共汽車</u>去的.(방식을 강조)

그렇다면 과연 특수한 문장으로서의 "是……的" 문장이 따로 존재하는 것일까? 본인은 그렇게 생각하지 않는다. 이 문장 역시 위에서 설명한 是동사의 ①번 특징에서 벗어나지 않는 그저 是동사를 쓴 일반적인 문장이라고 보아도 무방하지 않을까?

"是……的" 문장을 쓰면 是와 的 사이에 들어가는 요소가 강조된다고 하는데, 본래 是동사를 쓰면 是동사의 뒷부분에 오는 요소가 강조되게 되어 있음은 이미 위에서 설명하였다. 새삼스러운 것이 아닌 것이다. 그렇다면 '的'를 쓰는 이유는 무엇일까?

현대 중국어에서 '的'는 構造助詞로서 所屬을 나타내거나 이른바 '的字句'를 만들어 名詞化 시키는 역할을 한다. 본인은 "是……的" 문장에서의 '的'는 후자의 용법으로 쓰인 것으로 본다. 다시 말해서 是동사를 쓰는 문장 가운데 목적어가 用詞 또는 용사적인 성격을 갖는 句일 경우 문장의 뒤에 '的'자를 덧붙여서 體詞적인 성격을 가지도록 한다고 보면 된다.

그런데 형식은 "是……的"의 구조를 갖추었더라도 是와 的 사이에 들어가는 요소가 단순한 동사 또는 형용사일 경우에는 대체로 어디에 속한다는 뜻을 나타내는데, 이러한 경우에는 '的'자 뒤에 所屬을 나타내는 명사가 생략된 것이라고 보면 된다. 만약 소속을 나타내는 경우가 아니라면 말하는 사람의 관점, 견해, 태도 등을 표현한다. 이 점을 주의하면 될 것이다.

> 我是教書的.(=教書的人)
> 這條魚是新鮮的.(=新鮮的魚)
> 他心裏是透亮的.(透亮的心裏×)
> 這個問題, 我們也是很注意的.(注意的問題×)

6.3 기타

6.3.1 介詞 '把'와 '被'

중국어의 특수한 문장 형식을 꼽으라고 하면 아마도 處理文과 被動文을 가장 먼저 떠올리게 될 것이다. 학생들에게 처리문과 피동문을 가르쳐보면 피동문은 영어의 피동문을 배운 경험이 있어서인지 개념 파악이나 문장 구조를 이해하는데 그다지 어렵게 느끼지 않는데, 처리문은 대부분이 생소해하고 그 용법을 잘 이해하지 못하는 경우가 많다. 본인은 이럴 때마다 그것들의 용법이나 용례를 하나씩 하나씩 자세하게 설명하기에 앞서서 그들의 역사적인 유래와 오늘날 이렇게 쓰이게 되기까지의 변천 과정을 밝혀주는 것도 처리문을 이해시키는데 한 가지 좋은 방법이라고 생각한다.

處理文이란 개사 '把'를 써서 「주어+把+목적어+술어 (+기타 요소)」와 같은 문장 형태를 만들어서, 목적어가 어떻게 처리되었음을 분명하게 표현하는 문장을 말한다. 주지하는 바와 같이 중국어의 介詞는 대부분 동사에서 비롯되었으며, '在'·'向'·'往'·'朝' 등과 같은 낱말은 개사와 동사를 겸하기도 한다. '把' 역시 본래 '쥐다'·'잡다'라는 뜻의 동사였다. 그래서 본래 「把+體詞(목적어)+동사……」와 같은 꼴의 문장은 "……을 쥐(/잡)고 ……하다"라는 多述語文이었는데, '把'가 동사로서의 뜻이 약해지면서 현재와 같은 처리문의 형태가 된 것이다. 다시 말해서 본래 그 형식은 다술어문의 구조인 「Np_1+Vp_1(把)$+Np_2+Vp_2$」이었고 내용 역시 "Np_1이 Np_2를 가지고(把) Vp_2를 하다"였다. 따라서 구조로만 보면 옛날이나 지금이나 「Np_1(주어)+把+Np_2(목적어)+Vp(술어)(+기타 요소)」로 같은 구조인데, 옛날에는 동사였던 '把'가 지금은 그 뜻이 많이 약해져서 동사로서보다는 介詞의 역할을 하는 것만이 달라졌을 뿐이다. 把'가 처리문의 개사로 쓰이기 시작한 것은 대체로 唐나라(7～9세기)부터이다.

被動文 역시 마찬가지이다. 피동문이란 '被'로 대표되는 피동 의미의 개사를 써서 「주어+被+목적어+술어(+기타 요소)」와 같은 형태의 문장을 만들어서, 주어가 '被'의 목적어에 의하여어떠한 영향을 받았는가를 나타내는 문장을 말한다.

'被'는 본래 '이불'이라는 뜻의 명사였다. 그 후 '(이불을) 덮다'·'(옷을) 입다' 또는 '덮이다'·'입히다'라는 뜻의 동사로 발전하였다.(고대 중국어에서는 능동과 피동의 구별이 불분명하였다.) 오늘날 피동문에서 피동의 표지로 쓰이는 개사 '被'는 바로 '덮이다'·'입히다'라는 뜻의 동사에서 비롯된 것이다. 피동문 역시 처리문의 경우와 마찬가지로 처음에는 본래 「被+體詞(목적어)+동사……」와 같은 꼴의 문장으로 쓰여 "……을 입어서 ……하게 되다"라는 多述語文이었는데, '被'가 동사로서의 뜻이 약해지면서 현재와 같은 피동문의 형태가 된 것이다. 다시 말해서 본래 그 형식은 다술어문의 구조인 「Np_1+Vp_1(被)$+Np_2+Vp_2$」이었고 내용 역시 "Np_1이 Np_2를 입어서(被) Vp_2를 하게 되다”였다. 따라서 구조로만 보면 옛날이나 지금이나 「Np_1(주어)+被+Np_2(목적어)+Vp(술어)(+기타 요소)」로 같은 구조인데, 옛날에는 동사였던 ‘被’가 지금은 그 뜻이 많이 약해져서 동사로서보다는 介詞의 역할을 하는 것만이 달라졌을 뿐이다. ‘被’가 현재와 같은 피동의 뜻을 나타내는 介詞로 쓰이기 시작한 것은 대체로 南北朝시대(4~6세기)부터이다.

위에서 본 바와 같이 把字句 즉 處理文과 被字句 즉 피동문은 그 출발이 같다. 따라서 그 구조도 같다. 다만 ‘把’와 ‘被’ 낱말의 뜻이 하나는 ‘쥐는 것’이고, 하나는 ‘당하는 것’일 뿐이다. 그러므로 이 둘을 구성하는 요소들 즉 「Np_1＋Vp_1(把)＋Np_2＋Vp_2」와 「Np_1＋Vp_1(被)＋Np_2＋Vp_2」에서 처리문의 Np_1은 피동문의 Np_2의 특징과 같고, 거꾸로 피동문의 Np_1은 처리문의 Np_2의 특징과 같다. 쉽게 생각해서 하나는 능동이고 하나는 피동이니 둘 사이의 특징이 ×자형으로 닮는 것이 당연하지 않느냐고 할지 모르지만, 그 내용을 따져보면 그렇게 피상적으로 유사한 것만은 아니다.[27] 그러므로 처리문과 피동문은 역사적인 유래, 문장 구조, 내용 등에서 닮은꼴이 많기 때문에 둘을 따로 따로 분리해서 전혀 다른 문장 형식으로 설명하지 말고 하나로 묶어서 이해시키는 것이 낫다고 생각한다.

6.3.2 構造助詞 ‘得’와 動態助詞 ‘了’

구조조사 ‘得’는 본래 ‘獲得하다’라는 뜻의 동사였는데, 후에 ‘획득하게 되다’ · ‘획득할 수 있다’라는 가능을 나타내는 뜻으로도 쓰였다. 그러다가 시간이 지나면서 동사로서의 뜻이 점점 약해지고 발음도 /dé/에서 /de/로 약해져서 지금은 술어와 보어를 연결하는 역할을 하는 조사로 쓰이게 되었다.

현대 중국어에서 보어가 가능을 나타낼 때는 술어와 보어 사이에 반드시 ‘得’를 쓰지만, 결과나 정도를 나타낼 때는 언제나 ‘得’를 쓰지는 않는데, 이러한 현상은 ‘得’의 역사적인 변천 과정과 전혀 무관하지는 않을 것이다.

동태조사 ‘了’는 본래 ‘完了’ · ‘終了’등과 같이 ‘끝나다’라는 뜻과 ‘了解’ 즉 ‘이해하다’라는 두 가지의 뜻을 가진 동사였다. 그런데그 중 ‘끝나다’라는 뜻의 ‘了’는 시간이 지나면서 점차 그 뜻이 약해지고 발음도 /liǎo/에서 /le/로 약화되어 현대 중국어에서는 동사의 完了態를 표시하는 조사로 쓰이게 되었다.

따라서 역사적인 의미 발전으로 보자면 ‘了(le)’는 동작 또는 행위의 完結만을 표시해야 하지만 현재는 그 쓰임새가 늘어나 상태의 變化 그리고 문장의 語感까지도 나타낸다.

이상에서 보듯이 현대 중국어의 어법 현상과 용례는 고대 중국어에서 변화 발전되어

27) 處理文과 被動文을 구성하는 각 요소들의 특징에 대해서는 拙著(2002) pp.176~188을 참고하기 바람.

온 것이 적지 않으므로, 이미 <6>의 서두에서 말한 것처럼 중국 어법을 공부하거나 가르치는 사람들은 어느 시대의 어법을 전공하든 상관없이 상식 수준 이상의 역사 어법 개념을 가져야 할 것이다.

7. 우리말에 접목시켜 보라.

위의 <4>에서 해석을 가지고 원문을 분석하면 안 된다고 하였는데 여기에서 다시 "우리말에 접목시켜 보라"는 제안을 하면 이율배반적이라고 생각할지 모르겠다. 그러나 이 말은 중국 사람들의 이론을 우리말로 어떻게 이해시켜야 하는가 하는 것이지, 해석을 잘 하라는 말이 아니다. 主題文의 예를 들어 설명해보겠다.

일반 중국 어법책을 보면 主題文은 主題語가 뒤에 있는 주어와 술어, 즉 전체문장에 대해서 내용상 判斷 또는 評價의 대상이 되기 때문에 서술성보다는 판단성을 강하게 띤다고 설명하고 있다. 우리는 이 말을 어떻게 이해해야 하는가? 본인은 이 말을 우리말에 접목시켜 이해하자면 주제어의 뒤에 우리말의 主格助詞 '은(/는)'을 넣어 해석하는 것이 가장 합당한 방법이 아닌가 생각한다.[28]

<u>水餃</u>我不吃.(물만두는 나는 안 먹어.)
<u>現在的世界潮流</u>, 民主是主流.(<u>현재의 세계 흐름은</u> 민주가 주류이다.)
<u>電腦</u>, 我是外行.(<u>컴퓨터에 대해서는</u> 나는 문외한이다.)
<u>張三</u>女朋友多.(<u>장삼은</u> 여자 친구가 많다.)

물론 이렇게 해석이 안 되는 주제문도 있다. 이러한 예는 대체로 다시 指稱하는 경우가 대부분이다.

鳥, 我知道它能飛.(새, 나는 그것이 날 수 있다는 것을 안다.)
事不過夜, 這是我們公約的第8條.(일은 밤을 넘기지 않는 것, 이것이 우리 공약의 제8조이다.)
張三, 他已經走了.(张三, 그는 이미 떠났다.)

만약 위와 같은 예문에서 해석할 때 主題語 다음에 '은(/는)'을 붙이기가 어색하다고

28) 최현배는 우리말의 '은(/는)'은 이것하고 저것하고 다름을 보이는 토시이면서 또 어떤 사물을 論述의 題目으로 삼음을 보이는데 쓰이기도 한다고 하였다.
최현배, 『우리말본』, 서울 정음문화사 1986, pp.638~639.

해서 주제문으로 취급하지 않는다면, 이것이야말로 <4>에서 말한 해석을 가지고 원문을 분석하는 오류에 해당한다.

8. 전달만 하지 말고 이유를 설명하라.

중국 어법책을 보면 어떤 경우에 "이럴 때는 이렇게 써야 한다" 또는 "이런 경우에는 못쓴다"라는 설명만 있을 뿐 "왜 그런가?" 또는 "왜 못 쓰는가?"하는 그 이유를 말해주지 않을 때가 종종 있다. 예를 들어 대부분의 중국 어법책에서는 "處理文에서 補語는 술어 뒤에 쓰여 목적어를 처리한 결과 · 방향 · 정도 · 수량 · 장소 등을 보충 설명한다." 라고 처리문에서의 보어의 위치와 역할을 설명한 다음 "그러나 可能補語는 처리문에 쓸 수 없다."라고 하고 있다. 왜 그럴까? 결과보어 · 방향보어 · 정도보어 등은 올 수 있는데 왜 유독 가능보어만 쓸 수 없는 것인가? 어느 어법책을 보더라도 이에 대해 시원하게 설명해놓은 책을 발견하기가 쉽지 않다. 사실 학생들에게 이런 질문을 받으면 적지 않게 당황하게 된다. 그렇지만 중국어법을 연구하거나 또는 전문가로 자처하는 사람이라면 바로 이러한 문제에 대하여 어느 정도까지는 그 이유를 설명해 주어야 할 의무가 있다고 생각한다.

필자는 처리문에서 가능보어를 쓰지 못하는 문제는 보어의 성질과 처리문의 용법 사이의 논리적 충돌에 기인한 문제라고 생각한다.

보어는 술어의 뒤에 놓여 그 술어의 행위 동작을 보충 설명하는 요소이다. 가능보어를 제외한 결과 · 정도 · 수량보어 등은 대체로 그 술어의 행위 동작이나 상황이 끝나 있고 그 다음 그에 대한 결과나 정도 · 수량 등을 보충 설명하게 된다. 그런데 처리문은 위에서 말한 바 있듯이 개사 把의 목적어를 어떻게 처리하였음을 표현하는 문장이다. 만약 "我把那本書買得到."라고 하여 술어의 뒤에 가능보어가 오게 되면 그 책을 사서[買] 어떻게 처리를 한 것이 아니라 살 수 있는가 없는가 하는 술어 행동의 가능성을 다시 보충 설명하게 되므로 문맥의 앞뒤가 맞지 않는다. 그래서 처리문에서 가능보어를 쓰지 못하는 것이 아닌가 생각한다. 그러므로 처리문에서 가능의 뜻을 나타내려면 동사 자체의 가능성이 아닌 처리문 전체의 가능성, 즉 이 목적어를 처리할 수 있는가 없는가를 말하려면 '把' 앞에 능원동사를 써서 "我能把那本書買到."라고 표현해야 한다.

같은 논리로 처리문을 否定하려면 부정부사 '不' 또는 '沒有'를 '把' 앞에 써서 부정을 해야 한다. 왜냐하면 술어 앞에 '不' 또는 '沒有'를 써서 부정을 하게 되면 목적어를 처리하고자 앞에서 이미 '把'를 썼는데 뒤의 술어에서 처리를 하지 않겠다고 다시 부정을 하는 것이 되므로 문장의 논리가 맞지 않기 때문이다. 따라서 처리문을 부정하려면 처음부터 처리를 하지 않겠다는 뜻을 나타내기 위하여 '把' 앞에 '不' 또는 '沒有'를 써야 한다.

> 我不把這個消息告訴他.
> 他沒有把他的護照帶來.

9. 나가기

본인은 위에서 중국현대어법을 가르치는데 필요하다고 생각되는 몇 가지 제안을 하였다. 이러한 제안들은 하나씩 독립적으로 분리되어 있는 것이 아니라 모두가 한꺼번에 적용될 수도 있고, 몇 개만이 적용될 수도 있고, 또는 각각 하나씩 다르게 적용되지만 서로 유기적으로 연결되어 있기도 하다. 처리문의 경우 <5.2> · <6.3.1> · <8> 등 여러 곳에서 다루어지는 것이 그러한 예라 할 수 있다. 그러므로 이상의 제안을 각각 하나씩 분석하거나 적용하려고 하지 말고, 종합적으로 그리고 연관성을 가지고 이해해주었으면 한다.

끝으로 이상 몇 가지 제안으로 중국어법을 가르치고 배울 때 생기는 많은 문제를 모두 해결할 수 있으리라고는 결코 생각하지 않는다. 다만 이것을 계기로 우리가 중국어법을 가르치고 배우는 현장에서 서로에게 약간의 도움이 되었으면 하고 바랄 뿐이다.

참고문헌

<논문류>

唐海濤, <也來談談漢語的單音節性>, 『中國語文硏究』 제9기, 홍콩 中文大學 1987.

呂文華, <關于對外漢語敎學的語法體系>, 『中國語文』 1991년 제5기.

呂叔湘, <未晩齋語文漫談>, 『中國語文』 1991년 제4기.

范曉, <Vp 作主語 --- 兼論“N的V”作主語>, 『語法硏究和探索』(六), 北京 語文出版社 1992.

謝棨, <“三個平面”的結合與漢語語法敎學>, 『語言文字學』 1995년 7기, 北京 人民大學書報資料中心.

程湘淸, <先秦雙音詞硏究>, 『先秦漢語硏究』, 山東 敎育出版社 1992.

趙金銘, <敎外國人漢語語法的一些原則問題>, 『語言敎學與硏究』 1994년 제2기, 北京 語言學院出版社.

周法高선생, <中國語單音節性之再檢討>, 『中國語文硏究』 제5기, 홍콩 中文大學 1984.

湯廷池, <也談漢語是單音節語言嗎?>, 『漢語詞法句法論集』, 台灣 學生書局 1988.

湯廷池, <關於漢語的類型特徵>, 『漢語詞法句法續集』, 台灣 學生書局 1989.

黃南松, <從對外漢語敎學看現代漢語語法硏究>, 『語言文字學』 1993년 11기, 北京 人民大學書報資料中心.

<專書類>

黎錦熙, 新著國語文法, 台北 里仁書局 1982.

呂叔湘主編, 『現代漢語八百詞』, 홍콩 商務印書館 1984.

劉月華·潘文娛·故韡, 『實用現代漢語語法』, 北京 外語敎學與硏究出版社 1983.

馬建忠, 『馬氏文通』, 台北 河洛圖書出版社 1978.

馬建忠著, 章錫琛校注, 『馬氏文通校注』, 北京 中華書局 1988.

王力, 『中國語法理論導言』, 『王力文集』 第1卷, 山東 敎育出版社 1984.

趙元任著, 丁邦新譯, 『中國話的文法』, 홍콩 中文大學出版社, 1982.

Charles N. Li, Sandra A. Thompson 공저, 『Mandarin Chinese(漢語語法)』, University of California Press 1981.

최현배, 『우리말본』, 서울 정음문화사 1986.

이병관, 『중국현대어법』, 대전 보성출판사 2002.

中文提要

“怎樣敎漢語語法?” 這是一個不容易回答的問題. 本文要通過幾個提案來接近這個難題. 我的提案如下: 第一, 先使了解漢語的特質; 第二, 別跟隨個別的用例, 而注重整個體系; 第三, 不該憑對譯來分析原文; 第四, 不僅分析句式的結構特點, 而必須講明它的使用條件; 第五, 參考漢語的歷史演變過程; 第六, 與韓語對比說明; 第七, 對某些語法現象, 不只傳達中國學者們的說法, 而要究明其內部規律.

저자 : **이병관**

연세대 졸업
현재 공주대 교수

저서 : 『교육부 신 지정 기초 1800한자 형음의자전』(상)(하),
『중국현대어법』,
『옛날이야기와 함께 하는 중국 언어학사』(상)(하)

논문 : 「중국어법학 100년사 술평」(상)(하),
「중국현대어법 교육에 대한 몇 가지 제안」,
「현행 중고 한문교과서 문제점 연구」,
「『설문해자』역주」(시리즈) 외 다수

나의 사랑, 중국어법

중국어법이요? 우리말을 잘하면 돼요

1판 1쇄 찍음 • 2010년 7월 10일
1판 1쇄 펴냄 • 2010년 7월 19일

저 자 • 이 병 관
발행인 • 정 현 걸
발 행 • 신 아 사
인 쇄 • 예지인쇄

출판등록 • 1956년 1월 5일 (제9-52호)
서울특별시 은평구 녹번동 28-36 (2F)
전화 (02)382-6411 • 팩스 (02)382-6401
홈페이지 • www.shinasa.co.kr
E-mail • shinasa@chol.com

* 저자와의 협의로 인지를 생략함.

ISBN 978-89-8396-699-5

정가 **14,000**원